2024

# Training

Abschlussprüfung



Realschule Baden-Württemberg

## Deutsch

STARK

**Bildnachweis**
S. 4: sveta/AdobeStock
S. 29: Palto. Shutterstock
S. 33: Kirill__M. Shutterstock
S. 37: © Zoonar/Polylooks
S. 40: Sarah Jäger: Nach vorn, nach Süden. Rowohlt Taschenbuch Verlag 2021, Hamburg
S. 46: Stephanie Spaleck, Neuhausen
S. 57: timquo. Shutterstock
S. 66: Friedrich Dürrenmatt: Die Physiker. Eine Komödie in zwei Akten. Neufassung 1980. Diogenes Verlag 1998, Zürich
S. 59: © Aamon – Fotolia.com
S. 68: © Olivia Katzbach
S. 73: Alexandr Rozhov © 123RF.com (links), Ingvar Bjork © 123RF.com (Mitte), Elnur Amikishiyev © 123RF.com (rechts)
S. 76: Norebbo. Shutterstock
S. 78: musicman. Shutterstock
S. 91: © zimmytws – Fotolia.com
S. 93: © Zoonar/Marcel Paschertz
S. 99: © Hulli – Fotolia.com
S. 102: Platslee. Shutterstock
S. 103: Edvard Molnar/AdobeStock
S. 107: cosma. Shutterstock
S. 113: picture-alliance/dpa
S. 117: © Stark Verlag
S. 120: Kitch Bain. Shutterstock
S. 128: Art3d. Shutterstock
S. 135: picture-alliance/dpa


18. neu bearbeitete und ergänzte Auflage
www.stark-verlag.de

# Inhalt



*Interaktive Aufgaben: A 1: Sachtext*

*Über den QR-Code kannst du **Lernvideos** zu wichtigen Recht-schreibregeln abrufen.*

*Interaktive Aufgaben: A 2: Lektüre*

*Interaktive Aufgaben: Textgebundene dialektische Erörterung*



*Interaktive Aufgaben: Textbeschreibung Lyrik*



*Interaktive Aufgaben: Textbeschreibung Prosa*

Sobald die Original-Prüfungsaufgaben 2023 freigegeben sind, können sie als PDF auf der Plattform MyStark heruntergeladen werden (Zugangscode vgl. Umschlaginnenseite).


**Autorinnen:**
Anja Engel: Die Abschlussprüfung; Kapitel 1, 2, 3 („Nach vorn, nach Süden"), 6
Sandra Wagner: Kapitel 4, 5
Franziska Schnurrer: Übungsaufgaben
Redaktion: Kapitel 3.2 („Die Physiker")

## Interaktives Training

Dieses Buch umfasst auch ein interaktives Prüfungstraining fürs Lernen am Computer oder Tablet. Zum Training gelangst du über die Online-Plattform *MyStark*. Nutze dafür den vorne im Buch eingedruckten **Link** und deinen persönlichen **Zugangscode**.
Im Folgenden siehst du das Inhaltsverzeichnis zum Online-Training. Die abgebildeten **Symbole** findest du auch auf anderen Seiten im Buch wieder. Sie zeigen dir, zu welchen Kompetenzbereichen es im Online-Training **zusätzliche interaktive Aufgaben** gibt.

### Inhalt des interaktiven Prüfungstrainings

**Interaktive Aufgaben**
Aufgaben mit Hinweisen, Tipps und sofortiger Auswertung zu allen Bereichen der Prüfung:

**Pflichtteil A**

1 A 1: Sachtext

2 A 2: Lektüre

**Wahlteil B**

3 Textgebundene dialektische Erörterung

4 Textbeschreibung Lyrik

5 Textbeschreibung Prosa

**MindCards**
Interaktive Lernkarten zum intensiven Üben und Wiederholen zentraler Stilmittel und Fachbegriffe. Die MindCards sind für die Arbeit am Smartphone/Tablet bestens geeignet. Du kannst sie auch über nebenstehenden QR-Code abrufen. Hast du keine Möglichkeit, den QR-Code zu scannen, findest du die MindCards auch unter:

**https://www.stark-verlag.de/mindcards/deutsch-sek1-bawue**

**Digitales Glossar**
Einfaches und schnelles Nachschlagen von Fachbegriffen, wie z. B. Textsorten, Stilmittel, Grammatikwissen

**Lernvideos**
Wenn du den QR-Code mit deinem Smartphone oder Tablet scannst, kannst du Lernvideos abrufen, die dir wichtige Rechtschreibregeln erläutern.
Im Hinblick auf eine eventuelle Begrenzung deines Datenvolumens empfehlen wir, dass du dich beim Ansehen der Videos im WLAN befindest. Hast du keine Möglichkeit, den QR-Code zu scannen, findest du die Lernvideos auch unter:

**https://www.stark-verlag.de/qrcode/rechtschreibung-deutsch**

# Vorwort

**Liebe Schülerin, lieber Schüler,**

mit diesem Buch kannst du dich selbstständig und intensiv auf die **Realschulabschlussprüfung** im Fach **Deutsch** vorbereiten. Wenn du die einzelnen Kapitel gründlich durcharbeitest, bist du für alle Anforderungen der **Abschlussprüfung 2024** gut gerüstet.

- Anhand von **zehn Fragen und Antworten** erhältst du vorab einen Überblick darüber, was dich in der Abschlussprüfung erwartet.
- Im **Training Grundwissen** werden **alle prüfungsrelevanten Aufgabentypen** ausführlich erklärt und anhand zahlreicher **Übungen** gefestigt. Einprägsame **Tipps**, übersichtliche Zusammenfassungen (**Auf einen Blick**) und zahlreiche **Hinweise** helfen dir, deine Fähigkeiten gezielt auf Prüfungsniveau zu trainieren. Du erfährst, wie die einzelnen Aufgaben aussehen können und wie du sie **Schritt für Schritt** bearbeitest. Anhand von speziellen Trainingseinheiten kannst du dich auch auf die verpflichtenden **Ganzschriften „Nach vorn, nach Süden"** von **Sarah Jäger** oder **„Die Physiker"** von **Friedrich Dürrenmatt** vorbereiten.
- Mit den anschließenden **Übungsaufgaben im Stil der Abschlussprüfung** trainierst du selbstständig die zielsichere und erfolgreiche Bearbeitung der Prüfungsaufgaben. Am besten führst du zu Hause schon einmal eine „eigene" Prüfung durch. So lernst du, dir die Prüfungszeit sinnvoll einzuteilen.
- Die **Original-Abschlussprüfung** des Jahres 2022 findest du am Ende des Buches. Die **Abschlussprüfung 2023** steht dir auf der Plattform **MyStark** als Download zur Verfügung. Die Original-Aufgaben dienen dir ebenfalls zur gezielten Prüfungsvorbereitung und zeigen dir noch einmal genau, was dich in der konkreten Prüfungssituation erwartet.

MySTARK

Zu diesem Band ist ein separates **Lösungsbuch** (Best.-Nr. D08140L) erhältlich. Darin findest du zu allen Trainings-, Übungs- und Prüfungsaufgaben **ausführliche Lösungsvorschläge** mit hilfreichen Hinweisen und Tipps zur selbstständigen Bearbeitung.

Weitere **Original-Prüfungsaufgaben** und **Übungsaufgaben im Stil der Abschlussprüfung** sind in unserem Band „Realschule 2024 – Original-Prüfungsaufgaben mit Lösungen" (Best.-Nr. D08140K) enthalten.

Sollten nach Erscheinen dieses Bandes noch wichtige Änderungen für die Abschlussprüfung 2024 vom Kultusministerium bekannt gegeben werden, findest du aktuelle Informationen dazu ebenfalls bei *MyStark*.

Viel Spaß beim Üben und vor allem viel Erfolg in der Prüfung wünschen die Autorinnen und der Verlag!

# Die Abschlussprüfung

Die schriftliche **Realschulabschlussprüfung** im Fach **Deutsch** besteht aus einem **Pflicht-** und einem **Wahlteil**. Den Pflichtteil musst du vollständig bearbeiten, im Wahlteil werden dir **drei Aufsatzthemen zur Wahl** gestellt, von denen nur **eines** bearbeitet werden muss.

Die Prüfung ist folgendermaßen aufgebaut:

| Pflichtteil A | | & | Wahlteil B | |
|---|---|---|---|---|
| **A1: Sachtext**<br>Aufgaben zum Textverständnis und Sprachgebrauch (z. B. Rechtschreibung, Grammatik, Satzbau) | **25 Punkte** | | **Wahlteil B**<br>Wähle aus zwischen:<br>1. Textgebundene dialektische Erörterung<br>**oder**<br>2. Textbeschreibung Lyrik<br>**oder**<br>3. Textbeschreibung Prosa | **50 Punkte** |
| **A2: Lektüre**<br>Aufgaben zum Textverständnis und produktive Aufgaben | **25 Punkte** | | | |

Die **Endnote** im Fach Deutsch setzt sich folgendermaßen zusammen:

| Anmeldenote | | Prüfungsnote | |
|---|---|---|---|
| (= Jahresleistung bis zur Prüfung) | **50 %** | **50 %** | (= Ergebnis der schriftlichen Prüfung bzw. der schriftlichen und mündlichen Prüfung) |

Bei Ablegen der freiwilligen mündlichen Prüfung zählt die schriftliche Abschlussprüfung dreifach und die mündliche einfach.

# Zehn wichtige Fragen und Antworten

Welche Kompetenzen prüft die Realschulabschlussprüfung ab?

**1** Die Realschulabschlussprüfung überprüft **Kompetenzen des Unterrichts aus den Klassen 7 bis 10** der zum Realschulabschluss führenden Schulen. Diese sind im Bildungsplan des Landes Baden-Württemberg auf dem M-Niveau ausgewiesen und sollten so gut beherrscht werden, dass alle Aufgaben in der Realschulabschlussprüfung von jeder Schülerin und jedem Schüler bearbeitet werden können. Je vertrauter dir die einzelnen Aufgabenformate sind, desto besser wirst du damit zurechtkommen.

Wie viel Bearbeitungszeit hat man für die Prüfung?

**2** Die Arbeitszeit für die gesamte Prüfung beträgt **240 Minuten (4 Zeitstunden)**. Die jeweilige Arbeitszeit für die verschiedenen Bereiche (A 1, A 2 und B) darf frei eingeteilt werden. Sinnvoll ist es aber, für den Pflicht- und den Wahlteil jeweils die Hälfte der Zeit einzuplanen.

| | |
|---|---|
| **Pflichtteil A1** | **Sachtext** (25 Punkte, ca. 60 Minuten) |
| **Pflichtteil A2** | **Lektüre** (25 Punkte, ca. 60 Minuten) |
| **Wahlteil B** | **Aufsatz** (50 Punkte, ca. 120 Minuten) |

Woraus besteht der Pflichtteil A inhaltlich?

**3** Der **Pflichtteil** setzt sich aus den beiden Prüfungsteilen A 1 und A 2 zusammen. Diese musst du beide bearbeiten.

Pflichtteil A 1 (Sachtext)

- Beim **Pflichtteil A 1** bekommst du zunächst zu einem **Sachtext** Aufgaben zum Textverständnis. Weitere Aufgaben werden zu Sätzen, Formulierungen und Begriffen, die im Text enthalten sind, sowie zur Grammatik, Rechtschreibung und Zeichensetzung usw. gestellt.

Pflichtteil A 2 (Lektüre)

- Die Basis für den **Pflichtteil A 2** ist eine literarische Vorlage, z. B. ein Roman. Diese **Ganzschrift** wird im Unterricht so erarbeitet, dass du mit dem Text gut vertraut bist. Zur jeweiligen Prüfungslektüre werden Aufgaben zum Textverständnis, z. B. zum Inhalt, zur Sprache oder zum Textzusammenhang, gestellt. Zusätzlich bekommst du eine oder mehrere produktive Schreibaufgaben. Die Schreibaufgabe kann u. a. ein Brief, ein Tagebucheintrag, ein innerer Monolog oder ein Gespräch sein. Du schreibst hierbei aus der Perspektive einer anderen Person (meist einer Figur aus der Lektüre) und setzt in gewisser Weise den Text selbstständig fort.
  Die verpflichtende Ganzschrift für das Schuljahr 2023/2024 ist der Roman **„Nach vorn, nach Süden" von Sarah Jäger** oder das Drama „**Die Physiker**" **von Friedrich Dürrenmatt** – je nachdem, welches Werk an deiner Schule ausgewählt wird.

**4** Im **Wahlteil B** darfst du dich für **eine der drei** vorgegebenen Aufgaben entscheiden. Folgende **Aufsatzarten** stehen zur Wahl:

Woraus besteht der Wahlteil B inhaltlich?

Textgebundene dialektische Erörterung

- Bei einer **textgebundenen dialektischen Erörterung** werden dir ein Sachtext und eventuell auch andere Materialien, z. B. ein Schaubild, eine Tabelle oder ein Diagramm, als Grundlage zur Verfügung gestellt. Diese musst du im Hinblick auf ein vorgegebenes Thema untersuchen. Das Thema enthält eine sogenannte Themenfrage, in der meist zwei Aspekte einander gegenübergestellt werden, z. B. Pro und Kontra oder Vor- und Nachteile. Dialektisch bedeutet demzufolge, dass man sowohl die Argumente für die eine als auch die andere Seite aufführen muss.

Textbeschreibung Lyrik/Prosa

- Mit einer Textbeschreibung sollst du die Besonderheiten eines literarischen Textes schriftlich darstellen. Grundlage dafür ist dein Textverständnis, das du vorher erworben hast. Für die **Textbeschreibung Lyrik** erhältst du einen lyrischen Text, also ein Gedicht oder einen Liedtext, zur Bearbeitung. Für die **Textbeschreibung Prosa** bekommt du einen erzählenden Text, meist eine Kurzgeschichte. Bestimmte Bausteine der Textbeschreibung werden auf jeden Fall erwartet, auch wenn sie nicht in der Aufgabenstellung erwähnt werden. Das betrifft die Einleitung und den Schluss. Die Schwerpunkte für den Hauptteil werden in der Aufgabenstellung ausdrücklich aufgeführt.

Wie werden die Punkte verteilt?

Pflichtteil A

**5** Im **Pflichtteil A** kannst du insgesamt 50 Punkte erreichen. Jeweils die Hälfte dieser Punkte entfallen auf die beiden Aufgabenbereiche:

| | |
|---|---|
| Pflichtteil A 1 | 25 Punkte |
| Pflichtteil A 2 | 25 Punkte |

Wahlteil B

Im **Wahlteil B** kannst du ebenfalls insgesamt 50 Punkte erreichen.
Für die Bewertung der Wahlaufgabe B bzw. die Punkteverteilung gilt folgender Bewertungsschlüssel:

| | |
|---|---|
| Inhalt | 25 Punkte |
| Sprache | 15 Punkte |
| Aufbau/Form | 5 Punkte |
| Rechtschreibung | 5 Punkte |

Welche Hilfsmittel sind zulässig?

**6** Die Benutzung eines **Rechtschreibwörterbuches** ist ausdrücklich erwünscht. Es hilft dir nicht nur bei Fragen zur Rechtschreibung, Grammatik und Zeichensetzung weiter, sondern kann auch ein wichtiges Hilfsmittel für Worterklärungen (z. B. bei Fremdwörtern) sein.
Außerdem darfst du die von dir **bearbeitete Prüfungslektüre** (ohne Klebezettel und nach Durchsicht durch die Lehrkraft) verwenden.

Welche Schreibgeräte sind erlaubt?

**7** Dein Schreibgerät muss **dokumentenecht** sein, es darf also z. B. nicht radierbar oder ohne Spuren korrigierbar sein. Für die Prüfung solltest du dir daher, je nach Absprache mit deiner Lehrerin oder deinem Lehrer, einen Füller, Tintenroller, Kugelschreiber, Faserstift oder anderen nicht radierbaren Stift zulegen.

Was hat es mit den „Anforderungsbereichen" auf sich?

**8** Der Bildungsplan für die Sekundarstufe im Fach Deutsch definiert **drei** sogenannte **Anforderungsbereiche (= AFB)**, die sich in jeder Aufgabe in unterschiedlicher Form wiederfinden. Die einzelnen Anforderungsbereiche machen deutlich, welche Art der Leistung bei der Bearbeitung einer Aufgabe erbracht werden muss.

- **Anforderungsbereich I** umfasst die **Reproduktion**, das heißt die Wiedergabe oder die wiederholende Zusammenfassung von gelernten Sachverhalten. Bei diesen Aufgaben soll also zum Einsatz gebracht werden, was im Unterricht erarbeitet und gelernt wurde, z. B. das Faktenwissen zur Lektüre.
- **Anforderungsbereich II** beinhaltet unter anderem das selbstständige Auswählen, Ordnen, Erläutern oder Vergleichen von Inhalten, also die sogenannte **Reorganisation** von Bekanntem. Du sollst außerdem zeigen, dass du in der Lage bist, Arbeitsweisen, die du im Unterricht gelernt hast, anzuwenden, z. B. auf ein unbekanntes Gedicht oder eine Kurzgeschichte.
- **Anforderungsbereich III** betrifft die selbstständige gedankliche Leistung. Hier müssen Sachverhalte und Zusammenhänge eigenständig ausgewertet, durchdacht und begründet beurteilt oder sprachlich gestaltet werden, um zu einer differenzierten und kritischen Wertung zu gelangen. Zudem sollst du zeigen, dass du das Erarbeitete auf neue Zusammenhänge und Sachverhalte übertragen kannst. Du sollst also deine Fähigkeit zum **Transfer** beweisen.

Die Aufgabenstellung ist meist so formuliert, dass die Arbeitsanweisung bzw. der gewählte Operator (= das handlungsleitende Verb) klarmacht, in welchem Anforderungsbereich die Aufgabe angesiedelt ist.

Was sind Operatoren und welchen Zweck erfüllen sie?

**9** **Operatoren** sind „**handlungsleitende Verben**" und machen deutlich, welche konkrete Handlung bei einer Aufgabenstellung verlangt wird. Dadurch wird z. B. klar, ob eine stichwortartige Darstellung, eine ausführliche Textvariante oder ein schlichter Antwortsatz erwartet wird. Operatoren lassen sich den Anforderungsbereichen des Bildungsplans zuordnen und geben damit einen Hinweis auf die Ausrichtung der entsprechenden Aufgabe. Durch ihre konkreten Vorgaben dienen Operatoren dazu, Arbeitsaufträge eindeutig zu formulieren und voneinander abzugrenzen. Sie geben außerdem vor, welche Maßstäbe bei der Korrektur und Bewertung angesetzt werden.

**10** Diese Operatoren kommen häufig in Aufgabenstellungen vor:

| Operator | Beschreibung | Beispiel | AFB |
|---|---|---|---|
| **(be-)nennen** | Du sollst z. B. Begriffe, Gegenstände oder Sachverhalte aufzählen oder zuordnen. | *Nenne Gründe für Peters Heimweh.* | I |
| **beschreiben** | Hier müssen z. B. Personen, Situationen oder Sachverhalte in eigenen Worten dargestellt werden. | *Beschreibe Nics Verhalten gegenüber seinem Sohn.* | I |
| **bestimmen** | Du sollst Gegebenheiten und Inhalte nach festgelegten Kriterien feststellen. | *Bestimme die Wortarten der unterstrichenen Wörter.* | I |
| **formulieren** | Hier soll z. B. ein Ergebnis, ein Standpunkt oder ein Eindruck knapp zum Ausdruck gebracht werden. | *Formuliere, welchen Standpunkt die Autorin im Text vertritt.* | I |
| **skizzieren** | Du sollst z. B. eine Person, eine Handlung, einen Entwicklungsprozess oder einen Sachverhalt in groben Zügen darstellen. | *Skizziere den Handlungsverlauf.* | I |
| **wiedergeben** | Du hast die Aufgabe, Informationen aus einem vorliegenden Text zusammenfassend in eigenen Worten zu präsentieren. | *Gib wieder, welche Gründe für Schulangst im Text genannt werden.* | I |
| **darstellen/ darlegen** | Hier sollen z. B. Zusammenhänge, Entwicklungen, Meinungen oder Probleme neutral wiedergegeben werden. | *Stelle anhand des Textes den Zusammenhang zwischen Fleischkonsum und Klimawandel dar.* | I, II |
| **zeigen/ aufzeigen** | Von dir wird erwartet, dass du z. B. Zusammenhänge, Entwicklungen oder Probleme unter einer bestimmten Fragestellung wiedergibst. | *Zeige anhand von Textbeispielen, dass die Hauptfigur mutig gehandelt hat.* | I, II |
| **zusammenfassen** | Du sollst z. B. Inhalte und Zusammenhänge von Texten auf das Wesentliche beschränkt wiedergeben. | *Fasse zusammen, was Lena schlussendlich zur Flucht bewegt hat.* | I, II |
| **analysieren/ untersuchen** | Bei dieser Aufgabe sollen z. B. formale und inhaltliche Aspekte eines Textes unter einer bestimmten Fragestellung herausgearbeitet werden. | *Analysiere, inwieweit Jans Verhalten durch seine Freunde beeinflusst wird.* | II |
| **begründen** | Es geht darum, z. B. eine Position oder Vermutung durch Argumente (mit Belegen und Beispielen) zu stützen. | *Begründe, warum Dario mit Andy wegläuft.* | II |

Welche Operatoren kommen in der Prüfung häufig vor und was wird jeweils erwartet?

| Operator | Beschreibung | Beispiel | AFB |
|---|---|---|---|
| **belegen** | Hier sollen z. B. zu bestimmten Aussagen Zitate (Belege, Beweise) im Text gefunden und genannt werden. | *Belege deine Vermutungen am Text.* | II |
| **charakterisieren** | Du sollst z. B. Personen und ihre Eigenschaften darstellen. | *Charakterisiere die Hauptfigur.* | II |
| **erklären** | Hier musst du Sachverhalte in einen Zusammenhang stellen und begründen oder zu Schlussfolgerungen kommen. | *Erkläre die Schreibweise mit dem Doppelkonsonanten „mm".* | II |
| **erläutern** | „Erläutern" entspricht eigentlich dem Operator „erklären", enthält darüber hinaus aber noch den Aspekt, dass die Ergebnisse durch Zusatzinformationen und Beispiele veranschaulicht werden sollen. | *Erläutere Pauls Beweggründe für sein aggressives Verhalten.* | II |
| **herausarbeiten** | Hier sollen z. B. Strukturen oder Leitgedanken aus einem Text herausgelöst und auf das Wesentliche konzentriert dargestellt werden. | *Arbeite die drei Hauptgedanken des vorliegenden Sachtextes heraus.* | II |
| **vergleichen** | Du sollst Texte, Figuren, Sachverhalte oder Problemstellungen unter vorgegebenen oder selbst gewählten Aspekten einander gegenüberstellen und Gemeinsamkeiten sowie Unterschiede feststellen. | *Vergleiche die beiden Pflegerinnen Fabiola und Elisa miteinander.* | II |
| **beurteilen/ bewerten** | Hier sollst du zu einem Text, einem Sachverhalt oder einem Problem zu einem selbstständigen und begründeten Urteil gelangen. | *Beurteile, wie geeignet dir die im Text genannten Maßnahmen zur Reduzierung von Plastikmüll erscheinen.* | III |
| **erörtern** | Es geht darum, bei einer These, Problemstellung oder Themenfrage das Für und Wider abzuwägen. Dabei sollst du verschiedene Perspektiven überprüfen sowie ein begründetes Urteil fällen, ggf. auch Schlussfolgerungen ziehen und Lösungsperspektiven entwickeln. | *Erörtere, ob es sinnvoll ist, Einwegprodukte aus Plastik zu verbieten.* | III |
| **Stellung nehmen** | Hier geht es darum, nach kritischer Prüfung und Abwägung eine Einschätzung zu einer Problemstellung, zu einem Sachverhalt oder eine Wertung zu formulieren. | *Nimm Stellung zur zentralen These des Autors, der zufolge Computerspiele die Gewaltbereitschaft bei Jugendlichen fördern.* | III |

# Pflichtteil A 1: Sachtext

*Interaktive Aufgaben: A 1: Sachtext*

Ausgangspunkt für diesen Prüfungsteil ist immer ein **Sachtext**, dessen Thema du vorher nicht kennst. Es gilt, den Text möglichst gründlich zu lesen, ihn zu bearbeiten und inhaltlich zu durchdringen (= lesen und verstehen).
Für den Pflichtteil A 1 kannst du insgesamt **25 Punkte**, also **ein Viertel aller Punkte** bekommen. Plane daher auch ungefähr **ein Viertel der Bearbeitungszeit** dafür ein (**60 Minuten** von 240 Minuten).

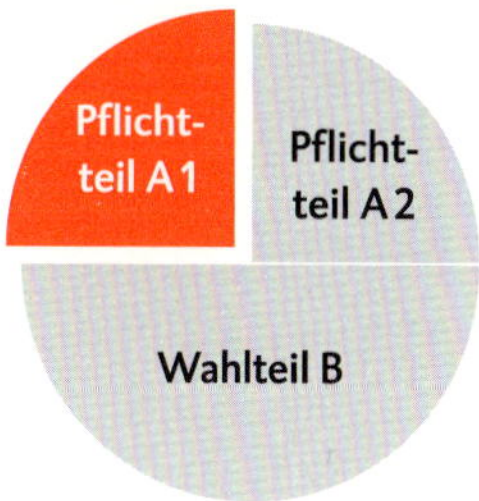


Zu dem Sachtext werden dir dann Aufgaben zum
- **Textverständnis**, also inhaltliche Fragen, und zum
- **Sprachgebrauch**, z. B. zur Rechtschreibung oder Grammatik, gestellt.

Grundlage für die Aufgaben zum Sprachgebrauch sind Sätze, Formulierungen oder Wörter aus dem Text. Bei diesen Aufgaben benötigst du ein breitgefächertes Regel- und Faktenwissen.

## 1 Textverständnis

Es ist sinnvoll, sich den Text zunächst **gründlich durchzulesen**, um einen ersten Überblick über dessen Inhalt und Thema zu bekommen. Anschließend solltest du die Aufgaben zum Textverständnis lesen, damit du weißt, welche Aspekte du beim zweiten Lesen besonders in den Blick nehmen musst.
Möglicherweise stößt du beim Lesen des Sachtextes auf unbekannte Begriffe oder Formulierungen. Achte dann auf das „Kleingedruckte", denn manchmal sind Wörter, die dir Schwierigkeiten bereiten könnten, am Ende des Textes in Fußnoten oder Anmerkungen erklärt. Zudem kann dir folgende Schritt-für-Schritt-Anleitung beim **Umgang mit Unklarheiten im Text** helfen:

**Schritt für Schritt**

| | |
|---|---|
| Arbeitsschritt 1 | **Ignoriere** kleinere Unklarheiten, d. h., beachte sie nicht. Vielleicht ist der Aspekt, der dir unverständlich ist, gar nicht wichtig. |
| Arbeitsschritt 2 | **Lies weiter**, um festzustellen, ob dir dadurch der Sinn des Textes klarer wird. |
| Arbeitsschritt 3 | **Lies** unklare Textstellen **noch einmal**. |
| Arbeitsschritt 4 | Lies den **Abschnitt vor der schwierigen Textstelle** ein zweites Mal. |
| Arbeitsschritt 5 | **Stelle einen Zusammenhang her** zu Dingen, die du schon kennst, weißt oder vorher gelesen hast. |
| Arbeitsschritt 6 | Nimm das **Rechtschreibwörterbuch** zu Hilfe, vielleicht ist der unverständliche Begriff dort erklärt. |

## 1.1 Lesestrategien

Es gibt eine Vielzahl von Vorgehensweisen, die dich dabei unterstützen, einen **Text zu verstehen** und dessen Informationen zu nutzen. Wichtig ist in erster Linie: Nimm dir Zeit zum Lesen und Bearbeiten des Textes!
Gehe vor wie in der folgenden Übersicht dargestellt. Wende zur Übung verschiedene Strategien an, damit du mit ihnen vertraut wirst, und hake sie danach ab.

Auf einen Blick

| Checkliste zum effektiven Umgang mit Texten | | ☑ |
|---|---|---|
| **Vor dem ersten Lesen** | **Überfliege den Text.**<br>Welche Themen oder welches Thema erkennst du?<br>Welche Begriffe oder Bilder springen dir ins Auge?<br>Achte auf Signalwörter. | ☐ |
| | **Lies die Überschrift/den Untertitel.**<br>Wovon könnte der Text handeln?<br>Hast du bereits Vorinformationen zum vermuteten Thema des Textes?<br>Lasse erste Assoziationen zu. | ☐ |
| | **Stelle Verbindungen zu deinem Vorwissen her.**<br>Was weißt du schon zu dem Thema? Knüpfe an Bekanntes an. | ☐ |
| **Während des Lesens** | **Konzentriere dich aufs Lesen.**<br>Bemühe dich, gründlich zu lesen und nicht gedanklich abzuschweifen.<br>Stelle dir den Inhalt des Textes bildlich vor. | ☐ |
| | **Arbeite bereits beim ersten Lesen mit einem Bleistift.**<br>Markiere Wörter oder Formulierungen, die dir unbekannt oder unklar sind, z. B. mit einem Fragezeichen. | ☐ |
| | **Beseitige Unklarheiten, die dich am Textverständnis hindern.**<br>Denke daran, dass du nicht unbedingt alle Wörter verstehen musst (siehe Schritt-für-Schritt-Anleitung, S. 1). | ☐ |
| | **Kläre am Ende dein allgemeines bisheriges Textverständnis.**<br>Welches Thema wird im Text behandelt?<br>Um welche Unterthemen geht es im Text?<br>Welche Hauptaussagen werden getroffen? | ☐ |
| **Nach dem ersten Lesen** | **Lies jetzt alle Fragestellungen aufmerksam durch.**<br>Was sollst oder willst du herausfinden?<br>Welche Informationen bzw. Details soll dir der Text liefern? | ☐ |
| | **Mache dir deinen <u>ersten</u> konkreten Leseauftrag bewusst.** | ☐ |
| | **Lies den Text nochmals gründlich und unterstreiche dabei „sachdienliche“ Textstellen.**<br>Markiere im Text diejenigen Stellen oder Schlüsselbegriffe, die Antworten auf die Fragen in der Prüfung geben können. Beachte auch die Aufgaben, deren Lösungen nicht wörtlich im Text zu finden sind. | ☐ |

Lies den nachfolgenden Sachtext und wende die Lesestrategien an.
Du siehst in den Gedankenblasen bereits, welche **Assoziationen** Titel und Untertitel hervorrufen können.

Thema Wegwerfgesellschaft?

Konsumverhalten in Sachen Kleidung?

Was passiert mit den Kleidern aus dem Altkleidercontainer?

# Für die Tonne

**Die Reise meines Pullovers: vom Kleiderschrank in den Altkleidercontainer und darüber hinaus**

*Noelle Konate*

Seit zwei Jahren liegt er da, unberührt. Der graue Pullover einer Skatemarke, den ich unbedingt haben wollte. Viele meiner Freund*innen trugen ihn, Jungs, die ich toll fand, und auch die Sängerin Rihanna. Ich musste den Pullover besitzen. Ich habe ihn geliebt, neun Monate lang, um ihn dann wie eine missglückte Romanze langsam auszublenden. Das Schrankfach verlässt er seither nicht mehr.
Aber wohin mit dem Fehlkauf? Für den Müll ist er bis auf einen ausgeleierten Ärmelsaum zu gut erhalten. Ich entscheide mich, ihn in einen Altkleidercontainer zu werfen. Schließlich will ich gleichzeitig etwas Gutes tun, so wie viele Menschen in Deutschland. Im Durchschnitt spendet jede*r zwölf Kilogramm alte Kleider im Jahr, 160 000 gefüllte Altkleidercontainer kommen so zusammen. Doch nicht alle dienen karitativen Zwecken. Immer mehr illegale Container werden auf Privatgrundstücken aufgestellt. Manche Firmen wollen damit Profit machen, denn das Geschäft mit den alten Hosen und Sweatshirts ist lukrativ. Für einen vollen Container bekommen sie bis zu 450 Euro.
Das Internet verrät mir, woran ich seriöse Container erkenne: Auf ihnen müssen Adresse sowie Rufnummer der sammelnden Organisation stehen. Wenig später stehe ich vor einem roten, leicht zerbeulten Container des Deutschen Roten Kreuzes (DRK). Ich entziffere die Anschrift und die Telefonnummer, unter der sich tatsächlich ein Anrufbeantworter meldet und eine freundliche Stimme darauf hinweist, dass es sich hier um einen Altkleidercontainer des DRK handelt. Wird schon stimmen. Test bestanden. Ich bin zufrieden und werfe meinen Pullover hinein.

**Gut genug für die Kleiderkammer?**

Das DRK gibt an, dass es im Jahr knapp 100 000 Tonnen Altkleider sammelt, den Großteil verkauft es an eine Verwertungsfirma. Nur fünf Prozent verteilt das DRK in Kleiderkammern an Bedürftige in Deutschland. Ich bin neugierig und will herausfinden, ob mein Pullover in einem Umsonstladen des DRK gelandet ist.
In einem kleinen Häuschen treffe ich Frau Camps von der Kleiderkammer und Frau Ahmed, eine der vier Frauen, die drei- bis viermal die Woche ehrenamtlich helfen. Frau Ahmed steht hinter einer Theke, hinter ihr ein Regal, das voll ist mit Büchern, Gläsern, Vasen und einem Teddybären.
Auch der restliche Raum ist vollgestopft mit Kleiderständern, Boxen und Tüten voller Kleidung. Ich finde schwarze Lederstiefel einer Fast-Fashion-Marke, einen Parka eines nachhaltigen Labels, sogar eine Jacke eines großen Designers. Aber keine Spur von meinem Pullover. „In unserer Kleiderkammer landen nur Sachen, die Leute direkt vorbeibringen oder in den Container vor unserer Tür werfen", sagt Frau Camps. Wohin ging dann mein Pullover? Der wurde wahrscheinlich weiterverkauft.

**Vom Pullover zum Putzlappen**

Die Verwertungsfirmen, die die Kleidung ankaufen, sortieren sie nach Qualität. Etwa die Hälfte landet direkt im Müll oder wird zu Putzlappen und Dämmmaterial für die Autoindustrie verarbeitet. Einen kleinen Teil der sauberen, gut erhaltenen Kleidung verkaufen die Firmen an Secondhandläden in Deutschland. Der Rest landet in unterschiedlichen Ländern. Neben West- und Osteuropa, dem Nahen Osten und Asien geht das meiste nach Afrika.

Dort können Großhändler die Klamotten nach unterschiedlichen Kriterien bestellen. Wintermäntel? Eher was für die Ukraine als für Uganda. Am wahrscheinlichsten ist es, dass mein Pullover mit dem ausgeleierten Ärmelsaum in einem Flieger nach Afrika liegt. Wo er von einem Großhändler an einen Secondhandladen verkauft und vielleicht von einem skatebegeisterten Mädchen auf einem Wühltisch gefunden und gekauft wird.

Eine schöne Vorstellung, finde ich. Aber ist das vertretbar? Bei dieser Frage scheiden sich die Geister. Kritiker*innen argumentieren, dass durch den Export von Secondhandkleidung die regionale Textilindustrie in Afrika zerstört werde: Mit den billigen Preisen könne die nicht mithalten. 2019 hat Ruanda deswegen ein Importverbot verhängt, um die lokale Industrie wieder aufleben zu lassen.

Befürworter*innen sehen das anders: Von einem Verbot profitiere nicht zwangsläufig die lokale Textilindustrie, sondern chinesische T-Shirts, Hosen oder Jacken könnten den Markt überschwemmen. Viele Menschen in Afrika würden gerne Secondhandkleidung tragen, weil sie den westlichen Modetrends entspräche, die durch Social Media auch in Afrika ankommen.

Ernüchtert stelle ich fest, dass mein Versuch, meine Spende sinnvoll einzusetzen, nicht ganz geglückt ist. Altkleiderspenden sind nur eine halbherzige Lösung für ein Problem, das viel tiefer liegt. Das eigentliche Problem bin ich, die Konsumentin, die zu vielen kurzlebigen Modetrends nacheifert.

Am Tag nachdem ich meinen Pullover in den Container warf, kam ich an einem Schaufenster vorbei. Darin hing ein Pullover, den ich mir schöner kaum vorstellen kann. Es tat fast ein bisschen weh, als ich die Ladentür nicht öffnete, weiterlief und mir fest vornahm, einen ähnlichen im Secondhandladen zu suchen.

*Quelle: Noelle Konate: Für die Tonne. Fluter vom 27. 02. 2020. Im Internet unter: www.fluter.de/altkleidercontainer-was-passiert-mit-der-alten-kleidung*

## 1.2 Aufgaben zum Textverständnis

Bearbeite nachfolgende **Aufgaben zum Textverständnis**, wie sie dir in ähnlicher Weise auch in der Prüfung begegnen könnten. Hier erhältst du allerdings noch Tipps und Hilfestellungen zur Umsetzung. Achte insbesondere auf die in der Aufgabenstellung vorkommenden **Operatoren**.

Tipp

**Was sind Operatoren?**

Operatoren sind „handlungsleitende Verben" und sollen deutlich machen, welche konkrete Handlung bei einer Aufgabenstellung von dir verlangt wird. Dadurch wird dir z. B. klar, ob eine stichwortartige Darstellung, eine ausführliche Textvariante oder ein schlichter Antwortsatz erwartet wird. Eine Liste der wichtigsten Operatoren findest du vorne im Buch (10. Frage).

Übung 1

1. Entscheide mithilfe des Textes, ob folgende Aussagen richtig oder falsch sind. Kreuze entsprechend an.

   **Hinweis:** Denke daran, dass du deine Antworten in der Prüfung auf den gesonderten Schülerbögen (linierten Blättern) notieren musst.

| | richtig | falsch |
|---|---|---|
| Die Autorin berichtet von einem Pullover, den sie ursprünglich einmal gut fand und hauptsächlich deshalb haben wollte, weil ihn auch andere besaßen. | ☐ | ☐ |
| Jede*r Deutsche kauft im Jahr durchschnittlich 12 kg neue Kleidung. | ☐ | ☐ |
| Nur 5 Prozent aller in Deutschland gespendeter Kleidung wird direkt an Bedürftige verteilt. | ☐ | ☐ |
| Überwiegend werden die gespendeten Altkleider an sogenannte Verwertungsfirmen weiterverkauft. | ☐ | ☐ |
| Es gibt mittlerweile viele illegal aufgestellte Altkleidercontainer, die nur vorgeben, die Kleidung für karitative Zwecke zu sammeln. In Wahrheit wollen die Betreiber aber Profit machen. | ☐ | ☐ |

2. **Nenne** die Beweggründe, die Menschen haben könnten, wenn sie ihre abgelegte Kleidung nicht wegwerfen, sondern in einen Kleidercontainer geben.

Tipp

**Was wird beim Operator „nennen" erwartet?**

Du sollst z. B. Begriffe, Gegenstände oder Sachverhalte aufzählen oder zuordnen.

   a) Suche und unterstreiche zuerst im Text die Stellen, die folgende Schlüsselbegriffe enthalten:
      - „zu gut erhalten"
      - „etwas Gutes"
      - „karitativen Zwecken"
      - „Bedürftige in Deutschland"

   b) Vervollständige nun die nachfolgenden Sätze mithilfe der Informationen, die in den von dir unterstrichenen Textstellen vorkommen.

- *Oft sind die Kleidungsstücke zu gut erhalten, um sie wegzuschmeißen, deshalb* ______________________________
______________________________
______________________________
- *Viele Menschen in Deutschland glauben,* ______________________________
______________________________
______________________________
- *Viele denken, dass die ausrangierten Kleider* ______________________________
______________________________
______________________________

3. **Skizziere**, wer davon profitiert oder im Laufe der Zeit daran verdient, wenn jemand seine alten Kleidungsstücke in einen Altkleidercontainer wirft.

Tipp

**Was wird beim Operator „skizzieren“ erwartet?**

Du sollst z. B. eine Person, eine Handlung, einen Entwicklungsprozess oder einen Sachverhalt in groben Zügen darstellen.

a) Trage im folgenden Flussdiagramm ein, wer nacheinander an der Kleidung verdient oder von ihr profitiert.

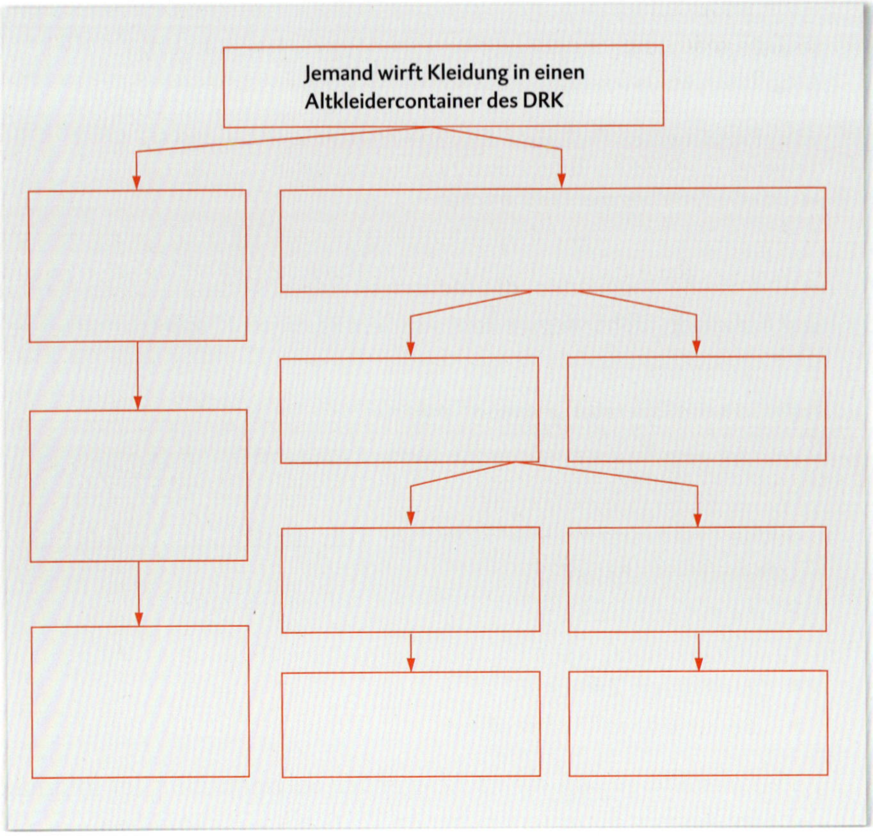

b) Formuliere nun mithilfe des Diagramms einen Ergebnistext. Beginne ihn wie folgt:

*Es profitieren z. B. karitative Einrichtungen wie das Deutsche Rote Kreuz (DRK). Es betreibt Kleiderkammern oder sogenannte Umsonstläden …*

4. **Erkläre** in eigenen Worten, weshalb manche afrikanischen Länder ein Importverbot für Secondhandkleidung aus dem Ausland verhängen.

Tipp

**Was wird beim Operator „erklären" erwartet?**

Hier musst du Sachverhalte in einen Zusammenhang stellen und begründen oder zu Schlussfolgerungen kommen.

a) Unterstreiche im Text zuerst die hier aufgelisteten „Aktionen" und notiere jeweils die Auswirkung, die sie laut Text besitzen.

Aktion: Europa exportiert Secondhandkleidung nach Afrika.

Auswirkung: ______

Aktion: Ruanda verhängte 2019 ein Importverbot für Secondhandkleidung aus dem Ausland.

Auswirkung: ______

b) Formuliere mithilfe deiner Notizen einen Lösungstext für Aufgabe 4.

5. **Erläutere**, was laut Text gegen ein Importverbot von Secondhandkleidung spricht.

Tipp

**Was wird beim Operator „erläutern" erwartet?**

„Erläutern" entspricht eigentlich dem Operator „erklären", enthält jedoch den zusätzlichen Aspekt, dass die Ergebnisse durch Zusatzinformationen und Beispiele veranschaulicht werden sollen.

a) Unterstreiche im Text die Argumente der Befürworter*innen der Importe.

b) Formuliere nun mithilfe der unterstrichenen Informationen einen Antworttext. Ergänze dazu nachfolgenden Satzanfang.

*Befürworter*innen der Importe von europäischer Secondhandkleidung nach Afrika argumentieren,* ______________________

______________________

______________________

______________________

______________________

______________________

______________________

______________________

6. **Arbeite heraus**, zu welcher Erkenntnis der Text bzw. die Autorin des Textes zum Thema „Altkleidercontainer" kommt.

Tipp

**Was wird beim Operator „herausarbeiten" erwartet?**

Hier sollen z. B. Strukturen oder Leitgedanken aus einem Text herausgelöst und auf das Wesentliche konzentriert dargestellt werden.

a) Unterstreiche im Text die Passagen, die Auskunft über die Erkenntnisse der Autorin zum Thema „Altkleidercontainer" geben.

b) Setze nun aus den hier abgedruckten Satzteilen vollständige Sätze zusammen, sodass ein sinnvoller Antworttext entsteht. (→ Heft)

| | | |
|---|---|---|
| da sie zu vielen kurzlebigen Modetrends nacheifert | und damit die Massen an Altkleidern verursacht. | mit ihrer Altkleiderspende viel Gutes zu bewirken, |
| naiv waren. | Noelle Konate kommt zu der ernüchternden Erkenntnis, | Sie erkennt, |
| das eigentliche Problem ist, | dass ihre Vorstellungen, | dass sie als Konsumentin |

# 2 Sprachgebrauch

Auf einen Blick

In diesem Bereich musst du Regeln und Strategien des Sprachgebrauchs anwenden und erklären können. Laut Bildungplan spielen folgende Inhalte eine Rolle:

**SPRACHGEBRAUCH**

### Struktur von Wörtern (Morphologie)

- **Wortarten**
  - Nomen/Eigennamen
  - bestimmter und unbestimmter Artikel
  - Adjektiv
  - Numerale
  - Pronomen
    - Personalpronomen
    - Reflexivpronomen
    - Possessivpronomen
    - Demonstrativpronomen
    - Relativpronomen
    - Interrogativpronomen
    - Indefinitpronomen
  - Verb
  - Adverb
    - Temporaladverb
    - Lokaladverb
    - Modaladverb
    - Kausaladverb
  - Präposition
  - Konjunktion/Subjunktion
  - Interjektion
- **Wortbildung**, *z. B. Komposita (= zusammengesetzte Wörter), Vorsilben*
- **Konjugation von Verben**
  - Tempus
    - Präsens
    - Präterium
    - Perfekt
    - Plusquamperfekt
    - Futur I
    - Futur II
  - Modus
    - Indikativ (Realität)
    - Konjunktiv I (v. a. indirekte Rede)
    - Konjunktiv II (Irrealität)
    - Imperativ (Befehl)
  - Aktiv/Passiv
- **Kategorien des Nomens**
  - Genus
    - Maskulinum
    - Femininum
    - Neutrum
  - Numerus
    - Singular
    - Plural
  - Kasus
    - Nominativ
    - Genitiv
    - Dativ
    - Akkusativ

### Bedeutung von Wörtern (Semantik)

- **Denotation und Konnotation**, z. B.
  - *sprachliche Bilder*
  - *Redewendungen*
  - *Sprichwörter*
- Bedeutung von **Lehn- und Fremdwörtern**
- Synonyme/Antonyme

### Struktur von Sätzen und Texten (Syntax)

- **Satzglieder**
  - Subjekt
  - Prädikat
  - Objekte
    - Genitivobjekt
    - Dativobjekt
    - Akkusativobjekt
    - Präpositionalobjekt
  - adverbiale Bestimmungen
    - Lokaladverbiale (Ort)
    - Temporaladverbiale (Zeit)
    - Modaladverbiale (Art und Weise)
    - Kausaladverbiale (Grund)
- **Attribute** (= Teile von Satzgliedern)
  - Adjektivattribut
  - Genitivattribut
  - Präpositionales Attribut
  - Attributsatz
  - Apposition
- Beschreiben von Sätzen mithilfe des **Feldermodells**, *z. B. Einordnen in das Feldermodell (Koordinations-, Vor-, Mittel- und Nachfeld, linke und rechte Satz-/Verbklammer)*
- **Satzarten**, *z. B. Haupt- und Nebensatz, Verberst-, Verbzweit- und Verbletztsatz (= eingeleitet durch Subjunktion)*
- **satzwertige Infinitiv- und Partizipgruppe**

### Zeichensetzung (Interpunktion)

- **Zeichensetzung bei Zitaten**
- **Regeln bei der Kommasetzung**, z. B.
  - *Aufzählungen*
  - *Trennung von Hauptsätzen*
  - *Trennung von Haupt- und Nebensatz*
  - *bei Einschüben (Appositionen)*
  - *nach Anreden*
  - *bei Infinitiv- und Partizipgruppen*
- Begriffe und Regeln aus dem Rechtschreibrahmen

### Rechtschreibung (Orthografie)

- **Regeln der Groß- und Kleinschreibung**, *z. B. von Nomen, Nominalisierungen, Satzanfängen*
- **Regeln der Getrennt- und Zusammenschreibung**
- Schreibung von gängigen **Fremdwörtern**
- **Begriffe und Regeln aus dem Rechtschreibrahmen** (Klasse 7–10, z. B. Fugenelement)
- Kenntnisse über die Nutzung eines Rechtschreibwörterbuchs

Mithilfe der Übersicht auf Seite 9 kannst du dir einen Überblick darüber verschaffen, welche Themen für diesen Prüfungsteil infrage kommen und welche du vorrangig noch bearbeiten solltest. Gehe dabei folgendermaßen vor:

Schritt für Schritt

**So arbeitest du mit der Übersicht über die Themen:**

| | |
|---|---|
| Arbeitsschritt **1** | Sieh dir zu jedem Oberbegriff in der Liste auch die Unterpunkte an, damit du zweifelsfrei weißt, was mit den einzelnen Begriffen gemeint ist. |
| Arbeitsschritt **2** | Hake zuerst die Themen/Begriffe ab, die dir vertraut sind und die du auf Anhieb einordnen konntest. |
| Arbeitsschritt **3** | Markiere dann die Themen/Begriffe, an die du dich erst mithilfe der Unterpunkte erinnern konntest. |
| Arbeitsschritt **4** | Kennzeichne die Themen/Begriffe mit einem Frage- oder Ausrufezeichen, die dir auch nach Sichtung der Unterpunkte unbekannt vorkommen. |
| Arbeitsschritt **5** | Markiere danach die Übungen zu den Themen, die du noch nicht beherrschst oder bei denen du dir unsicher bist. Mit diesen Aufgaben solltest du beginnen. |

## 2.1 Struktur von Wörtern (Morphologie)

### Wortarten

Um in einer Aufgabe Wortarten korrekt benennen zu können, solltest du folgende Wortarten kennen:

Auf einen Blick

| **Veränderbare Wortarten** | |
|---|---|
| **NOMEN** bezeichnen Lebewesen und Dinge.<br>Man unterscheidet:<br>• Nomen, die etwas **Reales** bezeichnen (Konkreta)<br>• Nomen, die etwas **Gedachtes** bezeichnen (Abstrakta)<br>• **Eigennamen**, die Lebewesen oder Dingen persönliche Namen geben | <br><br>*Stuhl, Ball, Katze, Käse*<br>*Trauer, Hoffnung, Freiheit*<br>*Johannes: Name eines Jungen,*<br>*Amerika: Name eines Kontinents* |
| **ARTIKEL** sind **Begleiter** von **Nomen**. Es gibt:<br>• **bestimmte** Artikel<br>• **unbestimmte** Artikel | <br>*der, die, das*<br>*ein, eine* |
| **ADJEKTIVE** bezeichnen **Eigenschaften** und sind steigerbar: Positiv → Komparativ → Superlativ | *gelb, fröhlich, leicht, still*<br>*schön, schöner, am schönsten* |
| **NUMERALIEN** (Zahlwörter) geben die Menge/Anzahl an, in der ein Sachverhalt auftritt. Sie gelten in manchen Grammatiken als Sonderform des Adjektivs. | *drei, vierte, zweifach, viermalig, achtel* |
| **VERBEN** bezeichnen eine **Handlung/Tätigkeit**.<br>Man unterscheidet:<br>• Vollverben<br>• Hilfsverben<br>• Modalverben | <br><br>*gehen, essen, liegen*<br>*haben, sein, werden*<br>*können, wollen, sollen, müssen, dürfen* |

| | |
|---|---|
| **PRONOMEN** (Fürwörter) sind **Begleiter** oder **Stellvertreter** von Nomen. Die wichtigsten sind: | |
| • Personalpronomen | *ich, du, er/sie/es, wir, ihr, sie* |
| • Reflexivpronomen | *mich, dich, sich, uns, euch, sich* |
| • Possessivpronomen | *mein, dein, sein/ihr/sein, unser, euer, ihr* |
| • Demonstrativpronomen | *diese, -r, -s; jene, -r, -s; der/die/das (da)* |
| • Relativpronomen | *der, die, das; welche, -r, -s* |
| • Interrogativpronomen | *Wer? Wo? Was? Wann? Wie? Warum?* |
| • Indefinitpronomen | *etwas, nichts, wenig, kein, alle/s, einige* |

Auf einen Blick

| Unveränderbare Wortarten | |
|---|---|
| **ADVERBIEN** bezeichnen die genaueren **Umstände** einer Handlung, zum Beispiel: | |
| • den Ort (Wo? Woher? Wohin?) → **Lokaladverbien** | *dort, hier, oben, überall* |
| • die Zeit (Wann? Seit wann? Bis wann? Wie lange? Wie oft?) → **Temporaladverbien** | *gestern, jetzt, morgens, nachts, selten, schon, oft, manchmal* |
| • die Art und Weise oder das Ausmaß (Wie? Wie sehr?), Erweiterungen oder Einschränkungen → **Modaladverbien** | *gern, lieber, irgendwie, anders; sehr, äußerst, kaum; auch, sonst; allerdings, nur* |
| • den Grund (Warum?) → **Kausaladverbien** | *deshalb, daher, somit, also, folglich* |
| **PRÄPOSITIONEN** bezeichnen das **Verhältnis**, in dem Personen oder Dinge zueinander stehen. | *an, bei, mit, vor, zwischen, neben, über, unter, innerhalb, gegen* |
| **KONJUNKTIONEN verbinden** Wörter, Wortgruppen oder Sätze miteinander. Man unterscheidet: | |
| • **nebenordnende Konjunktionen**, die Gleichrangiges verbinden (z. B. Hauptsätze) | *und, oder, denn, aber, doch* |
| • **unterordnende** Konjunktionen, sogenannte **Subjunktionen**, die Nicht-Gleichrangiges verbinden (z. B. Haupt- und Nebensätze) | *als, weil, obwohl, nachdem, wenn, dass* |
| **INTERJEKTIONEN** sind wortähnliche Lautäußerungen oder Ausrufe, mit denen z. B. Empfindungen ausgedrückt werden. | *Aua! Ach! Igitt! Bäh! Pfui! Oho!* |

Übung 2

1. Bestimme die **Wortart** der unterstrichenen Wörter. Kreuze entsprechend an.

| | Nomen | Artikel | Adjektiv | Numerale | Pronomen | Verb | Adverb | Präposition | Konjunktion | Subjunktion | Interjektion |
|---|---|---|---|---|---|---|---|---|---|---|---|
| Das Internet verrät <u>mir</u>, woran ich seriöse Container erkenne. | ☐ | ☐ | ☐ | ☐ | ☐ | ☐ | ☐ | ☐ | ☐ | ☐ | ☐ |
| Nur fünf Prozent verteilt das DRK in Kleiderkammern an <u>Bedürftige</u>. | ☐ | ☐ | ☐ | ☐ | ☐ | ☐ | ☐ | ☐ | ☐ | ☐ | ☐ |
| Gut genug <u>für</u> die Kleiderkammer? | ☐ | ☐ | ☐ | ☐ | ☐ | ☐ | ☐ | ☐ | ☐ | ☐ | ☐ |
| <u>Eine</u> schöne Vorstellung, finde ich. | ☐ | ☐ | ☐ | ☐ | ☐ | ☐ | ☐ | ☐ | ☐ | ☐ | ☐ |
| <u>Aber</u> ist das vertretbar? | ☐ | ☐ | ☐ | ☐ | ☐ | ☐ | ☐ | ☐ | ☐ | ☐ | ☐ |
| <u>Eher</u> was für die Ukraine als für Uganda. | ☐ | ☐ | ☐ | ☐ | ☐ | ☐ | ☐ | ☐ | ☐ | ☐ | ☐ |

| | Nomen | Artikel | Adjektiv | Numerale | Pronomen | Verb | Adverb | Präposition | Konjunktion | Subjunktion | Interjektion |
|---|---|---|---|---|---|---|---|---|---|---|---|
| Ernüchtert stelle ich fest, dass mein Versuch nicht ganz geglückt ist. | ☐ | ☐ | ☐ | ☐ | ☐ | ☐ | ☐ | ☐ | ☐ | ☐ | ☐ |
| Altkleiderspenden sind nur eine halbherzige Lösung. | ☐ | ☐ | ☐ | ☐ | ☐ | ☐ | ☐ | ☐ | ☐ | ☐ | ☐ |
| Aha, das hätte ich mir denken können. | ☐ | ☐ | ☐ | ☐ | ☐ | ☐ | ☐ | ☐ | ☐ | ☐ | ☐ |
| Von einem Verbot profitiere nicht zwangsläufig die lokale Textilindustrie. | ☐ | ☐ | ☐ | ☐ | ☐ | ☐ | ☐ | ☐ | ☐ | ☐ | ☐ |
| Das DRK gibt an, dass es im Jahr knapp hunderttausend Tonnen Altkleider sammelt. | ☐ | ☐ | ☐ | ☐ | ☐ | ☐ | ☐ | ☐ | ☐ | ☐ | ☐ |

2. Suche im Text „Für die Tonne“ auf S. 3/4 das jeweils erste Beispiel (ab Z. 1) für nachfolgende Wortarten und schreibe es inkl. Zeilenangabe heraus.
   a) Das erste Lokaladverb: ______________________ (Z. ______)
   b) Das erste Modaladverb: ______________________ (Z. ______)
   c) Das erste Numerale: ______________________ (Z. ______)
   d) Das erste Personalpronomen: ______________________ (Z. ______)
   e) Das erste Possessivpronomen: ______________________ (Z. ______)
   f) Das erste Relativpronomen: ______________________ (Z. ______)
   g) Die erste Konjunktion: ______________________ (Z. ______)
   h) Die erste Subjunktion: ______________________ (Z. ______)
   i) Das erste Modalverb: ______________________ (Z. ______)

3. Bestimme jeweils die Wortart der unterstrichenen Wörter (je nach Funktion im Satz). Schreibe jeweils den Fachbegriff unter das Wort auf die Zeile.
   a) Das Konsumverhalten, das hier angeprangert wird, betrifft auch uns.

   ______________________________________________

   b) Die Container werden zwar zuverlässig geleert, aber nicht immer von zuverlässigen Organisationen.

   ______________________________________________

   c) An der Idee ist am besten, dass die Besten weiterhin z. B. von Bedürftigen getragen werden können.

   ______________________________________________

## Wortbildung

Die Wortbildung ist ein Teilgebiet der Sprachwissenschaft, das sich mit den Möglichkeiten, Regeln und Mustern befasst, wie die einzelnen Wortformen entstehen und **neue Wörter gebildet** werden können.

Auf einen Blick

| **Arten der Wortbildung** | |
|---|---|
| **Komposita** (Zusammen-setzungen) | Komposita werden durch die Zusammensetzung von **mehreren Wort-stämmen** gebildet. Diese können unterschiedlichen Wortarten angehören. Manchmal benötigt man zusätzlich sogenannte **Fugenelemente** wie -e-, -(e)s-, -er-, -(e)n-.<br>Die Wortbildung durch Komposition folgt dem Schema:<br>Wortstamm + Wortstamm (+ Wortstamm)<br>Beispiel: *alt* + *Kleid* + *er (Fugenelement)* + *Container* = *Altkleidercontainer* |
| **Ab-leitungen** | Bei der Ableitung wird ein neues Wort gebildet, indem an den **Wortstamm** ein **Präfix** (Vorsilbe) und/oder ein **Suffix** (Nachsilbe) angehängt wird. Auch hier können Fugenelemente notwendig sein. Ableitungen folgen dem Schema:<br>(Präfix) + (veränderter) Wortstamm + (Suffix)<br>Beispiel: *vor* + *wurf (von werf-en)* + *s (Fugenelement)* + *voll* = *vorwurfsvoll*<br>Es gibt **typische Suffixe**, die zur Bildung bestimmter **Wortarten** verwendet werden, z. B. für …<br>• **Nomen**: -ung, -heit, -keit, -igkeit, -schaft, -nis<br>• **Adjektive**: -bar, -lich, -isch, -ig, -los, -voll<br>Durch die Ableitung **mit Präfixen** ändert sich nicht die Wortart, aber die **Bedeutung** eines Wortes.<br>Beispiele: *be* + *suchen (Verb)* = *besuchen (Verb)*<br>*miss* + *Verständnis (Nomen)* = *Missverständnis (Nomen)*<br>*un* + *pünktlich (Adjektiv)* = *unpünktlich (Adjektiv)* |

Übung 3

Fülle die Tabelle, indem du Wörter der jeweils fehlenden Wortart bildest.

| **Verb** | **Adjektiv** | **Nomen** | **zusammengesetztes Nomen (Kompositum)** |
|---|---|---|---|
| | | Schutz | |
| verschwenden | | | |
| recyceln | | | Recyclinghof |
| | verwertbar | | |
| weiterverkaufen | | | Weiterverkaufsverbot |
| | | Konsumentin | |

### Konjugation von Verben

Verben lassen sich konjugieren, werden also z. B. abhängig von Tempus, Aktiv/Passiv und Modus unterschiedlich gebildet.

### Tempora des Verbs

Die grundlegenden Tempora (Zeitformen) sind das **Präsens** und das **Präteritum**. Sie bestehen nur aus einem Vollverb, z. B. *hilft, landet; half, landete.*
Alle übrigen Tempora setzen sich aus mindestens zwei Verbformen zusammen: Neben dem **Vollverb** benötigen sie noch eines der **Hilfsverben** *haben*, *sein* oder *werden*.
**Schwache Verben** behalten ihren Stammvokal bei, wie z. B.: *landen – landete – gelandet*. **Starke Verben** verändern hingegen in einigen Formen ihren Stammvokal, wie z. B.: *helfen – half – geholfen.*

Auf einen Blick

**Die Tempora des Verbs**

| | | |
|---|---|---|
| **Präsens** | Stamm des Vollverbs + Personalendung | *Sie hilft.* *Er landet.* |
| **Präteritum** | Stamm des Vollverbs + t(e) + Personalendung | *Sie half.* *Er landete.* |
| **Perfekt** | Präsensform von *haben* oder *sein* + Partizip Perfekt des Vollverbs | *Sie hat geholfen.* *Er ist gelandet.* |
| **Plusquamperfekt** | Präteritumform von *haben* oder *sein* + Partizip Perfekt des Vollverbs | *Sie hatte geholfen.* *Er war gelandet.* |
| **Futur I** | Präsensform von *werden* + Infinitiv des Vollverbs | *Sie wird helfen.* *Er wird landen.* |
| **Futur II** | Präsensform von *werden* + Partizip Perfekt des Vollverbs + Infinitiv von *haben* oder *sein* | *Sie wird geholfen haben.* *Er wird gelandet sein.* |

### Aktiv und Passiv

Aktiv und Passiv zeigen dir, welchen Blickwinkel man auf eine Handlung hat:

- Im **Aktiv** steht die Person oder Sache, die aktiv tätig ist, im Mittelpunkt und ist das Subjekt des Satzes.
- Im **Passiv** stehen das Geschehen und die-/derjenige, mit der/dem etwas getan wird, im Fokus. Sie werden daher zum Subjekt des Satzes. Das Passiv wird oft verwendet, wenn die handelnde Person unbekannt oder nicht wichtig ist.

Beispiel

Aktiv: Noelle **kauft** den Pullover.

Subjekt Objekt

Passiv: Der Pullover **wird** (von Noelle) **gekauft**.

Subjekt

Um das **Passiv** zu bilden, benötigt man eine Form des Hilfsverbs *werden* und das Partizip Perfekt, z. B. *gekauft, gespendet.* Auch im Passiv können alle **Tempora** des Verbs vorkommen.

Auf einen Blick

**Aktiv-/Passivsätze in den verschiedenen Tempora**

| | Präsens | Präteritum | Perfekt | Plusquamperfekt | Futur I | Futur II |
|---|---|---|---|---|---|---|
| **Aktiv** | *Noelle kauft den Pullover.* | *Noelle kaufte den Pullover.* | *Noelle hat den Pullover gekauft.* | *Noelle hatte den Pullover gekauft.* | *Noelle wird den Pullover kaufen.* | *Noelle wird den Pullover gekauft haben.* |
| **Passiv** | *Der Pullover wird gekauft.* | *Der Pullover wurde gekauft.* | *Der Pullover ist gekauft worden.* | *Der Pullover war gekauft worden.* | *Der Pullover wird gekauft werden.* | *Der Pullover wird gekauft worden sein.* |

## Die Modi: Indikativ, Imperativ und Konjunktiv

Der Begriff „Modus“ bedeutet „Art und Weise“. Der Modus zeigt an, wie eine Aussage verstanden werden soll. Es gibt drei Möglichkeiten:

Auf einen Blick

**Die Modi des Verbs**

| | | |
|---|---|---|
| **Indikativ** (= Wirklichkeitsform) | Man verwendet ihn, wenn eine Aussage als Tatsache verstanden werden soll. Der Indikativ wird im Alltag am häufigsten verwendet. | *Noelle kauft den Pullover nicht.* |
| **Imperativ** (= Befehlsform) | Er wird verwendet, um eine Aufforderung oder einen Befehl auszusprechen. Bei einigen Verben mit dem Stammvokal e **verändert sich** im Imperativ dieser **Stammvokal**, z. B.: *nehmen* → *nimm* | *Nimm dir ein Beispiel an Noelle und kauf den Pullover nicht!* |
| **Konjunktiv** (= Möglichkeitsform) | Mit ihm zeigt man an, dass man **nicht von Tatsachen** spricht. Man unterscheidet **zwei Formen** des Konjunktivs: | |
| | • **Konjunktiv I:** Man verwendet ihn in der **indirekten Rede**. Damit drückt man aus, dass man nur wiedergibt, was man gehört oder gelesen hat. Man bildet den Konjunktiv I, indem man nach dem Stamm ein **e** einfügt (z. B.: *du hab\|e\|st, er lieg\|e*; unregelmäßige Formen bei *sein: er sei, sie seien*). Beim Umwandeln von direkter Rede in indirekte Rede muss man eventuell auch Pronomen verändern: Aus *ich* wird z. B. *er* oder *sie*. | *Noelle sagte: „Ich habe den Pullover nicht gekauft.“ → Noelle sagte, sie habe den Pullover nicht gekauft.* |
| | • **Konjunktiv II:** Man verwendet ihn, um etwas zu sagen, das man sich nur vorstellen kann; man weiß genau, dass es **nicht der Realität entspricht**. Man bildet den Konjunktiv II aus der Präteritumform; dabei werden die Vokale a, o und u oft zu den Umlauten ä, ö und ü (*sehen: sah* → *sähe; fliegen: flog* → *flöge; tragen: trug* → *trüge*). | *Noelle wäre gern noch umweltbewusster. Dann hätte sie kein schlechtes Gewissen mehr.* |

Tipp

**Wann verwendest du den Konjunktiv II und die Ersatzform mit „würde"?**

Es kann vorkommen, dass eine **Konjunktiv-Form identisch** ist mit der des **Indikativs**. Dann kannst du **ersatzweise** zu einer anderen Form greifen, und zwar so:

- unklare Form des Konjunktivs I → Konjunktiv II
  Beispiel: *Sie sagten, sie geben viel Geld für Kleidung aus.* → *Sie sagten, sie gäben viel Geld für Kleidung aus.*
- unklare Form des Konjunktivs II → Ersatzform mit *würde*
  Beispiel: *Sie sagten, sie spendeten regelmäßig.* → *Sie sagten, sie würden regelmäßig spenden.*

Die Ersatzform mit *würde* kannst du auch verwenden, wenn die Konjunktiv-Form veraltet klingt.
Beispiel: *Sie sagten, sie hülfen/hälfen gern.* → *Sie sagten, sie würden gerne helfen.*

Übung 4

1. Bestimme jeweils das **Tempus**, in dem die angegebenen Sätze stehen.
   a) Ich bin neugierig und will herausfinden, ob mein Pullover in einem Umsonstladen des DRK gelandet ist.

   ______________________________

   b) Bevor ich dieses Wissen hatte, war ich recht naiv gewesen.

   ______________________________

   c) Ich werde beim nächsten Mal den Einkaufsverlockungen besser widerstehen können.

   ______________________________

2. Setze nachfolgenden Satz ins Präteritum.
   *Ich bin neugierig und will herausfinden, ob mein Pullover in einem Umsonstladen des DRK gelandet ist.*

   Ich ____________ neugierig und ____________ herausfinden, ob mein Pullover in einem Umsonstladen des DRK gelandet ____________ .

3. Wandle folgende Sätze vom **Aktiv** ins **Passiv** und umgekehrt um.
   a) Altkleidercontainer werden von dubiosen Firmen illegal aufgestellt und karitative Vorhaben werden nur vorgetäuscht.

   ______________________________

   ______________________________

   b) Die Dame am Telefon wies mich darauf hin, dass es sich hier um einen Altkleidercontainer des DRK handelt.

   ______________________________

   ______________________________

   c) Ich habe seither keinen neuen Pullover gekauft.

   ______________________________

4. Bestimme jeweils den **Modus**. Kreuze entsprechend an.

| | Indikativ | Konjunktiv I | Konjunktiv II | Ersatzform mit „würde“ |
|---|---|---|---|---|
| Kritiker*innen argumentieren, | ☐ | ☐ | ☐ | ☐ |
| dass durch den Export von Secondhandkleidung die regionale Textilindustrie in Afrika zerstört werde: | ☐ | ☐ | ☐ | ☐ |
| Mit den billigen Preisen könne die nicht mithalten. | ☐ | ☐ | ☐ | ☐ |
| 2019 hat Ruanda deswegen ein Importverbot verhängt. | ☐ | ☐ | ☐ | ☐ |
| Befürworter*innen sehen das anders: | ☐ | ☐ | ☐ | ☐ |
| Von einem Verbot profitiere nicht zwangsläufig die lokale Textilindustrie, | ☐ | ☐ | ☐ | ☐ |
| sondern chinesische T-Shirts, Hosen oder Jacken könnten den Markt überschwemmen. | ☐ | ☐ | ☐ | ☐ |
| Viele Menschen in Afrika würden gerne Secondhandkleidung tragen, | ☐ | ☐ | ☐ | ☐ |
| weil sie den westlichen Modetrends entspräche, | ☐ | ☐ | ☐ | ☐ |
| die durch Social Media auch in Afrika ankommen. | ☐ | ☐ | ☐ | ☐ |

5. Wandle die folgenden Äußerungen in die indirekte Rede um.

| **Die Autorin erläutert:** | **Die Autorin erläutert, …** |
|---|---|
| „Im Durchschnitt spendet jede*r zwölf Kilogramm alte Kleider im Jahr […].“ (Z. 9) | |
| „Das Internet verrät mir, woran ich seriöse Container erkenne […].“ (Z. 15) | |
| „Nur fünf Prozent verteilt das DRK in Kleiderkammern an Bedürftige in Deutschland.“ (Z. 24/25) | |
| „Altkleiderspenden sind nur eine halbherzige Lösung für ein Problem, das viel tiefer liegt.“ (Z. 61/62) | |

## Kategorien des Nomens

In der deutschen Grammatik können Nomen in **drei Kategorien** eingeteilt werden. Diese unterscheiden die Nomen nach deren Geschlecht, Anzahl und dem Fall, in dem sie verwendet werden:

Auf einen Blick

| Kategorien des Nomens | |
|---|---|
| **Genus** | Es lassen sich folgende grammatische Geschlechter unterscheiden:<br>• **Femininum** (weiblich), z. B. *die Hose*<br>• **Maskulinum** (männlich), z. B. *der Pullover*<br>• **Neutrum** (sächlich), z. B. *das Jackett* |
| **Numerus** | Hier unterscheidet man zwischen:<br>• **Singular** (Einzahl), z. B. *das Hemd*<br>• **Plural** (Mehrzahl), z. B. *die Hemden* |
| **Kasus** | Um den Kasus (Fall) eines Nomens zu bestimmen, muss man den jeweiligen Satzzusammenhang berücksichtigen. Die Fälle lassen sich wie folgt erfragen:<br>• **Nominativ** (Wer oder was?), z. B. *der Schuh (Singular), die Schuhe (Plural)*<br>• **Genitiv** (Wessen?), z. B. *des Schuhs (Singular), der Schuhe (Plural)*<br>• **Dativ** (Wem?), z. B. *dem Schuh (Singular), den Schuhen (Plural)*<br>• **Akkusativ** (Wen oder was?), z. B. *den Schuh (Singular), die Schuhe (Plural)* |

**Übung 5**

Bestimme in den vorliegenden Sätzen jeweils das Genus, den Numerus und den Kasus des unterstrichenen Nomens.

a) „Das Internet verrät mir, woran ich seriöse Container erkenne […].“ (Z. 15)

Genus: ______________________ Numerus: ______________________

Kasus: ______________________

b) „Wenig später stehe ich vor einem roten, leicht zerbeulten Container des Deutschen Roten Kreuzes (DRK).“ (Z. 16/17)

Genus: ______________________ Numerus: ______________________

Kasus: ______________________

c) „In einem kleinen Häuschen treffe ich Frau Camps von der Kleiderkammer […].“ (Z. 27)

Genus: ______________________ Numerus: ______________________

Kasus: ______________________

d) „Mit den billigen Preisen könne die nicht mithalten.“ (Z. 52/53)

Genus: ______________________ Numerus: ______________________

Kasus: ______________________

e) „Der Rest landet in unterschiedlichen Ländern.“ (Z. 41/42)

Genus: ______________________ Numerus: ______________________

Kasus: ______________________

## 2.2 Struktur von Sätzen und Texten (Syntax)

### Satzarten

Du solltest in der Prüfung auch in der Lage sein, Satzarten zu erkennen und deren Aufbau zu beschreiben. Im Deutschen lassen sich verschiedene **Satzarten** nach der jeweiligen **Stellung des finiten** (= konjugierten) **Verbs** unterscheiden. Daran kannst du auch am sichersten erkennen, ob es sich um einen **Haupt- oder Nebensatz** handelt:

Auf einen Blick

| Satzarten | | |
|---|---|---|
| **Verberstsatz** | Das finite Verb steht bei **Hauptsätzen**, die als **Frage- oder Aufforderungs-/Ausrufesätze** formuliert sind, an erster Stelle. | *Geht es um den Umweltschutz?*<br>*Schützt die Umwelt!* |
| **Verbzweitsatz** | Das finite Verb steht bei **Hauptsätzen**, die als **Aussagesätze** formuliert sind, an zweiter Stelle. | *Es geht dabei um den Umweltschutz.* |
| **Verbletztsatz** | Das finite Verb steht bei **Nebensätzen** an letzter Stelle. Diese können durch eine Konjunktion bzw. Subjunktion (= unterordnende Konjunktion) eingeleitet sein.<br>Es gibt aber auch Nebensätze, die nicht mit einer Subjunktion beginnen, z. B. Relativsätze. | *…, weil es um den Umweltschutz geht.*<br>*… einen Pullover, der ihr noch besser gefällt.* |

Außerdem kannst du Sätze dahingehend untersuchen, ob sie aus Haupt- und/oder Nebensätzen bestehen, und wie diese miteinander verbunden sind.

Auf einen Blick

| Satzreihe und Satzgefüge | | |
|---|---|---|
| **Satzreihe** | Hierbei werden **mehrere gleichrangige Hauptsätze** aneinandergereiht. Diese können durch Kommas oder nebenordnende Konjunktionen (*und, oder, denn, aber, sondern …*) verbunden sein. | *Sie liebt neue Kleidung und die Umwelt liebt sie auch.* |
| **Satzgefüge** | Hierbei wird ein **Hauptsatz** durch mindestens einen **untergeordneten Nebensatz** ergänzt und z. B. mit einer Subjunktion (*weil, als, obwohl, ob …*) verknüpft. | *Weil sie mit der Mode gehen will, ist ihr neue Kleidung wichtig.* |

**Übung 6**

Beschreibe alle deine Erkenntnisse über nachfolgende Sätze. Handelt es sich z. B. um ein Satzgefüge oder eine Satzreihe, einen Verberst-, Verbzweit- oder Verbletztsatz? (→ Heft)

a) Noelle ist glücklich, da sie im Secondhandladen eine schöne Jacke gefunden hat.

b) Noelle verzichtet seit einem Jahr auf den Kauf neuer Kleidung und sie erwirbt ausschließlich Mode aus zweiter Hand.

c) So kann Noelle die Umwelt schonen, obwohl sie oft einkaufen geht.

### Beschreiben von Sätzen mithilfe des Feldermodells

Das **Feldermodell** der Grammatik soll dir helfen, die Strukturen/Bauweise der deutschen Sprache bzw. den **Aufbau eines Satzes** zu durchschauen und einzelne **Satzglieder** voneinander zu **unterscheiden**.

Tipp

**Warum verwendet man das Feldermodell, um Sätze zu beschreiben?**
Satzglieder und Wortgruppen lassen sich durch die räumliche Gliederung des Satzes (z. B. in Vor-, Mittel- und Nachfeld) optisch voneinander abheben. So soll das Modell den Aufbau von Sätzen veranschaulichen und damit den Zugang zur grammatischen Struktur der deutschen Sprache erleichtern.

### Die Satzklammer (auch: Verbklammer)

Trotz der zahlreichen Möglichkeiten bei der Anordnung des Prädikats und der Satzglieder im Deutschen liegt allen Sätzen ein gemeinsames Muster zugrunde: Es ist geprägt von der sogenannten **Satz- oder Verbklammer** (linke und rechte Satz-/Verbklammer). Diese wird durch die Verbformen des Prädikats (oder durch Subjunktionen) besetzt.
Wenn du Sätze mithilfe des Feldermodells beschreiben willst, musst du im Satz immer zuerst die **finite**, also die konjugierte **Verbform** suchen. Danach solltest du herausfinden, ob es sich um ein zweiteiliges Prädikat handelt und somit noch ein weiteres Element zum Prädikat gehört.

Beispiele

Beispiele für die Einordnung von Sätzen mit ein- und zweiteiligen Prädikaten in die Feldertabelle:

| Vorfeld | linke Satz-/ Verbklammer | Mittelfeld | rechte Satz-/ Verbklammer | Nachfeld |
|---|---|---|---|---|
| *Ich* | *habe* | *einen neuen Pullover* | *gekauft.* | |
| *Ich* | *recycle.* | | | |

Im ersten Beispielsatz sind die linke und rechte Satz-/Verbklammer besetzt. Diese ergeben zusammen das Prädikat des Satzes. Die linke Satz-/Verbklammer wird durch die konjugierte Verbform gebildet. Ist das Prädikat zweiteilig, steht der zweite Teil des Prädikats in der rechten Satz-/Verbklammer.
Bei einem einteiligen Prädikat bleibt die rechte Satz-/Verbklammer leer.

### Das Vor- und Mittelfeld

Die Untersuchung geht immer vom **finiten Verb** aus. Die **Satzglieder** besetzen dann das **Vor- und das Mittelfeld**.
Das Feldermodell hilft dir also auch dabei, Satzglieder zu erkennen. Bei Wörtern oder Wortgruppen, die **allein im Vorfeld** stehen können, handelt es sich um Satzglieder (= Vorfeldprobe). Eine Ausnahme bildet nur das Prädikat: Es kann zwar nicht allein im Vorfeld stehen, gehört aber dennoch zu den Satzgliedern.

Beispiel für die Vorfeldprobe mithilfe der Feldertabelle:

Beispiel

| Vorfeld | linke Satz-/ Verbklammer | Mittelfeld | rechte Satz-/ Verbklammer | Nachfeld |
|---|---|---|---|---|
| Heute | *habe* | *ich einen Pullover in den Container* | *geworfen.* | |
| Einen Pullover | *habe* | *ich heute in den Container* | *geworfen.* | |
| Ich | *habe* | *heute einen Pullover in den Container* | *geworfen.* | |
| | *Habe* | *ich heute einen Pullover in den Container* | *geworfen?* | |

## Das Koordinations- und Nachfeld

Besteht ein Satz aus mehreren Hauptsätzen (Satzreihe) oder einem Haupt- und einem Nebensatz (Satzgefüge), brauchst du vorne ein zusätzliches **Koordinationsfeld** und hinten das **Nachfeld**.

**Hinweis:** Du musst in der Prüfung auf jeden Fall in der Lage sein, eine Feldertabelle mit sechs Feldern aufzuzeichnen.

Sieh dir die folgenden Sätze und deren Einordnung in die Feldertabelle genau an:

Beispiele

1. *Bei dieser Frage scheiden sich die Geister.*
2. *Die noch einigermaßen tragbaren Kleider werden in unterschiedlichen Ländern landen.*
3. *Manche Firmen wollen damit Profit machen, denn das Geschäft mit den alten Hosen und Sweatshirts ist lukrativ.*
4. *Kritiker argumentieren, dass durch den Export von Secondhandkleidung die regionale Textilindustrie in Afrika zerstört werde.*

Beispiele für die Einordnung in eine Feldertabelle mit sechs Feldern:

| Koordinationsfeld | Vorfeld | linke Satz-/ Verbklammer | Mittelfeld | rechte Satz-/ Verbklammer | Nachfeld |
|---|---|---|---|---|---|
| | *Bei dieser Frage* | *scheiden sich* | *die Geister.* | | |
| | *Die noch einigermaßen tragbaren Kleider* | *werden* | *in unterschiedlichen Ländern* | *landen.* | |
| | *Manche Firmen* | *wollen* | *damit Profit* | *machen,* | |
| *denn* | *das Geschäft mit den alten Hosen und Sweatshirts* | *ist* | *lukrativ.* | | |

Beispiel 1 (einteiliges Prädikat)

Beispiel 2 (zweiteiliges Prädikat)

Beispiel 3 (HS + HS)

| | | | | | | |
|---|---|---|---|---|---|---|
| Beispiel 4 (HS + NS) | | *Kritiker* | *argumentieren,* | | | *dass durch den Export von Secondhandkleidung die regionale Textilindustrie in Afrika zerstört werde.* |
| *oder:* | | | *dass* | *durch den Export von Secondhandkleidung die regionale Textilindustrie in Afrika* | *zerstört werde.* | |

Im **3. Beispiel** siehst du, was du bei zwei **gleichrangigen Sätzen** (z. B. einer **Satzreihe**), die **durch eine Konjunktion** verbunden sind (hier durch die Konjunktion „denn“), machen musst:
Die beiden gleichrangigen Sätze werden **einzeln untereinander eingetragen**. Die **Konjunktion** wandert unter dem vorhergehenden Satz **in das Koordinationsfeld**. Der nächste Satz wird wie gehabt in die Tabelle eingetragen.

Im **4. Beispiel** siehst du, was du bei einem **Satzgefüge**, bei dem ein Nebensatz einem anderen Satz mit einer **Subjunktion untergeordnet** ist (hier durch die Subjunktion „dass“), machen kannst:
Du kannst den ganzen **Nebensatz** einfach **in das Nachfeld** einfügen. Wenn das Nachfeld leer bleiben soll und du den Nebensatz auch in der Tabelle aufschlüsseln willst, belegt die **Subjunktion** die **linke Satz-/Verbklammer**. Dann musst du aber darauf achten, dass das **Prädikat in die rechte Satz-/Verbklammer** wandert.

**Schritt für Schritt**

**Beschreiben von Sätzen mithilfe des Feldermodells**

Arbeitsschritt **1** Zeichne zuerst eine **Feldertabelle mit sechs Feldern**.

Arbeitsschritt **2** Trage als Erstes die **finite Verbform** des Satzes in die linke Satz-/Verbklammer ein.

Arbeitsschritt **3** Ergänze dann den **zweiten Prädikatsteil** in der rechten Satz-/Verbklammer, wenn es sich um ein zweiteiliges Prädikat handelt. Hier steht also der **trennbare Teil des Verbs** (z. B. kommt … an) oder das **infinite Verb** (z. B. bin … angekommen).

Arbeitsschritt **4** Trage danach alle Wörter, die zwischen dem ersten und ggf. zweiten Prädikatsteil stehen, in das **Mittelfeld** ein.

Arbeitsschritt **5** Füge als Nächstes alles, was vor dem finiten Verb steht, in das **Vorfeld** ein.

Arbeitsschritt **6** Trage in das **Nachfeld** alles ein, was nach dem zweiten Prädikatsteil folgt (falls vorhanden), z. B. den Nebensatz oder einen anderen Nachtrag wie einen Vergleich.

Arbeitsschritt **7** Trage, wenn es sich um eine Satzreihe handelt, die Konjunktion in das **Koordinationsfeld** ein und verfahre mit dem Rest des Satzes wie in den Schritten 2–5.

Übung 7

1. Unterstreiche jeweils das finite Verb und kreise den zweiten Prädikatsteil ein, sofern einer vorhanden ist. Orientiere dich an den Beispielen.

Beispiele

*Meine Mutter wirft regelmäßig alte Kleider in den Container.*
*Mit den billigen Preisen kann die lokale Industrie in Afrika nicht mithalten.*

a) Seit zwei Jahren liegt er da.

b) Auf ihnen müssen Adresse sowie Rufnummer der sammelnden Organisation stehen.

c) Der wurde wahrscheinlich weiterverkauft.

2. Trage nun die drei Hauptsätze aus Aufgabe 1 in die Feldertabelle ein. Beginne mit dem finiten Verb und ergänze dann, wenn vorhanden, den zweiten Teil des Prädikats. Fülle anschließend die weiteren Felder.

Beispiele

| Vorfeld | linke Satz-/ Verb-klammer | Mittelfeld | rechte Satz-/ Verb-klammer | Nachfeld |
|---|---|---|---|---|
| *Meine Mutter* | *wirft* | *regelmäßig alte Kleidung in den Container.* | | |
| *Mit den billigen Preisen* | *kann* | *die lokale Industrie in Afrika nicht* | *mithalten.* | |
| | | | | |
| | | | | |
| | | | | |

3. Probiere mit nachfolgendem Satz aus, welche der Wörter oder Wortgruppen **allein im Vorfeld** stehen können. Trage die unterschiedlichen Möglichkeiten in die Tabelle ein.

   *Der restliche Raum ist daher mit Boxen und Tüten voller Kleidung vollgestopft.*

| | Vorfeld | linke Satz-/ Verb-klammer | Mittelfeld | rechte Satz-/ Verbklammer | Nachfeld |
|---|---|---|---|---|---|
| Beispiel | *Der restliche Raum* | *ist* | *daher mit Boxen und Tüten voller Kleidung* | *vollgestopft.* | |
| | | | | | |
| | | | | | |
| | | | | | |

4. Zeichne eine **Feldertabelle mit sechs Feldern** und trage die folgenden Sätze in die Felder der Tabelle ein. Bestimme anschließend mithilfe der **Vorfeldprobe**, wie viele Satzglieder der jeweilige Satz besitzt. (→ Heft)

   **Hinweis:** Denke daran, dass du bei der Vorfeldprobe kein Element des Satzes weglassen darfst.

   a) 2019 hat Ruanda ein Importverbot verhängt, um die lokale Industrie wieder aufleben zu lassen.

   b) Am wahrscheinlichsten ist es, dass mein Pullover mit dem ausgeleierten Ärmelsaum in einem Flieger nach Afrika liegt.

   c) Es hat fast ein bisschen geschmerzt, als ich die Ladentür nicht öffnete.

### Satzglieder bestimmen

Nachdem du mithilfe des Feldermodells und der Vorfeldprobe festgestellt hast, welche Wörter oder Wortgruppen jeweils ein Satzglied bilden, kannst du bestimmen, um welche **Art Satzglied** es sich jeweils handelt.

Folgende Satzglieder solltest du (er-)kennen:

Auf einen Blick

| **Satzglieder** | | |
|---|---|---|
| **Subjekt** | ist der Satzgegenstand im Nominativ und antwortet auf die Frage: „Wer oder Was?"; ist meist ein Nomen oder Pronomen, kann aber auch ein ganzer Subjektsatz sein. | *Noelles Pullover ist wahrscheinlich in Afrika gelandet. Dass der Pullover vermutlich nicht an ein bedürftiges Mädchen verteilt wurde, enttäuscht sie ein wenig.* |
| **Prädikat** | ist immer das Vollverb und mit ihm das dazugehörige Hilfsverb, das Partizip II, das Verbpartikel oder das Reflexivpronomen. | *Vielleicht wird er wenigstens in Afrika von einem skatebegeisterten Mädchen gekauft. Es freut sich bestimmt über den Pullover.* |
| **Objekte** | sind Ergänzung zum Prädikat und können erfragt werden. Man unterscheidet: | |
| | • **Genitivobjekt** (Wessen?) | *Noelle entledigte sich der alten Kleider.<br>⟶ Wessen entledigte Noelle sich?<br>– der alten Kleider* |
| | • **Dativobjekt** (Wem?) | *Sie schenkte einen Teil ihrer Schwester.<br>⟶ Wem schenkte sie einen Teil?<br>– ihrer Schwester* |
| | • **Akkusativobjekt** (Wen oder was?) | *Sie kaufte sich keinen neuen Pullover.<br>⟶ Wen oder was kaufte sie sich?<br>– keinen neuen Pullover* |
| | • **Präpositionalobjekt** (Präposition ist Teil der Frage.) | *Deswegen war sie stolz auf sich.<br>⟶ Auf wen oder was war sie stolz?<br>– auf sich* |
| **Adverbiale Bestimmungen** | Man unterscheidet: | |
| | • **Lokaladverbiale** (Ort) | *Sie ging zur Kleiderkammer des DRK.* |
| | • **Temporaladverbiale** (Zeit) | *Nach 30 Minuten war sie dort.* |
| | • **Modaladverbiale** (Art und Weise) | *Die Mitarbeiterin begrüßte sie freundlich.* |
| | • **Kausaladverbiale** (Grund) | *Aus Zeitmangel blieb sie nur kurz.* |

**Attribute** sind **keine eigenen Satzglieder**, sondern Teile davon. Sie sind Ergänzungen zum Nomen und können entweder links oder rechts von diesem stehen. Es gibt verschiedene Arten von Attributen, die du kennen solltest:

Auf einen Blick

| **Attribute** | | |
|---|---|---|
| **Adjektivattribut** | steht meist vor dem Nomen. | *Das kurze Gespräch war sehr informativ.* |
| **Genitivattribut** | steht meist hinter dem Nomen, ohne Präposition. | *Die Mitarbeiterin der Kleiderkammer erklärte Noelle, was mit den meisten Altkleidern passiert.* |

| | | |
|---|---|---|
| **Präpositionales Attribut** | steht meist hinter dem Nomen, aber immer mit einer Präposition. | *Sie erklärte ihr z. B., dass die meiste Kleidung aus den Containern bei Verwertungsfirmen landet.* |
| **Attributsatz** | ist ein Nebensatz in der Rolle eines Attributs. Dabei handelt es sich oft um Relativsätze. | *Diese verarbeiten die Kleidung, die gespendet wurde, z. B. zu Putzlappen, oder verkaufen sie weiter.* |
| **Apposition** | ist ein substantivisches Attribut, das im selben Kasus wie das Bezugswort steht. | *Wir als Konsumentinnen und Konsumenten sollten lieber etwas an unserem Verhalten ändern, statt jährlich rund 12 kg alte Kleider zu spenden. Das hat auch Noelle, die Autorin des Textes, erkannt.* |

**Übung 8**

1. Bestimme die **Satzglieder** in nachfolgenden Sätzen. Nutze die Zahlen zur Darstellung der Lösung. (→ Heft)
   a) 2019 (1) hat (2a) Ruanda (3) ein Importverbot (4) verhängt (2b), um die lokale Industrie wieder aufleben zu lassen (5).
   b) Am wahrscheinlichsten (1) ist (2) es (3), dass mein Pullover mit dem ausgeleierten Ärmelsaum in einem Flieger nach Afrika liegt.
   c) Es (1) hat (2a) fast (3) ein bisschen (4) geschmerzt (2b), als ich die Ladentür nicht öffnete (5).

2. Unterstreiche zuerst alle **Attribute** in den nachfolgenden Sätzen und bestimme anschließend jeweils die Art des Attributs.
   a) Die Container ohne Aufstellgenehmigung sollte man meiden.
   ______________________________
   b) Die Absichten der Spender sind nachvollziehbar.
   ______________________________
   c) Ein schlechtes Gewissen spielt bei Altkleidersammlungen oft eine Rolle.
   ______________________________
   d) Noelle Konate, eine Verbraucherin, resigniert am Ende nicht.
   ______________________________
   e) Der Transport der Kleidung nach Afrika bringt Probleme mit sich.
   ______________________________
   f) Am beliebtesten sind Kleidungsstücke, die Marken angehören.
   ______________________________
   g) Die Kleiderkammern des DRK helfen vielen Bedürftigen.
   ______________________________

## Satzwertige Infinitiv- und Partizipgruppen

Satzwertige Infinitiv- und Partizipgruppen lassen sich wie Satzglieder verschieben und ähneln Sätzen. Da ihnen aber Subjekt und Prädikat (finites Verb) fehlen, sind sie **keine echten Sätze**. Du erkennst sie auch daran, dass sie sich zu vollwertigen Sätzen umformulieren lassen, indem du die fehlenden Satzglieder ergänzt. Infinitiv- und Partizipgruppen begegnen dir auch häufig im Zusammenhang mit der Kommasetzung.

Auf einen Blick

| **Satzwertige Infinitiv- und Partizipgruppen** | |
|---|---|
| **Infinitivgruppe** (= erweiterter Infinitiv mit „zu“) | *Viele Altkleider sind von zu schlechter Qualität, …*<br>• Infinitivgruppe: *… um sie Bedürftigen geben zu können.*<br>• Echter Satz: *… als dass die Altkleider (Subjekt) Bedürftigen gegeben werden können (Prädikat mit finitem Verb).* |
| **Partizipgruppe** (auch „erweitertes Partizip“ genannt) | • Partizipgruppe: *Über das Thema informiert, …*<br>• Echter Satz: *Nachdem Noelle (Subjekt) sich über das Thema informiert hat (Prädikat mit finitem Verb) …*<br>*… ändert Noelle ihr Konsumverhalten.* |

Übung 9

Überprüfe jeweils, ob es sich beim unterstrichenen Teil des Satzes um eine Infinitivgruppe, eine Partizipgruppe oder einen vollwertigen Satz handelt. Kreuze entsprechend an.

| | Infinitivgruppe | Partizipgruppe | Satz |
|---|---|---|---|
| Vom Einkaufen berauscht, denken viele Menschen nicht an die Vergänglichkeit von Mode. | ☐ | ☐ | ☐ |
| Manche Menschen gehen in Secondhandläden, um beim Einkaufen Geld zu sparen. | ☐ | ☐ | ☐ |
| Einige Firmen verdienen viel Geld mit Altkleidern, indem sie diese gewinnbringend weiterverkaufen. | ☐ | ☐ | ☐ |
| Anstatt weniger Kleidung zu kaufen, gehen die Menschen immer öfter zum Einkaufen. | ☐ | ☐ | ☐ |
| Altkleider aus Deutschland werden häufig ins Ausland gebracht, wo sie der lokalen Textilindustrie Konkurrenz machen. | ☐ | ☐ | ☐ |
| Online-Shops erfreuen sich großer Beliebtheit, da sie es ermöglichen, bequem von zu Hause aus einzukaufen. | ☐ | ☐ | ☐ |
| Durch Freunde bekräftigt, wollen junge Leute den neuesten Modetrends folgen. | ☐ | ☐ | ☐ |
| Die Fast-Fashion-Bewegung schadet unserer Umwelt, da billig produzierte Kleidungsstücke häufig mit giftigen Chemikalien behandelt werden. | ☐ | ☐ | ☐ |

## 2.3 Bedeutung von Wörtern (Semantik)

In der Semantik analysiert man die Bedeutung von Wörtern. Man unterscheidet unter anderem Synonyme und Antonyme sowie Denotation und Konnotation.

**Auf einen Blick**

| **Grundbegriffe der Semantik** | | |
|---|---|---|
| **Synonym** | Wort mit gleicher/ähnlicher Bedeutung | *weich, flauschig, geschmeidig; Couch, Sofa, Kanapee* |
| **Antonym** | Wort mit gegenteiliger Bedeutung | *groß – klein, Glück – Pech* |
| **Denotation** | Hauptbedeutung eines Wortes (wörtliche Bedeutung) | Flasche: *Gefäß, in dem sich eine Flüssigkeit befindet* |
| **Konnotation** | Nebenbedeutung eines Wortes (wertende, stilistische, emotionale Mitbedeutung) | Flasche: *Person, die in einer bestimmten Situation enttäuscht hat (negative Konnotation)* |

**Übung 10**

1. Ersetze die aus dem Text stammenden Begriffe zuerst durch deutsche Synonyme und anschließend durch passende Antonyme.

   **Hinweis:** Nutze ein Wörterbuch, wenn sich dir die Bedeutung der Begriffe nicht aus dem Textzusammenhang erschließt.

   a) „Doch nicht alle dienen karitativen ______________ (Synonym) Zwecken.“ (Z. 10/11)
   → Es gibt auch Altkleidercontainer, die aus ______________ (Antonym) Gründen aufgestellt wurden.

   b) „Manche Firmen wollen damit Profit ______________ (Synonym) machen […].“ (Z. 12)
   → Andere Firmen sind zumindest darauf bedacht, damit keinen ______________ (Antonym) zu machen.

   c) „[D]as Geschäft mit den alten Hosen und Sweatshirts ist lukrativ ______________ (Synonym).“ (Z. 12/13)
   → Ganz im Gegensatz zu anderen Geschäften, die eher ______________ ______________ (Antonym) sind.

2. Ergänze die Tabelle. Bei der Konnotation gibt es meist mehrere Möglichkeiten.

| **Wort** | **Denotation** | **Konnotation** |
|---|---|---|
| Haus | | *Schutz, Geborgenheit, Familie …* |
| Herz | *lebensnotwendiges Organ* | |
| Ratte | | |

## 2.4 Zeichensetzung (Interpunktion)

### Zeichensetzung bei Zitaten

Im Pflichtteil A 1 können dir auch Aufgaben zur Zeichensetzung gestellt werden. Außerdem kommt es immer wieder vor, dass du Aussagen aus Texten direkt (= wörtlich) oder indirekt zitieren musst, z. B. bei den Aufsätzen im Wahlteil. Daher solltest du folgende Regeln kennen:

Auf einen Blick

| Zeichensetzung bei direkten Zitaten | | |
|---|---|---|
| **Grundregel** | Wörtliche Übernahmen aus Texten (= direkte Zitate) werden in **doppelte Anführungszeichen** gesetzt. Hinter das Zitat kommt eine **Klammer mit der Quellenangabe**, also die Zeilenangabe und ggf. die Namen der Verfasser*innen des Textes oder die Materialnummer (bei der Erörterung). | *So heißt es in Kästners Gedicht dazu: „Er war nicht nötig, wie es schien.“* (V. 4) |
| **Zitat im Zitat** | Befinden sich im wörtlich zitierten Text bereits Anführungszeichen, werden diese mit **einfachen Anführungszeichen** wiedergegeben. | *Er stürmt zum Nachbarn und „noch bevor er ‚guten Tag‘ sagen kann, schreit ihn unser Mann an“* (Z. 15/16). |
| **Auslassungen** | Wenn du Wörter oder Satzteile aus einem direkten Zitat ausgelassen hast, so setzt du an diese Stelle **Auslassungspunkte in eckigen Klammern**. Wenn du den Anfang oder das Ende eines Satzes weglässt, benötigst du keine Auslassungszeichen. Du brauchst diese nur, wenn mittendrin etwas fehlt. | *Bettina Levecke erklärt: „Eine musische Ausbildung […] fördert die Intelligenz.“* (M 1, Z. 28/29) |
| **Veränderungen** | Wenn du etwas aus einem direkten Zitat hinzufügen oder austauschen musst, damit es verständlich oder grammatikalisch richtig wird, so setzt du das nötige Wort/die nötigen Wörter an die passende Stelle im Satz in **eckigen Klammern** ein. | *Noelle Konate erklärt: „Der [Pullover] wurde wahrscheinlich weiterverkauft.“* (Konate, Z. 36) |

Du kannst Aussagen aber auch **indirekt**, also **sinngemäß zitieren**.

Auf einen Blick

**Zeichensetzung bei indirekten Zitaten**

**Sinngemäße Wiedergaben**, also indirekte Zitate, werden **nicht mit Anführungszeichen** versehen. Die Inhalte sind dem Text nicht wörtlich entnommen, sondern werden in eigenen Worten formuliert. Auch hier fügst du eine **Klammer mit der Quellenangabe**, also der Zeilenangabe, der Materialnummer oder dem Namen der Autorin oder des Autors ein. Bei indirekten Zitaten wird zudem „**vgl.**“ vorangestellt. Achte bei indirekten Zitaten darauf, auch wirklich eigene Worte zu verwenden, ansonsten musst du direkt zitieren.

Statt dem im Text vorliegenden Satz …
*„Von einem Verbot profitiere nicht zwangsläufig die lokale Textilindustrie, sondern chinesische T-Shirts, Hosen oder Jacken könnten den Markt überschwemmen.“* (Konate, Z. 55–57)

… zitierst du indirekt:
*Ein Verbot bedeutet nicht zwingend, dass die lokale Textilindustrie gestärkt wird. Stattdessen könnten auch massenhaft Kleidungsstücke aus China verkauft werden (vgl. Konate, Z. 55–57).*

## Kommasetzung

Kommas dienen dazu, einen Text **optisch** und **inhaltlich** zu **gliedern**. Dies hilft den Leserinnen und Lesern, die Sinnzusammenhänge leichter zu verstehen. Manchmal kann ein einziges Komma die Aussage eines Satzes verändern.

Beispiel

*Elisa sagt, Lena sei doof.* **oder** *Elisa, sagt Lena, sei doof.*

**Auf einen Blick**

*Über den QR-Code kannst du* ***Lernvideos*** *zu wichtigen Kommaregeln abrufen.*

| Die wichtigsten Kommaregeln | | |
|---|---|---|
| **1. Aufzählung** | Das Komma steht zwischen den Teilen einer **Aufzählung** (Wörter, Wortgruppen, ganze Sätze).<br>Aufzählung 1 **,** Aufzählung 2 **und** Aufzählung 3. | *Jacken,* *T-Shirts* ***und*** *vieles mehr landen in Altkleidercontainern.* |
| **2. Trennung von Hauptsätzen** | **Hauptsätze** werden in einer **Satzreihe** durch Kommas getrennt. Sind die Sätze aber mit *und/oder/sowie* verbunden, wird kein Komma gesetzt.<br>Hauptsatz 1 **,** Hauptsatz 2 **und** Hauptsatz 3. | *Ein neuer Trend entsteht, die Menschen tragen die Mode kurz* ***und*** *spenden die Kleidung dann.* |
| **3. Trennung von Nebensätzen** | **Haupt- und Nebensätze**, die ein **Satzgefüge** bilden, werden durch Kommas voneinander getrennt. Eingeschobene Nebensätze werden vorne und hinten von Kommas eingeschlossen.<br>Hauptsatz **,** Nebensatz. | *Die gespendete Kleidung kann häufig nicht verwertet werden, weil die Qualität zu schlecht ist.* |
| **4. Einschübe und nachgestellte Erläuterungen** | Das Komma trennt **nachgestellte Erläuterungen** vom vorangehenden Hauptsatz ab. Wenn eine Erläuterung (z. B. eine Apposition) in einen Satz **eingeschoben** ist, wird sie vorne und hinten durch Kommas umschlossen.<br>Satzanfang **,** Erläuterung (**,** evtl. Satzende). | *Die schnelllebige Mode, die Fast Fashion, ist ein Problem. Die Deutschen spenden viele Altkleider pro Jahr, nämlich 12 kg.* |
| **5. Anrede, Betonung, Interjektion** | Nach einer **Anrede**, nach **Interjektionen** und **betonten Satzteilen** folgt ein Komma.<br>Anrede/Betonung/Interjektion **,** Satzende. | *Leute, kauft nicht so viel! Die Umwelt, die wird es euch danken. Ach, wäre das doch allen bewusst!* |
| **6. Infinitiv- und Partizipgruppen** | Bei **Infinitivgruppen** (zu + Infinitiv + ggf. nähere Bestimmung) und **Partizipgruppen** (Partizip + nähere Bestimmung) muss immer dann ein Komma gesetzt werden, wenn sie …<br>• von einem **Nomen abhängig** sind.<br>• durch **bestimmte Konjunktionen** bzw. Subjunktionen eingeleitet werden: *als, außer, ohne, (an)statt, um.*<br>• durch ein **hinweisendes Wort** angekündigt oder wieder aufgegriffen werden.<br>(Satzanfang **,**) Infinitiv-/Partizipgruppe (**,** Satzende). | *Ein Großteil der* ***Kleidung,*** *oft kaum getragen, landet im Müll. Viele Menschen spenden ihre alte Kleidung,* ***um*** *etwas Gutes zu tun.* ***Es*** *ist dennoch erschreckend, diese Masse an Altkleidern zu sehen.* |
| **7. Aneinanderreihung und Gegensätze** | **Aneinanderreihende** (z. B. *je – desto, nicht nur – sondern auch, teils – teils*) und **entgegengesetzte** oder einschränkende **Konjunktionen** (z. B. *doch, sondern, einerseits – andererseits*) fordern ein Komma.<br>Satzanfang **,** Konjunktion + Satzende. | ***Je*** *verantwortungsvoller wir einkaufen,* ***desto*** *weniger Müll entsteht. Spenden ist gut,* ***doch*** *löst es nicht das Problem.* |

Übung 11

1. Trage die Nummer der passenden Kommaregel in die rechte Spalte ein.
   **Hinweis:** Lies dir hierzu alle Regeln gründlich durch und vergleiche die Beispielsätze jeweils mit den vorliegenden Sätzen.

| | Regel |
|---|---|
| a) Je genauer sich Noelle Konate mit Altkleidercontainern beschäftigt, desto deutlicher wird ihr die Komplexität des Themas. | |
| b) Sie entsorgt einen Pullover, den sie schon lange nicht mehr getragen hat. | |
| c) Sie wirft den Pullover in den Container des Deutschen Roten Kreuzes, um ein besseres Gefühl beim Wegwerfen zu haben. | |
| d) Noelle hat sehr viele ungetragene Kleidungsstücke in ihrem Schrank, vor allem Pullover. | |
| e) Es ist ihr ein Bedürfnis, sich mit dem Thema auseinanderzusetzen. | |
| f) Mensch, warum ist auch immer alles so kompliziert? | |
| g) Sehr geehrte Damen und Herren des Deutschen Roten Kreuzes, ist der Altkleidercontainer in der Mörikestraße einer von Ihrer Organisation? | |
| h) Sie zeigt Bereitschaft, den Pullover frühzeitig auszusortieren. | |
| i) Noelle Konate, voller neuer guter Vorsätze, verzichtet schweren Herzens auf den Kauf eines neuen Pullovers. | |
| j) Noelle Konate hat den Gefallen an ihrem Pullover verloren, jedoch will sie ihn auch nicht einfach wegwerfen. | |
| k) Noelle Konate sortiert ihren Pullover aus, sie wirft ihn in einen Kleidercontainer des DRK. | |
| l) Das Deutsche Rote Kreuz, verschiedene Verwertungsfirmen, Großhändler und Besitzer von Secondhandläden verdienen an Kleidung aus Containern. | |

2. Ergänze in den Sätzen jeweils die fehlenden notwendigen Kommas und schreibe die Nummer der passenden Kommaregel auf die Linie dahinter.

   a) Das Internet ist hilfreich um seriöse Container zu erkennen. ____

   b) Einerseits möchte man gerne allen Modetrends folgen andererseits will man kein Konsummonster sein. ____

   c) Menschen die umweltbewusst einkaufen reduzieren automatisch ihren Konsum. ____

   d) Kinder lasst uns mehr über Nachhaltigkeit sprechen! ____

   e) Frau Camps ist eine der vier Frauen die drei- bis viermal die Woche ehrenamtlich in der Kleiderkammer helfen. ____

   f) Durch die Einführung eines Importverbots von Altkleidern können chinesische T-Shirts Pullover Hosen oder Jacken den afrikanischen Markt überschwemmen. ____

3. Begründe kurz, warum die Kommas in nachfolgenden Sätzen gesetzt wurden.
   a) „Das Internet verrät mir, woran ich seriöse Container erkenne […].“ (Z. 15)

   b) „Seit zwei Jahren liegt er da, unberührt.“ (Z. 1)

   c) „Ich entscheide mich, ihn in einen Altkleidercontainer zu werfen.“ (Z. 7/8)

   d) „Ich finde schwarze Lederstiefel einer Fast-Fashion-Marke, einen Parka eines nachhaltigen Labels, sogar eine Jacke eines großen Designers.“ (Z. 32/33)

   e) „Die Verwertungsfirmen, die die Kleidung ankaufen, sortieren sie nach Qualität.“ (Z. 38)

4. Ergänze in den folgenden Zitaten aus dem Text „Für die Tonne“ (S. 3/4) alle fehlenden Satzzeichen. Dazu musst du die Zitate genau prüfen und gegebenenfalls auch Auslassungen oder Veränderungen im Zitat kennzeichnen.
   a) Ich habe den Pullover geliebt neun Monate lang um ihn dann wie eine missglückte Romanze langsam auszublenden (Z. 3–5)
   b) Noelle Konate berichtet Immer mehr illegale Container werden auf Privatgrundstücken aufgestellt (Z. 11/12)
   c) Die Autorin erfährt Die Verwertungsfirmen die die Kleidung ankaufen sortieren sie nach Qualität Etwa die Hälfte landet direkt im Müll oder wird zu Putzlappen und Dämmmaterial für die Autoindustrie verarbeitet (Z. 38–40)
   d) Ernüchtert stelle ich fest dass mein Versuch nicht ganz geglückt ist (Z. 60/61)

## 2.5 Rechtschreibung (Orthografie)

*Über den QR-Code kannst du **Lernvideos** zu wichtigen Rechtschreibregeln abrufen.*

In diesem Bereich kann von dir verlangt werden, dass du …
- zwischen mehreren **Schreibweisen auswählen** und die **Regel oder Strategie**, die du angewendet hast, **erklären** sollst,
- beschreiben sollst, wie du **Schreibweisen überprüfen** kannst, oder
- die **Schreibweise** bestimmter Wörter oder Wortgruppen **erklären** musst.

Um gut auf diese Aufgaben vorbereitet zu sein, solltest du die wichtigsten **Rechtschreibstrategien** und **Regeln zur Rechtschreibung** kennen.

### Rechtschreibstrategien

Auf einen Blick

| **Strategien zur Überprüfung der Rechtschreibung** | |
|---|---|
| **Verlängerungsprobe** | Versuche, die Wörter zu verlängern, z. B. indem du den Plural, Infinitiv oder Komparativ (erste Steigerungsform) bildest, z. B.: *Wald oder Walt? – Wälder; heftik oder heftig? – heftiger* |
| **Ableitungsprobe** | Überlege, von welchem Wort aus der gleichen Wortfamilie du den Begriff ableiten kannst, z. B.: *lästig – Last – belästigen; essen – (er) isst – Esstisch* |
| **Silbenprobe** | Versuche, die Wörter in Silben zu zerlegen, z. B.: *ge \| hen* |
| **Ersatzprobe** | Versuche, das Wort durch ein Synonym zu ersetzen, z. B.: „*Das T-Shirt, das/dass …*“ → ersetzbar durch „welches“ (Relativpronomen) → *das* |
| **Artikel/Signalwort beachten** | Achte auf Artikel/Signalwörter, die einen Hinweis auf die Großschreibung geben, z. B.: ***nichts** Gutes; **mein** Wohlergehen; **beim** (bei + dem) Gehen* |
| **Wortart bestimmen** | Achte auf Nachsilben, die auf eine bestimmte Wortart hinweisen, z. B. *Heiter**keit**, Geheim**nis***, oder auf die Funktion des Wortes im Satz. |
| **Vokallänge beachten** | Achte auf die Länge der Vokale, z. B.: *Schrot oder Schrott?* |

### Kurz gesprochene Vokale

Zur Kennzeichnung von kurzen Vokalen gibt es folgende Regeln:

Auf einen Blick

| **Kennzeichnung** | **Regel** | |
|---|---|---|
| **Doppelkonsonant** | Auf einen kurzen Vokal folgen **zwei Konsonanten**. Hörst du nach dem Vokal **nur einen Konsonanten**, dann muss er **verdoppelt** werden. | *kalt, Helm, sind*<br>*Kinn, sollen, Kutte* |
| | <u>Ausnahmen und Besonderheiten</u><br>• Ein Doppelkonsonant, der zum Wortstamm gehört, **bleibt** in allen Wortformen **erhalten**, auch dann, wenn ein weiterer Konsonant folgt. | *bestellen – bestellt*<br>*kennen – bekannt* |
| | • Bei **manchen einsilbigen Wörtern** schreibt man keinen Doppelkonsonanten. | *das, mit, ob, zum* |
| **ck oder tz** | Die Konsonanten **k** und **z** werden nicht verdoppelt. Man schreibt stattdessen **ck** oder **tz**. | *Mücke, Witze* |

## Lang gesprochene Vokale

Zu den langen Vokalen zählen nicht nur lang gesprochenes *a*, *e*, *i*, *o* oder *u*, sondern auch **Doppellaute** wie *au* und *ei*.
Zur Kennzeichnung von langen betonten Vokalen gibt es folgende Regeln:

Auf einen Blick

| Kennzeichnung | Regel | |
|---|---|---|
| **keine Kennzeichnung** | Bei den meisten Wörtern wird der lange Vokal **nicht extra gekennzeichnet**. | *Tag, lesen, Mut, Bote, fragen* |
| **ie** | Ein **langes i** wird in der Regel mit **ie** wiedergegeben. Bei **Fremdwörtern** steht häufig ein **einfaches i**. | *Tier, lieben, Knie*<br>*Notiz, Kino, Virus* |
| **Doppelvokal** | Es gibt auch Wörter, in denen der **Vokal verdoppelt** wird. Diese Wörter musst du **auswendig lernen**. | *Aal, Meer, Moor* |
| **stummes h** | Wenn auf einen langen betonten Vokal **l**, **m**, **n** oder **r** folgen, wird bei **einigen** Wörtern ein **stummes h** eingeschoben. Diese Wörter musst du ebenfalls auswendig lernen. | *Stuhl, Rahm*<br>*Ohne stummes h: Schal, Person* |
| **silbentrennendes h** | Manchmal folgt auf einen **langen** Vokal ein **kurzer**. Dann wird oft ein sogenanntes **silbentrennendes h** eingefügt, um zu zeigen, dass eine neue Silbe anfängt. | *ge \| hen, flie \| hen, se \| hen* |

## s-Laute

Die Schreibweise von s-Lauten hängt von zweierlei ab: von der **Länge des vorangehenden Vokals** und von der **Aussprache des s-Lauts**.

Auf einen Blick

| s-Laute richtig schreiben | |
|---|---|
| **s** | **Einfaches „s"** schreibst du, wenn das s **stimmhaft** ist, z. B.: *Hase, leise, lesen* |
| **ß** | **Scharfes „ß"** schreibst du, wenn der s-Laut **stimmlos** ist und nach einem **langen Vokal** steht, z. B.: *Ruß, Füße, beißen, heiß* |
| **ss** | **Doppel-s** schreibst du, wenn der s-Laut **stimmlos** ist und auf einen **kurzen Vokal** folgt, z. B.: *wissen, Kissen, Masse, nass* |

**Hinweis:** Führe bei s-Lauten **am Wortende** die **Verlängerungsprobe** durch, da das stimmhafte s am Wortende im Deutschen stimmlos ausgesprochen wird:

Beispiel

*Bei dem Wort „Maus" hört man nach einem langen Vokal ein stimmloses „s". Die Verlängerungsprobe zeigt, dass das „s" eigentlich stimmhaft ist: Maus → Mäuse.*

Tipp

**Wie erkennst du, ob ein s-Laut stimmhaft oder stimmlos gesprochen wird?**

Wenn du dir nicht sicher bist, kannst du die **Handprobe** machen: Lege die Hand vorn um deinen Hals und sprich das Wort laut aus. Ist der s-Laut stimmhaft, vibrieren deine Stimmbänder – und das kannst du fühlen! Solltest du mit der Hand nichts fühlen, ist der s-Laut stimmlos.

## Die Wörter „das" und „dass" unterscheiden

Die Schreibung von s-Lauten bei „das" und „dass" folgt eigenen Regeln:

Auf einen Blick

| Zwischen „das" und „dass" unterscheiden | |
|---|---|
| **das** | „Das" kann dreierlei sein:<br>• **Artikel**, z. B.: *das T-Shirt, das neue Kleid*<br>→ Er bezieht sich immer auf ein nachfolgendes Nomen.<br>• **Relativpronomen**, z. B.: *Ich freue mich sehr über das Kleid, das Pia mir geschenkt hat.*<br>→ Du kannst *das* durch *welches* ersetzen.<br>• **Demonstrativpronomen**, z. B.: *Der Pullover ist in Afrika gelandet. Das hätte ich nie erwartet.*<br>→ Du kannst *das* durch *dieses/dies* oder *jenes* ersetzen. |
| **dass** | „Dass" ist immer eine **Subjunktion**, die einen Nebensatz einleitet, z. B.:<br>*Ich hätte nie erwartet, dass der Pullover in Afrika landet.*<br>→ Du kannst *dass* nicht durch ein anderes Wort ersetzen. |

## Groß- und Kleinschreibung

Auch wenn man grundsätzlich die meisten Begriffe kleinschreibt, gibt es einige Wörter, die du großschreiben musst.

Auf einen Blick

| Diese Wörter musst du großschreiben | |
|---|---|
| **Nomen** | *der Schuh, die Tierhandlung, das Wetter* |
| **Als Nomen verwendete Wörter** | *das Blau, dein Lächeln* |
| **Satzanfänge** | *Plötzlich musste er grinsen.* |
| **Eigennamen** | *Sandra, Köln, der Schweizer Käse, das Rote Meer* |
| **Das erste Wort einer Überschrift/ eines Gliederungspunkts** | *Grüne Marsmännchen endlich gelandet;*<br>*2.2 Klimafreundliche Elektrogeräte* |
| **Höfliche Anredepronomen** | *Ich danke Ihnen für Ihre zügige Antwort.* |

## Zusammen- und Getrenntschreibung

Es ist nicht immer leicht zu entscheiden, ob zwei Wörter, die in einem Satz nebeneinanderstehen, getrennt oder zusammengeschrieben werden.
Folgende vier Grundregeln können dir dabei helfen:

Auf einen Blick

| Das musst du in der Regel zusammenschreiben | | |
|---|---|---|
| **Komposita** | Treffen diese Wortarten direkt aufeinander, musst du sie zusammenschreiben: | |
| | **Nomen + Nomen** | *Geldbörse, Haustür, Sackgasse …* |
| | **Nomen + Adjektiv** | *gewaltbereit, mausetot, herzensgut …* |
| | **Nomen + Adverb** | *bergab, flussaufwärts, landeinwärts …* |
| | **Verb + Nomen** | *Wanderstiefel, Hörspiel, Gefriertruhe …* |
| | **Adverb + Verb** | *weglaufen, entlanggehen, weitermachen …* |
| | **Präposition + Verb** | *aufessen, vorlesen, nachmachen …* |

| Das musst du in der Regel getrennt schreiben | |
|---|---|
| **Verb + Verb** | Stehen zwei Verben hintereinander, schreibst du sie getrennt, z. B.: *Lass uns später spazieren gehen.*<br>**Ausnahme:** Wenn die beiden Verben zusammen als Nomen verwendet werden, musst du sie zusammenschreiben, z. B.: *Beim Spazierengehen traf er Nadine.* |
| **Nomen + Verb** | Folgt auf ein Nomen ein Verb, schreibst du die beiden Wörter getrennt, z. B.: *Wir könnten heute Nachmittag Fußball spielen.*<br>**Ausnahme:** Wenn Nomen und Verb zusammen ein Nomen bilden, musst du sie zusammenschreiben, z. B.: *Das Fußballspielen macht ihm großen Spaß.* |
| **Adjektiv + Verb** | Steht nach einem Adjektiv ein Verb und das Adjektiv lässt sich steigern, musst du die beiden Wörter getrennt schreiben, z. B.: *laut singen → lauter singen, schnell sprechen → schneller sprechen*<br>**Ausnahme:** Wenn Adjektiv und Verb zusammen eine besondere Bedeutung haben, musst du sie zusammenschreiben, z. B.: *schwarzarbeiten, krankschreiben* |

Übung 12

1. Entscheide in den folgenden Sätzen jeweils, ob man „**das**" oder „**dass**" schreibt. Streiche die falsche Schreibweise durch.
   a) *Das / Dass* Entsorgen von Kleidung in Altkleidercontainern kann sich negativ auf die Textilwirtschaft in anderen Ländern auswirken.
   b) Viele wissen nicht, *das / dass* unsere gespendete Kleidung im Ausland weiterverkauft wird.
   c) Dadurch kann es dazu kommen, *das / dass* die lokale Textilindustrie zerstört wird und *das / dass* Wirtschaftswachstum im Land gebremst wird.

2. **Getrennt** oder **zusammen**? Trage jeweils die richtige Schreibweise in die Lücken ein.
   a) Viele ______________________ (*Kleidung, Stücke*) kann man mehrere Jahre lang tragen.
   b) Trotzdem gibt es Menschen, die ihren ______________________ (*Kleider, Schrank*) regelmäßig ______________________ (*aus, sortieren*).
   c) Die Tendenz geht dazu, dass die Leute ihre Kleidung ______________________ (*schnell, entsorgen*), um wieder Platz im Schrank zu schaffen.

3. Erkläre jeweils die **Großschreibung** der unterstrichenen Wörter. (→ Heft)
   a) „Schließlich will ich gleichzeitig etwas Gutes tun, so wie viele Menschen in Deutschland." (Z. 8/9)
   b) „Wenig später stehe ich vor einem roten, leicht zerbeulten Container des Deutschen Roten Kreuzes (DRK)." (Z. 16/17)
   c) „Kritiker*innen argumentieren, dass durch den Export von Secondhandkleidung die regionale Textilindustrie in Afrika zerstört werde: Mit den billigen Preisen könne die nicht mithalten." (Z. 51–53)

# Pflichtteil A 2: Lektüre

Ein Pflichtbestandteil der Prüfung sind **jährlich wechselnde Lektüren**. Im **Prüfungsjahr 2024** stehen der Roman **„Nach vorn, nach Süden“** von Sarah Jäger und das Drama **„Die Physiker“** von Friedrich Dürrenmatt.

Deine Kenntnisse zur Lektüre, die an deiner Schule ausgewählt wurde, musst du im **Pflichtteil A 2** unter Beweis stellen. Dafür kannst du insgesamt **25 Punkte**, d. h. **ein Viertel aller Punkte** bekommen. Plane also auch ungefähr **ein Viertel der Bearbeitungszeit** dafür ein (**60 Minuten** von 240 Minuten).

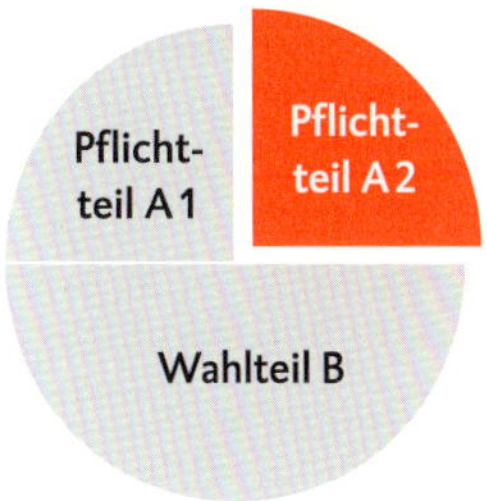


*Interaktive Aufgaben: A 2: Lektüre*

Zur Bearbeitung der Aufgaben darfst du **dein eigenes Exemplar der Prüfungslektüre** verwenden. Darin dürfen **Randnotizen** enthalten sein, die du dir während der Bearbeitung der Lektüre zu wichtigen Stellen gemacht hast. Allerdings dürfen keine Haftnotizzettel oder andere Hilfsmittel (z. B. Büroklammern, Klebestreifen) eingefügt werden. Zusätzlich darfst du während der gesamten Prüfungsdauer ein **Rechtschreibwörterbuch** benutzen.

Dir werden in Bezug auf die Lektüre z. B. **Aufgaben zum Textverständnis** gestellt, also

- zum **konkreten Inhalt**,
- zu **einzelnen Textstellen**,
- zu **übergeordneten Themen**,
- zur **Sprache** und
- zum **Textzusammenhang**.

Zusätzlich wird eine **produktive Schreibaufgabe** verlangt. Dabei musst du z. B. zu einer bestimmten Situation oder Textstelle im Buch

- einen Tagebucheintrag,
- einen Brief,
- einen inneren Monolog oder
- ein Gespräch (Dialog) schreiben.

Der produktive Teil der Aufgaben enthält eine **Mindestwortangabe**. Es wird meistens eine Textlänge von **mindestens 250 Wörtern** verlangt werden. Diese solltest du keinesfalls unterschreiten. Konzentriere dich insbesondere darauf, alle inhaltlichen Vorgaben der Aufgabenstellung umzusetzen. Dabei kann der Text auch länger werden. Punktabzüge gibt es nur bei Unterschreitung der Mindestwortanzahl.

**Übung 13** Überprüfe, ob du die Informationen zum Pflichtteil A 2 verstanden hast. Kreuze alle zutreffenden Antworten an.

a) Wie lange kannst du dir für die Aufgaben zur Lektüre ungefähr Zeit nehmen?
☐ zwei Stunden ☐ 90 Minuten ☐ 30 Minuten ☐ eine Stunde

b) Wie viele Punkte kannst du im Pflichtteil A 1 insgesamt erreichen?
☐ 50 ☐ 150 ☐ 25 ☐ 10

c) Wie lang muss der Text bei der produktiven Schreibaufgabe mindestens sein?
☐ 200 Wörter ☐ 100 Wörter ☐ 250 Wörter ☐ 300 Wörter

d) Welche Hilfsmittel sind für diesen Prüfungsteil zugelassen?
☐ ein Rechtschreibwörterbuch ☐ dein Exemplar der Lektüre
☐ Randnotizen im eigenen Buch ☐ Klebezettel in der Prüfungslektüre

## Anforderungen

Gehe im Kopf die nachfolgenden **Anforderungen**, die im Pflichtteil A 2 an dich gestellt werden, durch und kennzeichne, ob du die Aspekte schon beherrschst (✓) oder noch Handlungsbedarf (X) besteht.

**Auf einen Blick**

| Anforderungen im Pflichtteil A 2 | ✓ | X |
|---|---|---|
| Du sollst beweisen, dass du das Buch **gründlich gelesen** und verstanden hast.<br>**Tipp:** Höre dir die Lektüre zur Wiederholung als Hörbuch an, falls es eines gibt. | | |
| Du musst die Ereignisse der **Handlung in der richtigen Reihenfolge** kennen.<br>**Tipp:** Hier kann dir eine Kapitelzusammenfassung zur Wiederholung helfen. | | |
| Du musst die **Hauptfiguren der Lektüre** sowie deren Gedanken und Sorgen **gut kennen** und beschreiben können.<br>**Tipp:** Markiere im Buch alle Informationen zu den wichtigen Figuren der Lektüre. | | |
| Du musst dich **im Buch gut auskennen**, um z. B. möglichst schnell Behauptungen mit Textstellen aus der Lektüre belegen zu können. Dazu brauchst du sinnvolle Randnotizen, z. B. zu einer bestimmten Figur oder zu wiederkehrenden Themen.<br>**Tipp:** Erstelle „Textstellenlisten" zu wichtigen Themen. | | |
| Du musst die **Merkmale der möglichen Textsorten**, die von dir verlangt werden können, kennen.<br>**Tipp:** Lies die Textsortenmerkmale auf der nächsten Seite und präge sie dir ein. | | |
| Du darfst bei der produktiven Schreibaufgabe keinesfalls weniger als die **Mindestwortzahl** schreiben.<br>**Tipp:** Schreibe einen Text im Umfang von 250 Wörtern in Schönschrift. Unterteile ihn auch in sinnvolle Absätze. So bekommst du ein Gefühl für die ungefähre Textlänge, ohne die Wörter zählen zu müssen. | | |
| Deine Lösungen müssen sauber und **ordentlich dargestellt** und **richtig geschrieben** werden. Äußere Form und Rechtschreibung werden bewertet.<br>**Tipp:** Nutze ein Rechtschreibwörterbuch, wenn du dir unsicher bist. | | |

## Merkmale möglicher Textsorten im Überblick

Damit du die produktive Schreibaufgabe gut umsetzen kannst, müssen dir neben dem Inhalt der Lektüre auch die Merkmale der Textsorten, die in der Prüfung von dir gefordert werden könnten, vertraut sein:

Auf einen Blick

| **Dialog/Gespräch** | |
|---|---|
| Ein **Dialog** ist ein Gespräch zwischen zwei oder mehreren Personen. In der Prüfung soll meist ein Gespräch, das in der Lektüre nicht stattgefunden hat, aber denkbar wäre, geschrieben werden. Auf diese Weise soll eine sogenannte Leerstelle in der Lektüre gefüllt werden. | |
| **Äußere Merkmale:** | wörtliche Rede; Namen der Figuren am Zeilenanfang; *Regieanweisungen*, die die Sprechweise verdeutlichen |
| **Sprache:** | wörtliche Rede in Dialogform; zu den Figuren passende Ausdrucksweise; typische Aussagen oder sprachliche Eigenheiten; Regieanweisungen zur Verdeutlichung der Handlungen/Gesten/Mimik der Figuren während des Gesprächs |

| **Innerer Monolog** | |
|---|---|
| Der **innere Monolog** ist ein Selbstgespräch, das nur im Kopf der literarischen Figur abläuft. Du musst dich in die Figur und in die Situation, in der sie sich gerade befindet, hineinversetzen. Es kommt nur das zur Sprache, was die Figur in dem genannten Moment denkt und fühlt. | |
| **Äußere Merkmale:** | evtl. Auslassungszeichen, Gedankenstriche; Fragen, die sich die Figur selbst oder anderen in Gedanken stellt |
| **Sprache:** | Ich-Perspektive, Alltags-/Umgangssprache, typische Formulierungen und Aussagen der Figur aus der Lektüre |

| **Tagebucheintrag** | |
|---|---|
| Einen **Tagebucheintrag** schreibt man dann, wenn einen etwas so sehr beschäftigt, dass man seine Gedanken loswerden oder ordnen will. Es findet eine Auseinandersetzung mit der Situation, in der sich die Figur befindet, statt. Daher kommen ehrliche Gedanken über Ereignisse oder andere Figuren vor. Die Schreiberin oder der Schreiber wird versuchen, sich Fragen zur Situation selbst zu beantworten. Rückblenden und Überlegungen zur Zukunft sind möglich. | |
| **Äußere Merkmale:** | evtl. Anrede („Liebes Tagebuch") sowie Schlussworte („Dein/e …"); Datum (falls bekannt); kurze einleitende Worte, die die Problematik andeuten |
| **Sprache:** | Ich-Perspektive, Alltags-/Umgangssprache, Formulierungen/Aussagen der Figur |

| **Brief/E-Mail** | |
|---|---|
| Bei einem **Brief** handelt es sich um eine Art verschriftlichten Monolog. Die Schreiberin oder der Schreiber wendet sich an die Figur, an die das Schreiben gerichtet ist (Adressat*in), und möchte dieser etwas Wichtiges mitteilen. Den Inhalt gibt die jeweilige Aufgabenstellung vor. | |
| **Äußere Merkmale:** | Datum (falls bekannt), Anrede („Hallo …", „Liebe/r …", „Sehr geehrte/r …"), Text, Grußformel („Mit freundlichen/herzlichen Grüßen") |
| **Sprache:** | Schriftsprache, geordnete Gedanken, roter Faden von der Einleitung über die Erläuterung des Schreibanlasses (Hauptteil) bis hin zum Schluss |

# 3 Pflichtlektüren 2023/2024

## 3.1 Sarah Jäger: Nach vorn, nach Süden

### Kurzzusammenfassung

Entenarsch, so lautet der nicht besonders schmeichelhafte Spitzname, den die 19-jährige Lehramtsstudentin Lena in der Hinterhof-Clique bekommen hat. Aber im Hinterhof sucht man sich seinen Namen eben nicht aus, nur mit Glück erhält man wie „unser" Pavel einen liebevollen Namenszusatz. Der besagte Hinterhof gehört zu einem Penny-Markt einer Stadt im Ruhrgebiet, in dem die Jugendlichen Can, Marie, Pavel, die Brüder Leroy und Marvin, Otto, seine Ex-Freundin Vika und Lena als Aushilfen arbeiten. Ihren Spitznamen hat Lena von Jo, der allerdings seit Monaten verschwunden ist und insbesondere von seiner Ex-Freundin Marie schmerzlich vermisst wird. An der Trennung von Marie und Jo ist Lena nicht ganz unschuldig, wie sie sich eingestehen muss. Nach der Feier ihres Realschulabschlusses beschließt Marie, nach Jo zu suchen. Can, ihr enger Freund, schließt sich ihr an. Da die Außenseiterin Lena die Einzige in der Gruppe ist, die ein Auto und einen Führerschein besitzt, kommt auch sie notgedrungen auf den Roadtrip mit. Die Poststempel der wenigen Karten, die Jo in Gedichtform an Marie geschrieben hat, sind die einzigen Anhaltspunkte für seinen Aufenthaltsort. In der Hitze des Sommers und ohne Klimaanlage starten die drei Jugendlichen ihre Fahrt, die sie, Autobahnen meidend, über Münster, Fulda, Ulm und ein großes Musikfestival immer weiter nach vorn, nach Süden führt. Nach vielen zurückgelegten Kilometern und mithilfe von Jos Mutter, seinen aufgespürten ehemaligen Schulfreunden Urs und Fünfzehn Cent sowie Lenas gutem Bauchgefühl gelingt es am Ende, Jo zu finden. Anders als ursprünglich angenommen, ist Jo jedoch nicht nach Süden unterwegs, sondern ist an die Nordsee, den Ort seiner glücklichen Kindheit, gereist. Im Laufe der Handlung erfährt man vieles über die einzelnen Mitglieder der Clique, aber am meisten erfährt die Ich-Erzählerin Lena über sich selbst, über ihre Gefühle zu Can und über ihren Wunsch, nicht länger die Außenseiterin zu sein. Aus Entenarsch wird am Schluss wieder Lena.

Übung 14

Lies die Kurzzusammenfassung gründlich und beantworte nachfolgende Fragen, indem du alle zutreffenden Antworten ankreuzt.

a) An welchem Ort beginnt die Handlung bzw. der Roadtrip?

Die Handlung beginnt …

- ☐ auf einem Musikfestival.
- ☐ in einem Penny-Markt in Fulda.
- ☐ im Hof eines Penny-Marktes einer Stadt im Ruhrgebiet.
- ☐ in Münster, Nordrhein-Westfalen.

b) Aus welchem Grund brechen die Jugendlichen auf eine Reise mit dem Auto auf?

- ☐ Es reizt sie, ohne Führerschein eine lange Autofahrt zu machen.
- ☐ Sie wollen ein spektakuläres Musikfestival besuchen.
- ☐ Sie langweilen sich und suchen ein Sommerabenteuer.
- ☐ Sie wollen Maries Ex-Freund Jo finden, der vor Monaten verschwunden ist.

c) Welche Personen gehören zur Hinterhof-Clique des Penny-Marktes?

Zur Hinterhof-Gruppe gehören …

- ☐ Marie und ihr enger Freund Can.
- ☐ Otto und seine Ex-Freundin Vika.
- ☐ die Brüder Leroy und Marvin.
- ☐ Pavel, der „unser Pavel" genannt wird, und die Außenseiterin Lena.

d) Welche Personen beginnen gemeinsam die Suche nach Jo?

Auf die Suche begeben sich zu Beginn …

- ☐ Lena, Otto und Pavel.
- ☐ Lena, Can und Marie.
- ☐ Marvin, Lena und Can.
- ☐ Can, Marie und Vika.

e) Warum wird die Außenseiterin Lena mit auf die Suche nach Jo genommen?

- ☐ Lena reist als blinder Passagier mit.
- ☐ Lena besitzt als Einzige einen Führerschein.
- ☐ Lena weiß, wo Jo zu finden ist.
- ☐ Lena hat ein eigenes Auto.

f) Woran orientieren sich die Jugendlichen bei der Suche nach Jo?

- ☐ Anhand der Poststempel der Karten, die Jo Marie schrieb, können sie seinen bisherigen Weg nachvollziehen.
- ☐ Aufgrund der Poststempel nehmen sie an, dass Jo nach Süden reist.
- ☐ Sie wissen, dass Jo schon immer einmal in den Süden wollte.
- ☐ Lena kennt Jos Geheimnis und den Ort, an dem er sich versteckt.

g) Welche Figur steht im Mittelpunkt der Handlungen (und ist Ich-Erzählerin)?

Im Mittelpunkt steht …

- ☐ die Studentin Lena.
- ☐ Jos Ex-Freundin Marie.
- ☐ die Autorin Sarah Jäger.
- ☐ Vika, die Ex-Freundin von Otto.

## Textkenntnis überprüfen

Übung 15

1. Überprüfe, wie gut du dich im Roman „Nach vorn, nach Süden“ auskennst. In jeder Zeile ist **eine** der zusammenfassenden Aussagen zum Inhalt der acht Kapitel des Romans **falsch**. Notiere jeweils den Buchstaben der falschen Antwort in der rechten Spalte und streiche die falschen Inhalte durch. Überlege dir anschließend, wie die Aussagen richtig lauten müssten.

| | A | B | C | falsche Aussage |
|---|---|---|---|---|
| 1 | Im gemütlich eingerichteten Hinterhof des örtlichen Penny-Marktes treffen sich regelmäßig einige Jugendliche, von denen die meisten als Aushilfen im Discounter angestellt sind. | Der Hinterhof ist nicht nur ihr regelmäßiger Treffpunkt, sondern stellt auch eine Art Heimat für sie dar. Der neue Filialleiter macht ihnen jedoch das Leben schwer. | Marie und Can sind eng befreundet, Pavel und Otto sind beste Freunde. Ottos Ex-Freundin heißt Vika und seine neue Yasmin. Die Brüder Marvin und Leroy sind noch nicht lange Teil der Gruppe. Die Außenseiterin wird „Entenarsch“ genannt. | |
| 2 | Entenarsch (= Ich-Erzählerin), Marie und Can machen sich gemeinsam auf den Weg, um den verschwundenen Jo zu suchen. Marie war Jos Freundin und hat ihn verlassen, kurz bevor er weggelaufen ist. Sie liebt ihn aber noch immer. | Obwohl Can und Marie vermutlich am liebsten allein auf die Suche gegangen wären, brauchen sie die Ich-Erzählerin, da nur sie einen Führerschein und ein Auto hat. Die Ich-Erzählerin weigert sich, über die Autobahn zu fahren. | Auch wenn es der Ich-Erzählerin naheliegend erscheint, gleich Jos letzten Aufenthaltsort (laut Poststempel) anzusteuern, besteht Marie darauf, zunächst nach Münster zu Jos Vater zu fahren. | |
| 3 | In Münster fragen die Jugendlichen die Penny-Aushilfe Matthes, ob sie bei ihm übernachten können. Mit ihm und seinen Freunden feiern sie eine Party am See. Entenarsch erinnert sich an die Situation, als Jo ihr den Spitznamen gegeben hat. Marie erzählt von Jos Selbstverletzungen mit dem Feuerzeug. | Als die Jugendlichen am Folgetag Jos Mutter nach dessen Aufenthaltsort fragen, weiß diese nichts darüber. Marie wirft Jos Mutter vor, dass sie den damals 6-jährigen Jo sehr verletzt hat, als sie die Familie verlassen hat. Marie bricht das Gespräch wütend ab und Can folgt ihr kurz darauf nach draußen. | Jos Mutter erzählt der Ich-Erzählerin ihre Version der Geschichte und warum sie die Familie verlassen hat. Sie berichtet von ihrer Reue und davon, wie sehr Jo früher die Nordsee-Urlaube geliebt hat. Die Ich-Erzählerin erfährt auch, dass Urs Behrenberg, ein Freund aus Jos Kindheit, inzwischen in Fulda wohnt. | |

| | A | B | C | falsche Aussage |
|---|---|---|---|---|
| 4 | Weil sie durch einen Umweg über Paderborn erst spät in Fulda ankommen, hat der Penny-Markt schon geschlossen, sodass sie die dortige Aushilfe nicht nach einem Schlafplatz fragen können und im Auto übernachten müssen. Dank Vikas Recherche finden sie Urs' Adresse heraus. | Durch ein sehr persönliches Gespräch, z. B. über Cans verstorbenen Bruder, entwickelt sich zwischen der Ich-Erzählerin und Can Nähe. Von Urs erfahren die drei, dass Jo vor einer Weile bei ihm war und in einer Postkarte auf ein bald bevorstehendes Musikfestival hingewiesen hat. | Gemeinsam mit Urs besuchen die drei Jugendlichen eine wilde Party bei Urs' Kumpel Bjarne. Nach intensiven Aufräumarbeiten fahren Can, Marie und Entenarsch am übernächsten Tag wieder nach Hause. Trotz der gemeinsamen Erlebnisse fühlt sich die Ich-Erzählerin weiterhin wie eine Außenseiterin in der Hinterhof-Gruppe. | |
| 5 | Als die Ich-Erzählerin nach ein paar Tagen mit den anderen zum Musikfestival, auf dem Jo vermutet wird, aufbrechen will, stellt sie fest, dass Leroy und Pavel offenbar ein Paar sind und Vika mit Fine auch bei ihr im Corsa mitfahren will. Die Ich-Erzählerin spürt immer deutlicher, dass sie in Can verliebt ist. Unterwegs erzählt sie Vika, dass sie ihr Lehramtsstudium abbrechen will. | Kurz vor dem Festivalgelände geht der Corsa kaputt, sodass sie das letzte Stück laufen müssen. Auf dem Festival tritt auch die Band „Blümchenschlüpper", in der Otto mitspielt, auf. Im Laufe des Festivals wird bekannt, dass sich die Ich-Erzählerin und Can nach der Party in Münster nähergekommen sind. Angeblich ist es aber nichts Ernstes gewesen. | Jo ist nicht auf dem Festival, was Marie sehr frustriert und wütend macht. Die Ich-Erzählerin beichtet Marie daraufhin, dass sie ihr absichtlich so schnell von Ottos Untreue erzählt hat, um ihm zuvorzukommen und sich damit für den verletzenden Spitznamen zu rächen. Sie entschuldigt sich bei Marie dafür, aber diese reagiert abweisend. | |
| 6 | Die Hinterhof-Gruppe weiß inzwischen, was die Ich-Erzählerin getan hat, um sich an Jo zu rächen. Die Gruppe will nun gemeinsam weiter nach ihm suchen. Tiger bietet ihnen an, das Wohnmobil der Band zur Weiterfahrt zu nutzen. Die Ich-Erzählerin ist die Einzige, die es fahren kann, weshalb auch sie wieder dabei ist. | Die Jugendlichen fahren gemeinsam nach Ulm, wo sie Jos Freund Fünfzehn Cent suchen wollen. Nachdem sie ihn gefunden haben, erzählt er ihnen, dass Jo bis vor zwei Wochen noch bei ihm war, er aber nur gesagt hat, dass er ans Meer will. Die Gruppe ist sich uneinig, an welches Meer Jo vermutlich gereist ist. | Marie ist sich sicher, dass Jo Richtung Süden ans Mittelmeer will. Die Ich-Erzählerin ist aber felsenfest davon überzeugt, dass Jo an der Nordsee ist. Sie fasst daher den Entschluss, ihrer inneren Stimme zu folgen und allein mit dem Wohnmobil über die Landstraße an die Nordsee zu fahren. | |

| | A | B | C | falsche Aussage |
|---|---|---|---|---|
| 7 | Die Ich-Erzählerin findet Jo tatsächlich an der Nordsee. Er scheint von ihrem Auftauchen vollkommen überrascht zu sein. Sie bemerkt, dass um seine Hände keine Mullbinden, die Zeichen für seine Selbstverletzungen waren, mehr gewickelt sind. Ihm geht es daher wahrscheinlich gut. | Sie berichtet ihm von der abenteuerlichen Suche nach ihm und beichtet ihm, was sie damals getan hat und was der wahre Grund dafür war, dass sich Marie von ihm getrennt hat. Sie sagt ihm aber auch, dass Marie ihn noch immer liebt. | Die Ich-Erzählerin bringt ihr unschönes Verhalten Marie und Jo gegenüber mit dem Namen „Entenarsch" in Verbindung und will sowohl das Verhalten als auch den Namen ablegen. Sie sagt Jo daher direkt, dass er sie nie wieder so nennen soll. | |
| 8 | Die Ich-Erzählerin kehrt ohne Jo mit dem Wohnmobil in den Hinterhof zurück. | Dort entdeckt sie, dass sie 83 neue Nachrichten auf dem Handy hat. | Die letzte Nachricht stammt von Pavel, der sie in der Hinterhof-Gruppe mit Lena anspricht und sein ernsthaftes Interesse an ihr bekundet. | |

2. Bringe die Ereignisse in die richtige Reihenfolge, indem du sie nummerierst.

| | |
|---|---|
| | Die drei Jugendlichen finden Urs in Fulda und feiern mit ihm eine wilde Party. Er berichtet ihnen von einem Musikfestival, zu dem auch Jo kommen könnte. |
| | Mit dem Wohnmobil der Blümchenschlüpper fährt die Hinterhof-Clique nach Ulm, wo Fünfzehn Cent ihnen verrät, dass Jo bei ihm war und ans Meer wollte. |
| | In Münster organisiert Can bei der Penny-Aushilfe Matthes einen Schlafplatz. In der Nacht küssen sich Lena und Can, ohne dass Marie es mitbekommt. |
| | Lena beichtet Marie (und dann auch den anderen aus der Gruppe), dass sie Marie Jos Fremdgehen aus Ärger über den Spitznamen „Entenarsch" verraten hat. |
| | Die Hinterhof-Gruppe trifft sich, um Maries bestandenen Realschulabschluss im Penny-Hinterhof zu feiern. An dem Tag beschließt Marie, nach Jo zu suchen. |
| | Außer Lena glaubt niemand, dass Jo an der Nordsee ist. Sie fährt daher allein dorthin und findet ihn auch. Can schreibt in die Chatgruppe, dass er Lena vermisst. |
| | Die drei Jugendlichen besuchen Jos Mutter in Münster. Diese nennt ihnen den Namen von Jos Schulfreund Urs Behrenberg, der inzwischen in Fulda wohnt. |
| | Die drei kehren für ein paar Tage nach Hause zurück. Dann fährt Lena mit Marie, Can, Vika und Fine auf das Festival. Jo taucht dort aber nicht auf. |

3. Auf der Suche nach Jo begeben sich die Jugendlichen auf einen **Roadtrip** und unternehmen mehrere Fahrten in unterschiedlicher Besetzung. Zweimal starten diese im Hinterhof, früher oder später enden die meisten auch dort.

**Was ist ein Roadtrip?**

Als Roadtrip bezeichnet man Handlungen in Filmen und Büchern, die überwiegend auf der Straße spielen. Dabei wird die Reise zum Sinnbild für die Suche nach Freiheit und der Identität der Protagonistinnen und Protagonisten. So gesehen könnte man den Roman „Nach vorn, nach Süden" auch als eine Art literarischen Roadtrip bezeichnen.

Tipp

In der folgenden Tabelle werden die vier wichtigsten Fahrten dargestellt. Ergänze darin die fehlenden Informationen.

| | Erste Fahrt | Zweite Fahrt | Dritte Fahrt | Vierte Fahrt |
|---|---|---|---|---|
| **Start** | Hinterhof Penny-Markt | | FWWF | |
| **Etappen auf der Fahrt** | • <br>• Paderborn (Dreihasenfenster)<br>• Penny-Markt in Künzell | • an einer Bushaltestelle irgendwo bei Biedenkopf hinter Bad Laasphe | • | keine bekannt |
| **Ziel bzw. letzte Etappe** | Fulda (zu Urs Behrenberg) | | | (und zurück zum Hinterhof) |
| **Mitfahrer*innen** | | | | |
| **Fahrzeug** | | | | |
| **Personen, die sie unterwegs treffen** | • Achmad (Cans Freund)<br>• <br>• <br>• <br>• Inga (Bäckereiverkäuferin)<br>• Urs' Schwester<br>• <br>• | • <br>• <br>• Bandmitglieder der Blümchenschlüpper (Püppi, Hasi, Lämmchen, Schnecke, Otto)<br>• Tiger (Püppis Frau)<br>• Marvin<br>• Pavel<br>• Yasmin | • | • |

| | Erste Fahrt | Zweite Fahrt | Dritte Fahrt | Vierte Fahrt |
|---|---|---|---|---|
| **Informationen, die sie über Jo erhalten, und von wem sie jeweils stammen** | Jos Mutter:<br>•<br>•<br>•<br>→ Annahme: Jo kommt auch zum Festival | • | •<br>• | Lenas Beobachtung/Annahme:<br>• Jo geht es gut<br>• |
| **Übernachtungsort(e)** | • in Matthes' Wohnung<br>•<br>• | • | • | nicht bekannt, aber vermutlich im Wohnmobil bzw. Tourbus der Blümchenschlüpper |
| **Besondere Vorkommnisse** | •<br>(erste Annäherung von Can und Lena)<br>• | •<br>• Can darf zunächst nicht aufs Festivalgelände<br>• Can gibt zu, dass er und Lena etwas miteinander hatten<br>• Lena beichtet, … | • | • Lena fährt Autobahn<br>•<br>• „Entenarsch" verschwindet |

## Figuren und Figurenkonstellation

Übung 16

1. Die Abbildung zeigt dir noch einmal auf einen Blick, welche Figuren im Roman „Nach vorn, nach Süden“ eine Rolle spielen und in welcher Beziehung sie zueinander stehen.

   Sieh dir aufmerksam an, welche Informationen vorgegeben sind, und trage dann die Namen der Figuren in die passenden Kästchen ein.

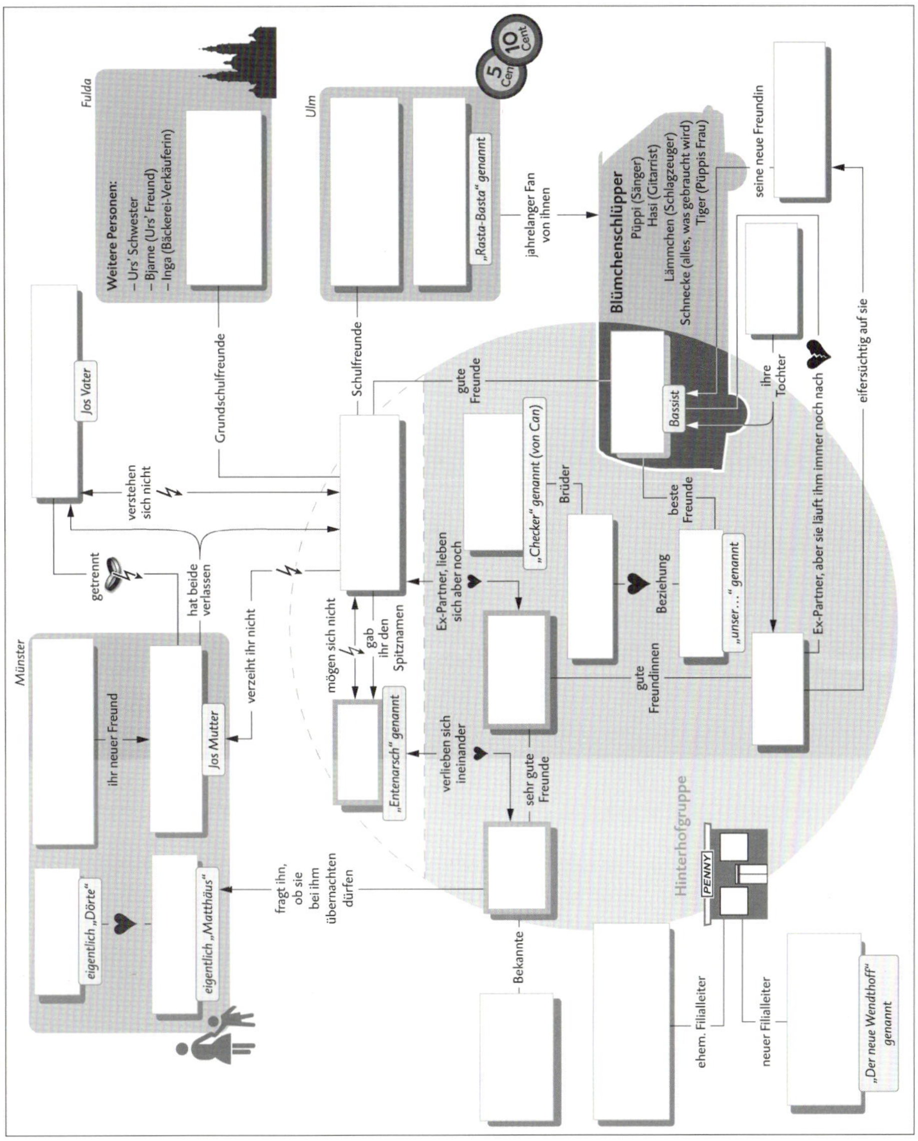

2. Trage in die Tabelle ein, auf welche Figuren die Aussagen in der rechten Spalte jeweils zutreffen.

   *Die Seitenzahlen beziehen sich auf folgende Textausgabe:*
   *Sarah Jäger: Nach vorn, nach Süden. Rowohlt Taschenbuch Verlag 2021, Hamburg.*

| Figur | Aussage(n) über die Figur |
|---|---|
| | • „Niemand kann eine Jogginghose mit Eleganz tragen. Niemand, außer […].“ (S. 9)<br>• „Wenn Menschlichkeit ein Gesicht hat, dann soll sie bitte so aussehen wie […]. Ein Gesicht, das keine Schminke braucht, weil es nichts zu verbergen hat. Dabei ist […] keine Heilige.“ (S. 10) |
| | • „Er ist erst dreizehn und der Jüngste von uns.“ (S. 14) |
| | • „In dieser Hinsicht ist auf […] Verlass. […] findet selbst im tiefsten Winter und in der tiefsten Dunkelheit die Playtaste.“ (S. 19) |
| | • „Manchmal könnte ich ihm ins Gesicht schlagen. Mitten ins Gesicht, weil er seinen Namen behalten durfte. Trotz Brille, fettiger Haare und unreiner Haut. […] ist achtzehn Jahre alt, aber seine Haut denkt immer noch, er sei mitten in der Pubertät. Wäre unser […] ein Mädchen, dann hätte er es verdammt schwer. Aber bei Jungs zählen plötzlich die inneren Werte, und in dieser Hinsicht ist […] rasend schön.“ (S. 12) |
| | • „‚Und den Speck hier, den bekomme ich auch nicht weg‘, jammert […] weiter und greift sich in die Seite. Dann beugt sie sich näher zu Marie und flüstert: ‚Deswegen steht Otto nicht mehr auf mich. Ich bin ihm zu fett.‘“ (S. 11) |
| | • „[…] ist Bassist in einer Band, die ‚Blümchenschlüpper‘ heißt. Er arbeitet beim Penny, aber nie am Wochenende. Dann reisen sie durchs Land, […] und seine Band.“ (S. 12)<br>• „Zu […] gehören seine roten Chucks, Hosen mit Nadelstreifen und weiße Hemden.“ (S. 12) |
| | • „Im Hinterhof gibt es kaum Regeln. Will ein Mensch dazugehören, dann muss er im Hinterhof abhängen. Das ist die erste Regel. Und die zweite lautet: Klau nicht im eigenen Penny-Markt. […] schert sich nicht um Regeln. Er wird nicht lange bleiben.“ (S. 20) |
| | • „Seine Hand liegt auf […] Oberschenkel, und er streichelt mit dem Daumen sanft über den schwarzen Jeansstoff. Das Streicheln erzählt, dass sie bereits zusammen im Bett gewesen sind, Otto und […]. Und das versteht auch Vika.“ (S. 18) |
| | • „Er wurde nicht entführt, er wurde nicht verschleppt, er ist einfach abgehauen.“ (S. 22)<br>• „Ich habe […] nicht vermisst, keine einzige Sekunde. Aber ich weiß, dass nur ich so empfinde, hier auf dem Hinterhof. Natürlich weiß ich das.“ (S. 23)<br>• „Er ist sechzehn Jahre alt, seit einem halben Jahr verschwunden, er trägt Baseballcaps und ist zwei Zentimeter kleiner als Marie, damit hat sie ihn immer aufgezogen, als alles noch gut war zwischen ihnen.“ (S. 29)<br>• „[…] ist die erste Person gewesen, die mich Entenarsch genannt hat.“ (S. 29) |

| Figur | Aussage(n) über die Figur |
| --- | --- |
| | • „Der Fahrer steigt aus, ein junger Typ mit weit ausgeschnittenem T-Shirt und ausgeprägter Brustmuskulatur, und nähert sich meinem Corsa." (S. 34) |
| | • „Es ist nicht Jo, und ich bin erleichtert. Er ist größer als er und einige Jahre älter und mindestens dreißig Kilo schwerer und Bartträger." (S. 46) |
| | • „In der Wohnungstür steht eine schlanke Frau, vielleicht Ende dreißig und einen halben Kopf kleiner als Marie. Sie schaut uns an mit einem leicht mürrischen Blick, und den Blick, den kenne ich, den habe ich schon oft gesehen, im Penny-Markt, bei den Gemüsekonserven." (S. 64)<br>• „Die grünen Augen hat Jo definitiv von ihr geerbt." (S. 68) |
| | • „[…] hat braune Locken, wie seine Schwester, aber auf seinem T-Shirt steht kein Spruch, sein T-Shirt ist einfach nur grün. Wahrscheinlich ist er so alt wie Jo und Marie, sechzehn oder siebzehn, aber er hat noch richtige Kinderbeine, so Stelzen mit hellen Haaren und blauen Flecken. Und auf seine Nase haben sich ein paar Sommersprossen verirrt." (S. 99) |
| | • „Sie erinnert sich wieder daran, dass der Schulfreund von Jo, also nicht Urs, sondern der andere, nach Ulm gezogen ist. […] wurde der Junge immer genannt. Seine Eltern besaßen ein Büdchen, und seine Freunde durften sich für fünfzehn Cent Süßkram aussuchen, wenn sie ihn besuchten. Sein richtiger Name fällt ihr nicht mehr ein." (S. 118/119)<br>• „Als er wieder auf zwei Beinen steht, zieht er seine Hose hoch, schon seltsam, dass übergewichtige Menschen ständig Hosen tragen, die zu groß sind, er kommt mit ausgestreckter Hand auf uns zu und lächelt uns an, und das ist wahrscheinlich das hübscheste Lächeln, das ich je gesehen habe, da kommt selbst Can mit seinen Grübchen nicht mit, das Lächeln wandert von den geraden Zähnen über das ganze Gesicht, bis es in den Augen landet, die wie Goldmünzen in der Sonne funkeln." (S. 204) |
| | • „Genau. Ich fahre Krankenwagen. Und manchmal sogar mit Blaulicht." (S. 154) |
| | • „Der neue Wendthoff ist die Sache schlauer angegangen. Der neue Wendthoff heißt eigentlich […], aber das interessiert hier niemanden." (S. 8) |

### Aufgaben zum Textverständnis

Bearbeite folgende **Aufgaben zum Textverständnis**, wie sie dir in ähnlicher Weise auch in der Prüfung begegnen könnten. Im Folgenden erhältst du allerdings noch Tipps und Hilfestellungen zur Umsetzung. Achte insbesondere auf die in der Aufgabenstellung vorkommenden **Operatoren**.

Tipp

**Was sind Operatoren?**

Operatoren sind „handlungsleitende Verben" und sollen deutlich machen, welche konkrete Handlung bei einer Aufgabenstellung von dir verlangt wird. Dadurch wird dir z. B. klar, ob eine stichwortartige Darstellung, eine ausführliche Textvariante oder ein schlichter Antwortsatz erwartet wird. Folgende Operatoren solltest du z. B. kennen:

- **nennen:** Du sollst z. B. Begriffe, Gegenstände oder Sachverhalte aufzählen oder zuordnen.
- **zeigen/aufzeigen:** Von dir wird erwartet, dass du z. B. Zusammenhänge, Entwicklungen oder Probleme unter einer bestimmten Fragestellung wiedergibst.
- **erklären:** Hier musst du Sachverhalte in einen Zusammenhang stellen und begründen oder zu Schlussfolgerungen kommen.
- **begründen:** Es geht darum, z. B. eine Position oder Vermutung zu bestimmen und durch Argumente (mit Belegen und Beispielen) zu stützen.
- **Stellung nehmen:** Hier geht es darum, die Einschätzung einer Problemstellung, eines Sachverhaltes oder eine Wertung nach kritischer Prüfung und Abwägung zu formulieren.

Übung 17

1. **Nenne** drei Situationen, die Lena in ihrer Annahme bestärken, dass sie nicht wirklich Teil der Hinterhof-Clique ist bzw. war.

   a) Überfliege die Kapitel und halte nach Textstellen Ausschau, in denen gegenüber Lena klar zum Ausdruck gebracht wird, dass sie nicht so zur Gruppe dazugehört wie die anderen.

   b) Ergänze die Liste der Situationen, die gemeint sein könnten.

   - „Ich bin spät dran, habe noch einen Abstecher zur Uni machen müssen. Völlig außer Atem komme ich im Hinterhof an. Niemand hebt den Kopf, nicht jeder wird im Hinterhof vermisst." (S. 9)
   - ____________________
   - ____________________
   - ____________________

▶ ____________________

▶ ____________________

c) Formuliere nun mithilfe der Lösungen zu den vorherigen Teilaufgaben mindestens drei vollständige Antwortsätze zu Aufgabe 1. (→ Heft)

2. **Zeige** anhand von zwei Beispielen, dass Lena im Laufe der Handlung ihre ursprüngliche Meinung über einzelne Mitglieder der Hinterhof-Gruppe verändern oder überdenken muss.

   a) Mache dir zuerst Gedanken zu folgenden Fragen:
   - Von wem hat Lena eine negative und von wem eine positive Meinung?
   - Wo kommt Lenas Meinung über einzelne Gruppenmitglieder zum Ausdruck?
   - In welchen Situationen ist Lena von einem Gruppenmitglied positiv überrascht?

   b) Welche der hier benannten Einschätzungen muss Lena im Laufe der Handlung überdenken bzw. zurücknehmen? Kreuze alle passenden Aussagen an.
   - ☐ Lena hält Leroy für einen Kriminellen.
   - ☐ Lena glaubt, dass Can eigentlich in Marie verliebt ist und er daher vermutlich froh ist, dass Jo weg ist.
   - ☐ Lena hält Jo für einen unfreundlichen, verantwortungslosen Weiberhelden, der aus freien Stücken weggelaufen ist.
   - ☐ Lena hält Vika für eine schlechte Mutter und Versagerin und schaut demzufolge auf Vika herab und fühlt sich wie etwas Besseres.
   - ☐ Lena hält Otto für einen Fremdgänger.

   c) Formuliere einen Antworttext, indem du auf zwei verschiedene Beispiele eingehst. Hierbei solltest du zunächst das bestehende Vorurteil nennen und es anschließend widerlegen. (→ Heft)

3. „‚Ach, Entenarsch‘, seufzt Can und wiegt den Kopf hin und her. ‚Das war so klar. Immer den Finger in die Wunde legen.‘“ (S. 19)

   **Erkläre**, was Can mit seiner Aussage meint und warum Lena mit ihrer Art bei den anderen Jugendlichen aneckt.

   a) Lies dir die genannte Textstelle und auch einige Zeilen davor und danach nochmals durch. Das ist immer hilfreich. Beantworte anschließend nachfolgende Fragen:

      - Was genau hat Lena in der vorausgegangenen Situation gesagt oder gemacht? Warum empfindet Can das als negativ und typisch für sie?
      - Welche anderen Textstellen gibt es im weiteren Verlauf der Handlung, in denen sich die Ich-Erzählerin ähnlich ungeschickt verhält?
      - Was bedeutet die Redewendung „den Finger in die Wunde legen“?

   b) Vervollständige den Antworttext zu Aufgabe 3. Die nachfolgenden Begriffe aus der Wortschlange können dir dabei helfen.

      WAHRHEITBESSERESERWÄHNENKRÄNKTKRÄNKUNGKRITISIER
      TSCHWACHSTELLETHEMEN

      Can meint damit vermutlich, dass Lena immer genau weiß, was die ______, also die Wunde, einer Person ist. Zielsicher spricht sie dann genau diese ______ an. Offenbar macht Lena es öfter so, dass sie etwas ausspricht, was den anderen ______. Dabei macht es keinen Unterschied, dass sie mit ihrer Aussage sogar die ______ sagt. Es stimmt, dass Can das Abitur beim ersten

Versuch nicht bestanden hat, sie hätte es aber an dieser Stelle nicht extra ________ müssen, da die anderen es ja auch wissen. Es klingt bei ihr offenbar immer wie eine Bevormundung oder ________. Durch ihre Bemerkungen fühlen sich die anderen einerseits ________ und andererseits klingt es so, als würde sich Lena für etwas ________ halten.

4. **Begründe** anhand von drei Beispielen, warum Lena bis fast zum Schluss nicht daran glauben will, dass eine Beziehung zwischen ihr und Can eine Chance hätte.

   a) Suche nach Hinweisen (inkl. Textbelegen) darauf, dass Lena tatsächlich Gründe hat, an der Möglichkeit einer Beziehung zwischen Can und ihr zu zweifeln. Ergänze dazu die Liste mit Hinweisen.

      - Auf der Party am See flirtet Can mit einem Mädchen. Maries Reaktion zeigt, dass Can auch ansonsten ein Weiberheld ist und viele (sexuelle) Kurzbeziehungen hat. („‚Ist klar', lacht Marie. ‚Wie hast du es denn versemmelt?' ‚Kein Kondom dabei.' ‚Ach Cannyboy!' Marie seufzt.", S. 58)
      - ________
      - ________
      - ________

▶

b) Wähle drei der Hinweise aus und formuliere auf Grundlage dessen einen Antworttext. (→ Heft)

5. „[…] wir suchen Jo nicht mehr, wir finden ihn, und mir wird schlecht, weil es da noch eine Geschichte gibt, die ich irgendwo beim X versteckt habe, dort, wo keiner mehr nach Geschichten sucht, und dann habe ich sie noch hinter das X geschoben, um ganz sicherzugehen. Ich will, dass wir Jo finden, dass sich Marie und Jo in die Arme fallen, aber ich möchte am Ende nicht wieder der letzte Mensch sein, und ich wünsche mir, dass Jo für immer verschwunden bleibt, damit ich die **Geschichte hinterm X** einfach vergessen kann." (S. 101)

   **Nimm Stellung** dazu, ob Lena deiner Meinung nach dazu verpflichtet ist, den anderen aus der Hinterhof-Gruppe von der „Geschichte hinter dem X" zu erzählen.

   **Hinweis:** Hier kommst du mit Textkenntnis allein nicht weiter. Es ist deine Meinung gefragt.

   a) Mache dir beispielsweise zu folgenden Fragestellungen Gedanken:

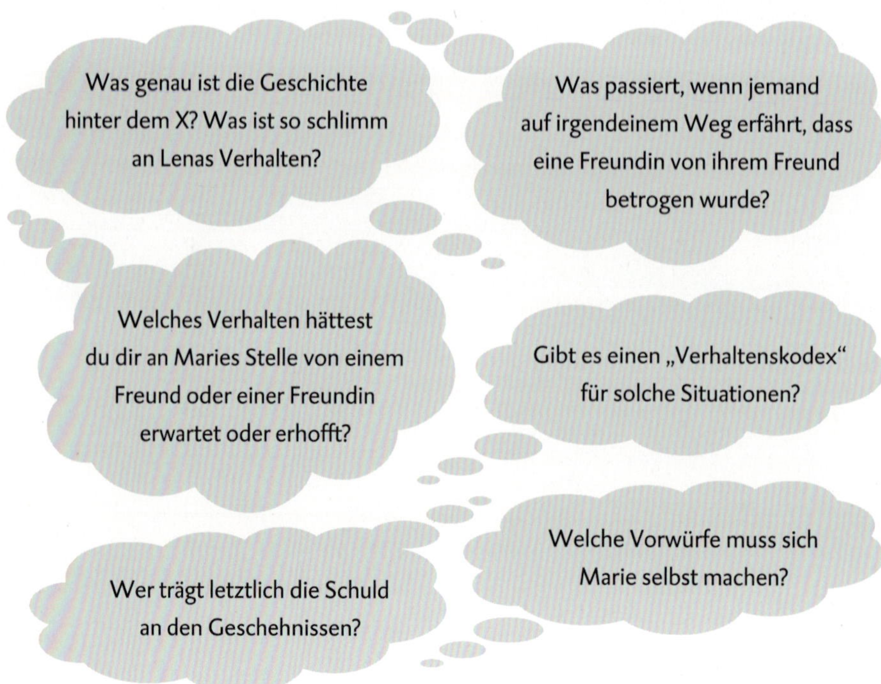


   b) Formuliere nun deine Meinung zum Thema und begründe sie. (→ Heft)

## Produktive Schreibaufgabe

1. Untersuche die folgenden vier Texte bzw. Textauszüge, die als Lösung zu produktiven Schreibaufgaben entstanden sind. Beantworte zu jedem Textauszug die folgenden Fragen. (→ Heft)

Übung 18

   a) Welche Textsorte wurde hier umgesetzt? Woran kannst du das erkennen?
   b) Aus Sicht welcher Figur wurde der Text verfasst bzw. wer äußert sich hier?
   c) An welcher Stelle der Handlung setzt die Schreibaufgabe vermutlich ein? Nenne die entsprechende Situation und gib, wenn möglich, auch die Seitenzahl an.

Text 1

Sie kann es einfach nicht lassen! Warum haben wir die nur mitgenommen? Da wäre ich doch lieber gelaufen, als diese dumme Kuh zu ertragen! Sie muss mir das mit dem Abitur bei jeder Gelegenheit unter die Nase reiben. Sie denkt wohl, dass sie etwas Besseres ist. Diese arrogante … Und wie die fährt! Da war meine Frage ja wohl mehr als berechtigt! Und dann hat sie auch noch ein eigenes Auto … Welch eine Verschwendung! Und dann auch noch diese alte Kiste ohne Klimaanlage. Bei dieser Hitze! Vermutlich hat nie jemand für möglich gehalten, dass sie das Auto überhaupt jemals benutzt. So eine Scheiße, dass ich keinen Führerschein habe! Mal ehrlich, auch ohne Führerschein würde ich noch besser fahren! Sie soll echt mal die Klappe halten! Muss sie den Finger in die Wunde legen? Immer wenn sie den Mund aufmacht, ist sie am Stänkern. Kein Wunder, dass sie nicht richtig dazugehört, wenn sie alle beleidigt. Was will sie überhaupt von uns, wenn sie doch alle so minderwertig findet? Wenn wir nur nicht auf sie angewiesen wären! Marie muss ihr sogar noch in den Arsch kriechen, damit sie uns nicht die Tour vermasselt …

Text 2

Liebe Marie,
bis zum Nordseestrand hast du mir die Erbsen hinterher geschickt, ich kann es kaum glauben. Dabei wollte ich unbedingt untertauchen. Ich wollte weg von all dem Scheiß, dem Scheiß in der Schule, dem Scheiß mit meinem Vater und dem Scheiß zwischen uns. Du hättest froh sein können, dass du mich los bist. Zu Recht, denn ich hab ja schließlich den Mist gebaut. Da wäre es doch auch egal gewesen, ob du das von Entenarsch oder von mir erfährst. Sie hat mir im Übrigen alles erzählt. Eine echt schräge Nummer war das, aber sie ist wohl nicht die Einzige, die am Ende des Spiels noch den Schwarzen Peter in der Hand hat. Ich bin halt ein Depp, der das bisschen Glück, das er hat, auch gleich selbst wieder zerstört. Ich wollte ans Meer, weil ich dachte, dass ich hier vielleicht etwas finde. Etwas, das ich vergessen habe. Unbeschwert und glücklich sein … vielleicht geht das nur hier? Hier war früher alles in Ordnung, hier war ich glücklich, wenn ich genügend Eis und Sonne hatte. Es würde dir hier sicher auch gefallen. Es ist wie im Hinterhof, nur mit Meer. Sag unserem Pavel mal, dass wir noch ein Meer im Hinterhof brauchen.
Unfassbar, was ihr auf euch genommen habt, um mich zu suchen! Dass ihr bei Urs, Fünfzehn Cent und sogar bei meiner Mutter wart … und dann Lena als Fahrerin! (Sorry für das „Entenarsch“ oben. Hab ihr eigentlich versprochen, es nicht mehr zu sagen.) Dennoch bitte ich dich: Gib mir noch ein bisschen Zeit.

Dein Jo

PS: Ein Elfchen darf natürlich nicht fehlen:
Marie
Meine Pennyprinzessin
Auf der Dosenerbse
Willst du mich zurück?
Hinterhofhappyend

Text 3

JOS MUTTER: Weuner.
LENA: Hallo Frau Weuner, hier spricht Lena. Ich war neulich mit zwei Freunden von Jo bei Ihnen. Sie hatten mir netterweise die Information über Jos Freund Fünfzehn Cent und ein Foto geschickt.
JOS MUTTER: Ach Lena, du bist das. Gibt es etwas Neues? Habt ihr Jo gefunden?
LENA: Ja! Deswegen rufe ich an. Sie müssen sich keine Sorgen mehr machen. Wir haben Jo gefunden. Oder vielmehr ich.
JOS MUTTER: Geht es ihm gut? Wo ist er?
LENA: Ja, es geht ihm gut. Er ist an der Nordsee. In dem Urlaubsort, von dem Sie mir all die Fotos gezeigt hatten.
JOS MUTTER: Das ist die beste Nachricht seit einer Ewigkeit! Ich bin fast wahnsinnig geworden vor Sorge. Wie habt ihr ihn denn gefunden? Ausgerechnet an der Nordsee. Ihr wolltet doch nach Süden, nach Fulda und Ulm …
LENA: Zuerst waren wir bei Urs Behrenberg in Fulda, wo Jo vor Monaten auch tatsächlich gewesen ist. Urs wusste aber nicht, wo Jo anschließend hinwollte. Danach vermuteten wir ihn auf einem Festival, von dem er Urs in einer Postkarte berichtet hatte. Aber auch dort hatten wir kein Glück.
JOS MUTTER: Das klingt ja nach einer halben Weltreise.
LENA: Aufgrund Ihres Hinweises sind wir dann nach Ulm zu Jos Freund Fünfzehn Cent gefahren. Dort war Jo auch wirklich kurz zuvor. Von Fünfzehn Cent erfuhren wir nur, dass Jo ans Meer wollte. Und obwohl die anderen alle dafür waren, weiter nach Süden ans Mittelmeer zu fahren, war ich mir plötzlich sicher, dass er mit „Meer" die Nordsee gemeint hat.
JOS MUTTER: Die Nordsee hat ihn immer glücklich gemacht …
LENA: Sie hatten mir ja von seiner glücklichen Zeit dort erzählt und anhand der Fotos, die Sie mir gezeigt hatten, konnte ich den richtigen Ort ausfindig machen … und Jo.
JOS MUTTER: Und was macht er an der Nordsee? Was hat er vor?
LENA: Er wohnt beim Großonkel von Fünfzehn Cent und arbeitet in der Eisdiele, in der er früher selbst so gerne war. Er wollte offenbar an den Ort zurück, wo er früher so glücklich war. Vielleicht hofft er, dort das verlorene Glück wiederzufinden. Bisher ist er noch nicht von dort zurück, aber ich bin mir sicher, dass er zurückkommen wird, jetzt wo er weiß, dass wir ihn alle gesucht haben und dass Marie ihn noch liebt.
*Jos Mutter schluchzt.*
LENA *(verlegen)*: Möglicherweise ist er jetzt auch bereit für einen Neuanfang. Dafür ist es ja nie zu spät. Vielleicht wollen Sie sich bei ihm melden, ihm schreiben oder so … *(Pause)* Auf jeden Fall wollte ich Ihnen das sagen, also dass er wieder da ist.
JOS MUTTER: Ich danke dir von ganzem Herzen! Vielen, vielen Dank!
LENA: Bis bald mal.
JOS MUTTER: Bis bald.

Text 4

Ich bin tatsächlich an der Nordsee angekommen. Ich habe es geschafft und ich hatte recht! Jo ist hier! Selbst das mit der Eisdiele hat gestimmt. Auf die Autobahn habe ich mich sogar auch getraut, Wahnsinn! Ich kann wirklich stolz auf mich sein, auch weil ich endlich reinen Tisch gemacht und alles gebeichtet habe. Aber das alles muss er jetzt sicher erst einmal verdauen. Bestimmt ist er ganz durcheinander. Ob er vielleicht gleich mit zurückkommt? Wahrscheinlich braucht er noch etwas Zeit. Das geht nicht so schnell. Wie bei seinen Wunden an den Händen, da hat es auch eine ganze Weile gedauert, bis sie verheilt sind. Die Narben werden bleiben. Er muss sich wohl auch erst über einiges klar werden. Mir ist zumindest klar, dass ich nie mehr „Entenarsch" genannt werden will. Das werde ich ihm auch sagen.

2. Gestalte den Textinhalt aus **Text 3** so um, dass daraus ein Brief entsteht, den Lena Jos Mutter schicken könnte, nachdem sie Jo gefunden hat und nach Hause zurückgekehrt ist. (→ Heft)

   **Hinweis:** Oftmals unterscheiden sich die Textsorten nur durch Kleinigkeiten voneinander, z. B. ändern sich Einstieg oder Schluss. Inhaltlich können sich die Texte aber durchaus ähneln.

   Die entsprechende Aufgabenstellung lautet wie folgt:

   **Aufgabenstellung**

   Nachdem Lena Jo gefunden hat und sie nach Hause zurückgekehrt ist, beschließt sie, Jos Mutter einen Brief zu schreiben. Darin berichtet Lena davon, wie und wo Jo schließlich gefunden wurde und wie es ihm geht. Sie beschreibt auch, welche Rolle der Besuch in Münster dabei gespielt hat.
   Schreibe diesen Brief (mindestens 250 Wörter).

3. „‚Wohin ans Meer?‘
   ‚Das hat er nicht gesagt.‘ Fünfzehn Cent schaut uns an und schwingt hilflos die Arme zur Seite. ‚Wieso startet ihr nicht irgendeine Suchaktion im Internet?‘“ (S. 205)

   Nachdem Fünfzehn Cent die Jugendlichen, die nach Jo suchen, belogen hat, ihnen aber den kleinen Tipp mit dem Meer gegeben hat, möchte er Jo kontaktieren. Da Jo kein Handy dabei hat, beschließt Fünfzehn Cent, ihm einen Brief an die Adresse seines Großonkels zu schicken. Im Brief berichtet er Jo davon, dass er gesucht wird und was er auf die Fragen der Jugendlichen jeweils geantwortet hat.

   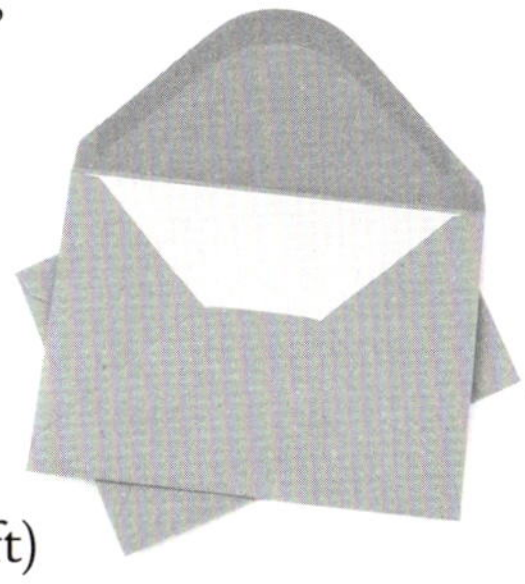

   Schreibe diesen Brief (mindestens 250 Wörter). (→ Heft)

## 3.2 Friedrich Dürrenmatt: Die Physiker

Eine der beiden vorgegebenen Ganzschriften heißt „Die Physiker“ und stammt vom Autor Friedrich Dürrenmatt.

### Kurzzusammenfassung

Die Handlung von Dürrenmatts Drama spielt in einem Irrenhaus und setzt ein, nachdem zum zweiten Mal ein Mord im Salon einer alten Villa, in der drei Physiker betreut werden, verübt wurde. Vor drei Monaten hatte Beutler, der sich als Sir Isaac Newton ausgibt, seine Krankenschwester erdrosselt. Nun hat Ernesti – er behauptet, Albert Einstein zu sein – dasselbe mit der Seinen getan. Kriminalinspektor Voß ermittelt in diesem Fall, kann den Täter aber wie schon im ersten Mordfall nicht verhaften, da es sich bei diesem um einen Kranken handelt.

Patient Möbius, dem angeblich König Salomo erscheint, reagiert auf einen Familienbesuch mit einem Tobsuchtsanfall. Schwester Monika, die Möbius betreut, offenbart ihm danach, dass sie weiß, dass sein Wahnsinn nur gespielt ist. Sie liebt ihn und hat bereits alles veranlasst, um noch am selben Abend mit ihm die Anstalt zu verlassen. Obwohl Möbius ihr ebenfalls seine Liebe gesteht, erdrosselt er sie.

Wieder ermittelt Inspektor Voß im Mordfall und wieder kann er den Täter aufgrund dessen Erkrankung nicht verhaften. Allerdings werden die toten Schwestern nun durch kräftige Pfleger ersetzt und die Patienten in der Villa eingesperrt.

Beim Abendessen gestehen Ernesti und Beutler Möbius, dass sie zwar Physiker, aber auch Agenten unterschiedlicher Geheimdienste sind, die sich in die Heilanstalt eingeschlichen haben, um ihn auszuspionieren und zu entführen. Möbius hat bahnbrechende wissenschaftliche Theorien und die Weltformel entwickelt, die furchtbare Auswirkungen haben könnten, sollten sie in die falschen Hände geraten. Um dies zu verhindern, hat er seine wissenschaftlichen Aufzeichnungen verbrannt und spielt den Wahnsinnigen. Es wird klar, dass alle drei Krankenschwestern sterben mussten, weil sie jeweils der Wahrheit auf der Spur waren. Nach einer Diskussion über die Verantwortung der Wissenschaft kann Möbius die beiden überzeugen, mit ihm im Irrenhaus zu bleiben, um die Menschheit zu schützen.

Unerwartet nimmt die Geschichte die schlimmstmögliche Wendung: Die Leiterin der Heilanstalt, Dr. Mathilde von Zahnd, hat das Gespräch zwischen den drei Physikern abgehört und ist selbst dem Wahnsinn verfallen. Sie glaubt, König Salomo habe ihr befohlen, die Herrschaft über die Welt und das Weltall zu übernehmen. Dazu hat sie über die Jahre heimlich Möbius’ Manuskripte kopiert. Alles war also umsonst. Möbius’ Theorien sind in die völlig falschen Hände geraten.

Übung 19

Lies die Kurzzusammenfassung gründlich und beantworte nachfolgende Fragen, indem du alle zutreffenden Antworten ankreuzt.

a) Wer hat die drei Krankenschwestern getötet?

Getötet wurden die Krankenschwestern von …

- ☐ Albert Einstein, Voß und Sir Isaac Newton.
- ☐ Sir Isaac Newton, Möbius und Dr. von Zahnd.
- ☐ Möbius, Ernesti und Beutler.
- ☐ Beutler, Mathilde Möbius und Albert Einstein.

b) Warum verhaftet Inspektor Voß die Täter nicht?

Er verhaftet sie nicht, weil …

- ☐ er nicht genug Beweise gesammelt hat.
- ☐ die Mörder psychisch krank sind.
- ☐ er nicht weiß, wer die Täter sind.
- ☐ es sich nur um Unfälle gehandelt hat.

c) Warum leben die drei Physiker in Wahrheit im Irrenhaus?

Sie leben in Wahrheit im Irrenhaus, weil …

- ☐ Möbius, Ernesti und Beutler auch schon zuvor Morde begangen haben.
- ☐ Möbius damit verhindern will, dass seine Theorien bekannt werden.
- ☐ Ernesti und Beutler sich für berühmte Physiker halten.
- ☐ Beutler und Ernesti Möbius ausspionieren und entführen sollen.

d) Warum wurden die Krankenschwestern getötet?

Sie wurden getötet, weil …

- ☐ König Salomo es den Mördern befohlen hat.
- ☐ sie der Wahrheit über die drei Physiker auf der Spur waren.
- ☐ sie kurz davor waren, Dr. von Zahnds Plan aufzudecken.
- ☐ sie Möbius' Manuskripte heimlich kopiert haben.

e) Wie endet Dürrenmatts Drama?

Am Ende des Dramas …

- ☐ wollen die Physiker zum Wohle der Menschheit im Irrenhaus bleiben.
- ☐ wird klar, dass Dr. Mathilde von Zahnd in Wahrheit wahnsinnig ist.
- ☐ befiehlt König Salomo Möbius, sich und die anderen Physiker zu töten.
- ☐ offenbart sich Dr. von Zahnds Plan, die Weltherrschaft an sich zu reißen.

## Zusammenfassung der Handlung

In der folgenden Tabelle findest du Zusammenfassungen der einzelnen Lese-Etappen des Dramas. Lies die Zusammenfassungen und bearbeite danach die Aufgaben.

*Die Seitenzahlen beziehen sich auf folgende Textausgabe:*
*Friedrich Dürrenmatt: Die Physiker. Eine Komödie in zwei Akten. Neufassung 1980. Diogenes Verlag 1998, Zürich.*

### Erster Akt

#### Lese-Etappe 1: S. 11–18

Es ist etwa halb fünf nachmittags an einem sonnigen Novembertag. In der privaten Nervenheilanstalt „Les Cerisiers“ wurde eine Krankenschwester erdrosselt. Polizisten untersuchen die Leiche und den Tatort, den Salon einer alten Villa, die als Unterbringung für drei Patienten dient. Der Kriminalinspektor Richard Voß ermittelt in diesem Fall und befragt Oberschwester Marta Boll. Diese weist ihn im Laufe des Gesprächs mehrfach darauf hin, dass man bei Kranken nicht von Mördern oder Mord sprechen könne. Von ihr erfährt der Inspektor schließlich, dass es sich bei dem Opfer um die 22-jährige Irene Straub handelt. Täter war Ernst Heinrich Ernesti, der sich für den Physiker Einstein hält und daher auch so genannt wird. Dies ist schon der zweite Mord in der Anstalt innerhalb von drei Monaten. Im August wurde bereits Schwester Dorothea Moser am gleichen Ort und in ähnlicher Weise von Herbert Georg Beutler, der sich für den Physiker Newton hält, getötet.
Als Inspektor Voß mit dem Täter sprechen möchte, erklärt ihm Oberschwester Marta, dass dies im Augenblick nicht möglich sei, da er gerade Geige spiele, um sich zu beruhigen. Auch die Chefärztin Fräulein Dr. Mathilde von Zahnd sei derzeit nicht zu sprechen, da sie Ernesti auf dem Klavier begleiten müsse. Der Inspektor hat zwar nur wenig Verständnis dafür, ihm bleibt aber angesichts des Krankheitszustandes des Täters nichts anderes übrig, als geduldig auf die beiden zu warten.
Unterdessen haben die Polizeibeamten die Untersuchungen abgeschlossen, sodass die Leiche fortgeschafft werden kann. Oberschwester Marta zeigt ihnen den Weg in die Kapelle.

#### Lese-Etappe 2: S. 18–24

Der Patient Herbert Georg Beutler betritt den Salon mit einer Perücke und einem Kostüm aus dem frühen 18. Jahrhundert. Er stellt sich Inspektor Voß als Sir Isaac Newton vor und erkundigt sich nach dem Grund für die ungewöhnlichen Geräusche. Voß setzt ihn daraufhin mit knappen Worten über den Mord an der Krankenschwester in Kenntnis. Newton bedauert sowohl den Täter als auch das Opfer und räumt den Salon auf. Er erklärt Voß, dass er die Unordnung nicht ertrage und Physiker geworden sei, um die scheinbare Unordnung der Natur auf eine höhere Ordnung zurückzuführen.
Als sich Beutler eine Zigarette anzündet, will der Inspektor es ihm gleichtun. Dieser klärt ihn jedoch darüber auf, dass für Patientinnen und Patienten andere Regeln gelten würden als für Besucher*innen. Auf Beutlers eigenen Mord angesprochen, bestreitet er, dass dieser mit Einsteins aktuellem Fall vergleichbar sei, da er, Newton, schließlich nicht verrückt sei. Er verrät dem Inspektor zudem das Geheimnis, dass er in Wahrheit Albert Einstein sei, sich aber als Newton ausgebe, um Ernesti nicht zu verwirren.
Beutler will von Voß wissen, ob er ihn aufgrund des Mordes an der Krankenschwester oder seines wissenschaftlichen Beitrags zur Atombombe verhaften wolle. Er rechtfertigt seine Arbeit als theoretischer Physiker und schiebt den Technikern, die auf Grundlage der Theorien Erfindungen wie die Atombombe entwickeln, die Verantwortung zu. Er wirft Voß vor, ihn ungerechter Weise deswegen verhaften zu wollen, und argumentiert, warum sich der Inspektor selbst verhaften solle. Schließlich geht Beutler zurück in sein Zimmer. Der Inspektor wartet weiterhin auf die Chefärztin und schickt den Polizisten Blocher und seine Kollegen zurück in die Stadt. Er selbst will später nachkommen.

### Lese-Etappe 3: S. 24–31

Fräulein Dr. Mathilde von Zahnd, die Inhaberin und Chefärztin des Sanatoriums, kommt aus Einsteins Zimmer in den Salon. Dieser hat sich mittlerweile durch das Geigenspiel beruhigt. Im Gespräch mit der Ärztin erwähnt der Inspektor, dass Beutler sich ebenfalls für Einstein hält. Von Zahnd erklärt Voß daraufhin, dass Beutler das zwar überall verbreitet, er sich in Wahrheit aber doch für Newton halte.
Laut Voß sind Regierung und Staatsanwalt angesichts der beiden „Unglücksfälle" in der Heilanstalt besorgt. Der Inspektor kritisiert auch die offenbar ungenügenden Sicherheitsmaßnahmen. Von Zahnd wiegelt jedoch ab, indem sie ihn darauf hinweist, dass sie eine Heilanstalt und kein Zuchthaus (Gefängnis mit verschärften Haftbedingungen) leite.
Kurz zeigt sich der Täter Ernst Heinrich Ernesti, alias Einstein, zieht sich aber gleich wieder auf sein Zimmer zurück, ehe der Kriminalbeamte ihn befragen kann.
Im weiteren Gespräch deutet Dr. von Zahnd an, dass sie sich das Verhalten der beiden Patienten medizinisch nicht erklären könne und daher einen Zusammenhang mit deren Arbeit mit radioaktiven Stoffen vermute. Der dritte Patient in diesem Gebäude hatte aber nichts mit Radioaktivität zu tun, weshalb die Ärztin in ihm keine Gefahr sieht. Dennoch gibt sie der Forderung des Staatsanwalts nach, die Schwestern gegen männliche Pfleger zu ersetzen.
Nachdem Voß gegangen ist, bringt Oberschwester Marta Dr. von Zahnd die Krankenakte des Patienten Möbius. Die Leiterin der Heilanstalt informiert die Oberschwester darüber, dass ab dem nächsten Tag männliche Pfleger die Betreuung der drei Physiker übernehmen werden. In diesem Gespräch erfährt man auch, dass einige Verwandte von Dr. von Zahnd in der Heilanstalt leben.

### Lese-Etappe 4: S. 31–43

Lina Rose ist in die Heilanstalt gekommen, um ihren Ex-Mann Möbius gemeinsam mit ihrem neuen Mann, Missionar Oskar Rose, und den drei Söhnen Jörg-Lukas, Adolf-Friedrich und Wilfried-Kaspar zu besuchen. Möbius soll seine Söhne kennenlernen, bevor Familie Rose auf die Marianen übersiedelt, wo Herr Rose eine Missionsstation übernehmen wird. Frau Rose erkundigt sich bei Fräulein Dr. von Zahnd nach Möbius' Gesundheitszustand und erfährt, dass dieser unverändert in seiner eigenen Welt lebt und noch immer behauptet, dass ihm König Salomo erscheint. Frau Rose erzählt daraufhin, wie sie Johann Wilhelm Möbius kennengelernt hat und sich für seine wissenschaftliche Karriere sowie den teuren Aufenthalt in der Heilanstalt aufgeopfert hat. Da ihr neuer Mann jedoch nicht viel verdient und sechs eigene Söhne in die Ehe mitbringt, kann sie nicht mehr für Möbius' Pflege in diesem Sanatorium aufkommen. Die Leiterin der Anstalt verspricht jedoch, sich um die Kostenübernahme zu kümmern, sodass Möbius bleiben kann.
Mathilde von Zahnd holt Möbius aus seinem Zimmer und lässt die Familie bald darauf allein. Möbius scheint seine Ex-Frau zunächst nicht zu erkennen, erinnert sich dann aber doch an sie. Lina stellt Möbius seine drei Söhne vor. Diese nennen ihre Namen und Berufswünsche. Als der Jüngste, Jörg-Lukas, erwähnt, dass er einmal Physiker werden möchte, ist Möbius bestürzt und verbietet es ihm mit dem Hinweis auf seinen eigenen Zustand.
Die drei Kinder spielen ihrem Vater etwas auf ihren Blockflöten vor. Darauf reagiert Möbius allerdings ungehalten. Aufgebracht zitiert er einen Psalm Salomos über Weltraumfahrer und deren tödliches Schicksal. Er steigert sich immer weiter in seinen Vortrag hinein und verscheucht die schockierte Familie wütend.

### Lese-Etappe 5: S. 43–53

Schwester Monika hat Möbius' Tobsuchtsanfall mitbekommen, durchschaut aber, dass sein Wahnsinn nur gespielt ist. Er offenbart ihr, dass er seiner Familie damit den Abschied für immer erleichtern will. Er behauptet jedoch weiterhin, dass ihm König Salomo erscheint. Sie glaubt ihm und beide gestehen sich gegenseitig ihre Liebe.
Als Einstein kurz in den Salon kommt, erzählt er den beiden, dass auch er und Schwester Irene sich geliebt hätten und sie mit ihm ein Leben außerhalb der Anstalt aufbauen wollte. Er hatte versucht, sie fortzuschicken, doch sie tat es nicht, woraufhin er sie erdrosselte. Er rät Schwester Monika daher dringend, auf ihren Geliebten zu hören und zu fliehen.
Möbius drängt Monika zur Flucht, doch sie will bei ihm bleiben und hat schon ihre gemeinsame Zukunft wie auch seine wissenschaftliche Karriere geplant. Noch am selben Abend will sie mit ihm die Heilanstalt verlassen. Sie beginnt daher, Möbius' Habseligkeiten zu packen, und holt seine wissenschaftlichen Manuskripte aus seinem Zimmer. Möbius bittet sie kurz zu sich und erdrosselt sie. Als Newton kurz in den Salon kommt, gesteht Möbius ihm, dass er Schwester Monika Stettler getötet hat.

## Zweiter Akt

### Lese-Etappe 6: S. 54–57

Eine Stunde nach dem Mord untersuchen Polizisten wieder den Tatort und die Leiche. Als Inspektor Voß die Leiterin der Heilanstalt zur Tat befragt, muss er sie dieses Mal immer wieder darauf hinweisen, nicht von Mord und Mördern zu sprechen. Den Täter, Möbius, will Voß gar nicht sehen. Ihn und die anderen Täter überlässt er Fräulein Dr. von Zahnd. Diese fürchtet durch den dritten Unglücksfall in ihrer Anstalt um ihren medizinischen Ruf und ihre Karriere. Während der polizeilichen Ermittlungen bereiten drei riesenhafte Pfleger, die als Ersatz für die toten Krankenschwestern eingestellt wurden, das Abendessen für die Patienten vor.

### Lese-Etappe 7: S. 58–61

Als die Polizisten die Leiche nach draußen bringen wollen, stürzt Johann Wilhelm Möbius in den Salon. Fräulein Dr. von Zahnd stellt ihn daraufhin zur Rede und will wissen, warum er Schwester Monika getötet habe. Dieser rechtfertigt seine Tat, indem er behauptet, König Salomo habe es ihm befohlen. Sichtlich mit den Nerven am Ende zieht sich die Leiterin des Sanatoriums zurück.
Nachdem auch die Polizisten und der Gerichtsmediziner den Salon mit der Leiche verlassen haben, bittet Möbius Kriminalinspektor Voß, ihn festzunehmen. Dieser tut es jedoch nicht, da er auch den vermeintlichen Auftraggeber, König Salomo, nicht in Gewahrsam nehmen könne. Voß erklärt dem Physiker, dass er geradezu erleichtert sei, ihn, Newton und Einstein nicht verhaften zu müssen, da die Gerechtigkeit in diesem Fall offenbar Urlaub mache und er selbst auch eine Pause brauche. Gut gelaunt verabschiedet sich der Inspektor von Möbius und geht.

### Lese-Etappe 8: S. 61–78

Newton kommt zum Abendessen in den Salon und verwickelt Möbius in ein Gespräch. Darin gesteht er ihm, dass er gar nicht verrückt ist, sondern sich in die Anstalt eingeschlichen hat, um ihn im Auftrag eines ausländischen Geheimdienstes auszuspionieren. Dieser hält Möbius nicht für geisteskrank, sondern für den bedeutendsten Physiker der Zeit, weshalb er auch entführt werden soll. Newton offenbart, dass sein wahrer Name Alec Jasper Kilton lautet, er tatsächlich Physiker ist, er jetzt aber für einen Geheimdienst arbeitet und er sich die deutsche Sprache erst beibringen musste. Er hat Schwester Dorothea getötet, weil sie der Wahrheit auf der Spur war und er mit dem Mord seine Verrücktheit bestätigen konnte.
Während Newtons Geständnis schleicht sich Einstein unbemerkt in den Salon. Auch er gesteht, dass er nicht verrückt, sondern Mitglied eines anderen Geheimdienstes ist. Er heißt Joseph Eisler und ist ebenfalls Physiker. Kurz bedrohen sich Kilton (Newton) und Eisler (Einstein) mit Revolvern, doch sie sehen schnell ein, dass ein Duell sinnlos ist. Beide geben zu, auf das Spiel des jeweils anderen hereingefallen zu sein und geglaubt zu haben, dass der andere tatsächlich verrückt ist. Eisler erklärt, dass Schwester Irene sterben musste, weil sie Verdacht geschöpft hatte und seine Mission damit gefährdet war. Möbius vermutet, dass Eisler ebenfalls den Auftrag hat, ihn für seinen Geheimdienst zu entführen.
Während die drei Physiker zu Abend essen, vergittern die Pfleger die Fenster. Die Patienten sind nun eingesperrt und können das Haus nicht mehr verlassen. Für eine Flucht müssten sie zusammenarbeiten, doch Möbius möchte in der Anstalt bleiben. Newton will ihn überzeugen, dass geniale Wissenschaftler*innen ihre Erkenntnisse der Allgemeinheit zugänglich machen müssen, und lockt ihn mit dem Nobelpreis. Möbius hat bahnbrechende wissenschaftliche Theorien entwickelt und weiß, welche schrecklichen Auswirkungen es haben könnte, sollten diese in falsche Hände geraten. Um an Möbius' Manuskripte zu gelangen, holen Einstein und Newton wieder ihre Waffen hervor. Bevor es jedoch zur Schießerei kommt, gesteht Möbius, dass er die Dokumente inzwischen verbrannt hat.
Im darauffolgenden Gespräch wird klar, wie unfrei und durch ihre Regierungen beeinflusst die Physiker auf beiden politischen Seiten sind, was Möbius in seiner Entscheidung, sich ins Irrenhaus zurückzuziehen, bestärkt. Er hat sein altes Leben hinter sich gelassen, weil er sich als Wissenschaftler in der Verantwortung sieht, dafür zu sorgen, dass seine Erkenntnisse nicht missbraucht werden. Möbius schlägt daher auch vor, dass Kilton und Eisler ihre Geheimdienste informieren, dass Möbius doch verrückt ist, und sie dann gemeinsam mit ihm in der Anstalt bleiben. Im Irrenhaus könnten sie noch frei denken, wohingegen ihre Gedanken draußen gefährlich wären. Anfangs zögern sie noch, doch als Möbius die beiden ermahnt, dass die Morde an den Krankenschwestern sonst sinnlos gewesen wären, stimmen sie seinem Vorschlag zu. Sie stoßen auf die drei toten Schwestern an und kehren in ihre Zimmer zurück.

**Lese-Etappe 9: S. 78–85**

Fräulein Doktor von Zahnd lässt von den Pflegern Sievers, McArthur und Murillo das Porträt im Salon gegen ein anderes austauschen und die drei Physiker aus ihren Zimmern holen. Diese spielen wie miteinander verabredet weiterhin die Verrückten. Als Dr. von Zahnd jedoch die beiden Geheimagenten mit ihren wahren Namen anspricht, wollen sie ihre Revolver ziehen, werden aber von den Pflegern entwaffnet. Das Gespräch der drei wurde abgehört, sodass die Leiterin der Anstalt auch von den Geheimsendern der beiden Agenten weiß. Sie befiehlt den Pflegern, diese zu holen, und schickt sie dann fort.
Mathilde von Zahnd bleibt allein mit den drei Physikern zurück und offenbart ihnen ihr schockierendes Geheimnis: Sie behauptet, König Salomo erscheine ihr seit Jahren und habe ihr befohlen, den Verräter Möbius als Herrscher der Welt zu ersetzen. Über die Jahre hinweg habe sie heimlich Möbius' Aufzeichnungen kopiert und mit seinen Erfindungen Unternehmen gegründet und daraus Kapital geschlagen. Sie habe die Krankenschwestern auf die Physiker angesetzt und die Morde an ihnen provoziert, damit die drei vor der Welt als Mörder und Wahnsinnige gelten. Mithilfe von Möbius' Erkenntnissen will sie die Herrschaft über die Welt und das Weltall übernehmen.
Nach ihrem Geständnis verlässt sie den Salon gemeinsam mit Sievers, den sie kurz zu sich ruft und der in Wahrheit der Chef ihrer Werkpolizei ist, und lässt die Physiker allein zurück.

**Lese-Etappe 10: S. 85–87**

Nacheinander bekennen sich die drei Physiker zu ihren Rollen: Kilton stellt sich dem Publikum ausführlich als Sir Isaac Newton, Eisler als Professor Albert Einstein und Möbius als der arme König Salomo, der über eine radioaktiv verseuchte Erde herrscht, vor. Nach ihren Schlussmonologen gehen sie jeweils in ihre Zimmer zurück.

Übung 20

1. Ordne folgende Vorschläge für **Überschriften** den einzelnen **Zusammenfassungen der Lese-Etappen** (vgl. S. 60–63) zu und trage sie vor jeder Zusammenfassung in die graue Zeile ein. Schreibe die jeweilige Überschrift danach auch zu Beginn der jeweiligen Lese-Etappe in dein Buch.

| | | |
|---|---|---|
| Gespräch zwischen Inspektor Voß und Newton | Schlussmonologe der drei Physiker | Besuch von Familie Rose |
| Gespräche zwischen Dr. von Zahnd und Inspektor Voß bzw. der Oberschwester | Die „schlimmstmögliche Wendung"/ Fräulein Dr. von Zahnds Geständnis | |
| Liebe und Mord / Mord an Schwester Monika | Ermittlungen im Mordfall Monika | Klärendes Gespräch zwischen den drei Physikern |
| Die Gerechtigkeit macht Urlaub/ Gespräche zwischen Voß und Dr. von Zahnd bzw. Möbius | Voß' Ermittlungen bei Einsteins Mord/ Gespräch zwischen Inspektor Voß und Oberschwester Marta | |

2. Unterstreiche in der Zusammenfassung der Lese-Etappen (vgl. S. 60–63) jeweils die handelnden Figuren in jedem Abschnitt.

## Figuren und Figurenkonstellation

**Übung 21**

1. Die Abbildung zeigt dir noch einmal auf einen Blick, welche Figuren im Drama „Die Physiker“ eine Rolle spielen und in welcher Beziehung sie zueinander stehen.
   a) Sieh dir aufmerksam an, welche Informationen vorgegeben sind, und trage dann die Namen der Figuren in die passenden Kästchen ein.
   b) Kennzeichne danach diejenigen Figuren mit einem kleinen Kreuz, die nicht mehr am Leben sind.

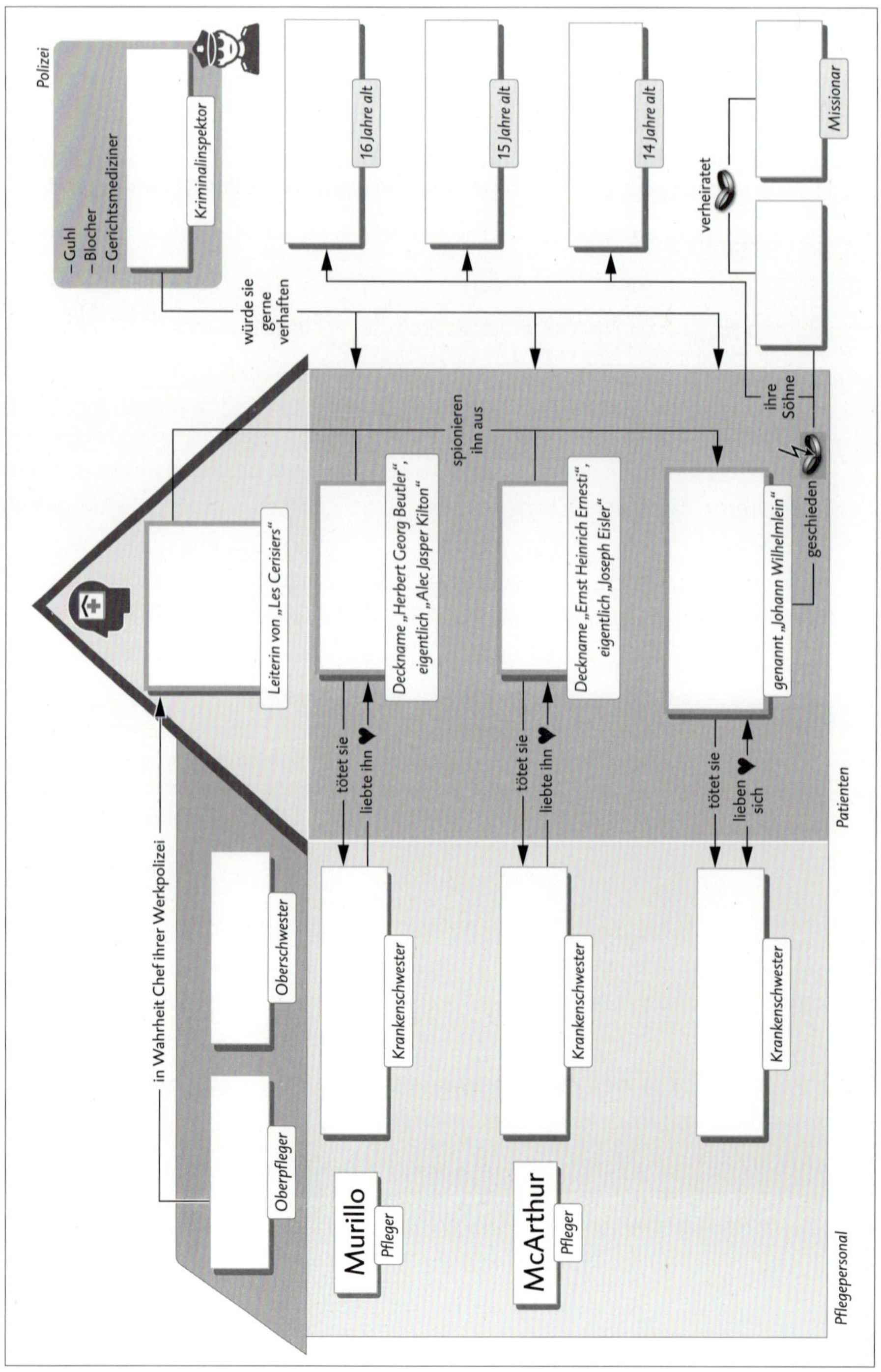

2. Trage ein, auf welche Figur des Dramas die jeweilige Aussage zutrifft.

| Figur | Aussage |
|---|---|
| | Er gibt vor, verrückt zu sein, damit seine wissenschaftlichen Erkenntnisse nicht in falsche Hände geraten. |
| | Sie war Krankenschwester, 22 Jahre alt, Landesmeisterin des nationalen Judoverbandes, stammte aus Kohlwang, hatte einen Bruder in der Ostschweiz und wurde von ihrem Geliebten Ernesti an einem Novembernachmittag mit der Schnur einer Stehlampe erdrosselt. |
| | Sie ist ca. 55 Jahre alt, bucklig, unverheiratet, unfruchtbar und entstammt einer Adelsfamilie. Sie ist die Leiterin des privaten Sanatoriums „Les Cerisiers“, in dem auch viele aus ihrer Verwandtschaft betreut werden. |
| | Sie war Krankenschwester, strohblond, Mitglied des Damenringvereins und liebte ihren Patienten Beutler. Von diesem wurde sie am 12. August mit einer Vorhangkordel erdrosselt. |
| | Er ist 14 Jahre alt, Möbius' jüngster Sohn und möchte Physiker werden. |
| | Sie ist Oberschwester in der Heilanstalt und verbessert Inspektor Voß mehrfach, wenn er von den Kranken als Mörder spricht und ihre Taten als Mord bezeichnet. |
| | Er hat die Weltformel entdeckt und wird von verschiedenen Geheimdiensten für den genialsten Physiker der Welt gehalten, weshalb er ausspioniert und entführt werden soll. |
| | Sie ist wahnsinnig und glaubt, dass ihr König Salomo befohlen hat, über die Welt und das Weltall zu herrschen. |
| | Er ist 16 Jahre alt, Möbius' ältester Sohn und möchte Pfarrer werden. |
| | Sie ist 25 Jahre alt, Krankenschwester, stammt aus Blumenstein und liebt ihren Patienten Möbius. Diesen hält sie nicht für verrückt und glaubt ihm, dass ihm König Salomo erscheint. Sie wird von ihm mit einer Vorhangkordel erdrosselt. |
| | Alle glauben, dass er Ernst Heinrich Ernesti heißt und im Irrenhaus ist, weil er sich für Einstein hält. In Wahrheit ist er Physiker, der Entdecker des Eisler-Effekts und arbeitet als Geheimagent. |
| | Er raucht und trinkt gern und ermittelt in drei Mordfällen in der Heilanstalt. |
| | Er gibt vor, Oberpfleger in Dr. von Zahnds Heilanstalt zu sein, ist in Wahrheit aber Chef ihrer Werkpolizei. |
| | Er will aufgrund einer neuen Arbeitsstelle als Missionar mit seiner neuen Frau und den Söhnen auf die Marianen übersiedeln. |
| | Er ist 15 Jahre alt, Möbius' mittlerer Sohn und will Philosophie studieren. |
| | Alle glauben, dass er Herbert Georg Beutler heißt und im Irrenhaus ist, weil er sich für Newton hält. Er behauptet aber, in Wirklichkeit Einstein zu sein und sich nur als Newton auszugeben, um Ernesti nicht zu verwirren. In Wahrheit ist er Physiker, der Begründer der Entsprechungslehre und arbeitet als Geheimagent. |
| | Sie ist Möbius' geschiedene Ehefrau und hat mit ihm drei Söhne. Sie erzählt, dass sie sich früher für seine Karriere und seine Unterbringung in der teuren Anstalt aufgeopfert hat. |

## Aufgaben zum Textverständnis

Bearbeite folgende **Aufgaben zum Textverständnis**, wie sie dir in ähnlicher Weise auch in der Prüfung begegnen könnten. Hier erhältst du allerdings noch Tipps und Hilfestellungen zur Umsetzung. Achte bei der Bearbeitung der Aufgaben insbesondere auf die in der Aufgabenstellung vorkommenden **Operatoren**.

Tipp

**Was sind Operatoren?**

Operatoren sind „handlungsleitende Verben" und sollen deutlich machen, welche konkrete Handlung bei einer Aufgabenstellung von dir verlangt wird. Dadurch wird dir z. B. klar, ob eine stichwortartige Darstellung, eine ausführliche Textvariante oder ein schlichter Antwortsatz erwartet wird. Folgende Operatoren solltest du z. B. kennen:

- **nennen:** Du sollst z. B. Begriffe, Gegenstände oder Sachverhalte aufzählen oder zuordnen.
- **erklären:** Hier musst du Sachverhalte in einen Zusammenhang stellen und begründen oder zu Schlussfolgerungen kommen.
- **beschreiben:** Hier müssen z. B. Personen, Situationen oder Sachverhalte in eigenen Worten dargestellt werden.
- **begründen:** Es geht darum, z. B. eine Position oder Vermutung durch Argumente (mit Belegen und Beispielen) zu stützen.
- **charakterisieren:** Du sollst z. B. Personen und ihre Eigenschaften darstellen.

Übung 22

1. **Nenne** vier Gemeinsamkeiten von Möbius, Einstein und Newton.

   a) Lies dir zuerst die Oberbegriffe in der linken Spalte durch und trage dann stichpunktartig in die rechte Spalte ein, was die drei Figuren im Hinblick auf den jeweiligen Oberbegriff gemeinsam haben. Ergänze gegebenenfalls weitere Gemeinsamkeiten, wenn dir noch welche einfallen.

| Oberbegriff | Gemeinsamkeiten |
|---|---|
| Geschlecht | |
| Beruf | |
| Wohnort | |
| Art der Tarnung | vorgespielte geistige Erkrankung |
| Liebe/Partnerschaft | |
| Straftat | |
| | |
| | |
| | |

   b) Formuliere nun auf Grundlage der Tabelle aus Teilaufgabe a vier vollständige Antwortsätze. (→ Heft)

2. „EINSTEIN Seien Sie vernünftig, Schwester Monika. Gehorchen Sie Ihrem Geliebten und fliehen Sie! Sonst sind Sie verloren.“ (S. 48)

**Erkläre**, wovor Einstein Schwester Monika warnt und woher er von der Gefahr, in der sie schwebt, wissen kann.

a) Suche nach der angegebenen Textstelle im Buch und lies sie noch einmal. Überfliege auch die Seiten davor und danach, damit du weißt, in welchem Zusammenhang Einstein dies zu Schwester Monika sagt.

b) Setze die folgenden Teilsätze so zusammen, dass daraus ein passender Lösungstext zur Aufgabe entsteht. (→ Heft)

| | | |
|---|---|---|
| Auch er hatte Schwester Irene, die ihn liebte, vor der drohenden Gefahr gewarnt | Wenn Schwester Monika nicht flieht, | |
| und wollte sie wegschicken. | Einstein ahnt offenbar, | wenn sie nicht flieht. |
| dass ihn die Situation mit Schwester Monika an seinen eigenen Mord an Schwester Irene erinnert. | dass es Schwester Monika ähnlich wie Schwester Irene ergehen könnte | |
| und sie von ihrem Geliebten getötet wird, | droht ihr das gleiche Schicksal. | und wurde daher von ihm getötet. |
| Seine Ahnung rührt sicherlich daher, | Sie weigerte sich aber zu fliehen | |

3. **Beschreibe**, wie sich Dr. von Zahnds Verhalten im Laufe der Handlung verändert. Gehe dabei auf drei unterschiedliche Situationen ein.

a) Ergänze die fehlenden Seitenzahlen in der Auflistung von Situationen, in denen man etwas über Dr. von Zahnds Verhalten und ihre Charaktereigenschaften erfährt.

- Im Gespräch zwischen Marta Boll und dem Inspektor erfährt man, dass Dr. von Zahnd mit den Patienten Newton und Einstein Schach spielt bzw. musiziert, damit sich diese nach ihren Morden beruhigen können (vgl. S. ________).
- Dr. von Zahnd bestimmt, für wen sich ihre Patienten halten, also über ihre Identität, und behauptet, die Patienten besser zu kennen als sie sich selbst (vgl. S. ________).
- Sie erklärt dem Inspektor, dass sie die Patientinnen und Patienten sortiert und z. B. die Millionärinnen zu den Millionärinnen und die Physiker zu den Physikern steckt (vgl. S. ________).
- Als Möbius ihr gegenüber behauptet, König Salomo habe ihm den Mord an Schwester Monika befohlen, erbleicht sie und zieht sich mit einem Verweis auf ihre Nerven zurück (vgl. S. ________).
- Dr. von Zahnd offenbart den drei Physikern, dass ihr König Salomo erscheint und sie mithilfe von Möbius’ Manuskripten, die sie im Laufe der Zeit heimlich kopiert hat, die Herrschaft über die Welt und das Weltall übernehmen will (vgl. S. 82–________).

b) Wähle nun drei Situationen aus der Liste aus und formuliere mit ihrer Hilfe einen Antworttext. (→ Heft)

**Hinweis:** Achte darauf, nicht nur die Situationen, sondern vor allem Dr. von Zahnds verändertes Verhalten zu beschreiben.

4. **Begründe**, warum Möbius sich in eine psychiatrische Heilanstalt zurückgezogen hat und dort für immer bleiben möchte. Belege deine Aussagen mithilfe von zwei Zitaten.

a) Zitiere Textstellen, in denen Möbius sich darüber äußert, …

- dass er in der Heilanstalt bleiben möchte,
- warum er den Wahnsinnigen spielt und
- warum seine Erkenntnisse so gefährlich sind.

Trage die Zitate in die Sprechblasen ein.

b) Formuliere nun mithilfe der gesammelten Zitate einen Antworttext zu Aufgabe 4, der mindestens zwei Zitate enthält. (→ Heft)

5. **Charakterisiere** Monika Stettler. **Belege** deine Aussagen am Text. (5 Aspekte)

a) Überfliege zuerst die Szenen, in der Monika Stettler auftritt (S. 43–53) und in der nach dem Mord kurz über sie gesprochen wird (S. 54/55).

b) Ordne den Zitaten in der linken Spalte der Tabelle jeweils die passenden Beschreibungen aus dem Wortspeicher zu.

**Hinweis:** Einige Eigenschaften lassen sich direkt aus den Zitaten herauslesen, andere musst du daraus ableiten.

> ist gut in ihrem Job • ist 25 Jahre alt • ist allein • ist vorausschauend planend • macht sich mehr Sorgen um andere als um sich selbst • stammt aus Blumenstein • ist verständnisvoll und einfühlsam • ist sparsam • weiß genau, was sie will • ist entschlossen und kämpferisch • will sich für Möbius aufopfern • liebt Möbius • glaubt an die Erscheinungen König Salomos • ist schamlos • will Möbius heiraten • arbeitet als Krankenschwester, hasst den Beruf aber • klammert sich an Möbius

| **Zitate** | **Monikas Eigenschaften** |
|---|---|
| „[I]ch glaube an dieses Wunder. […] An den König Salomo. […] Und wenn Sie erzählten, auch noch der König David erscheine Ihnen mit seinem Hofstaat, würde ich es glauben." (S. 46) | |
| „Ich fürchte nicht für mich, ich fürchte für Sie." (S. 46/47) | |
| „Ich will mit Ihnen schlafen, ich will Kinder von Ihnen haben." (S. 49) | |
| „SCHWESTER MONIKA […] Ich hasse meinen Beruf!" (S. 49) | |
| „Ich will für meinen Geliebten dasein. Für Sie. Ich will alles tun, was Sie von mir verlangen […]!" (S. 50) | |
| „Ich habe doch auch niemanden mehr auf der Welt als Sie! Ich bin doch auch allein!" (S. 50)<br>„INSPEKTOR Angehörige?<br>FRL. DOKTOR Keine." (S. 55) | |
| „Ich sprach mit Fräulein Doktor von Zahnd. […] Wir dürfen heiraten. […] Ich habe den Posten einer Gemeindeschwester […] angenommen. Ich habe gespart." (S. 51) | |
| „[D]ie Weisheit des Himmels wurde dir zuteil. Nun hast du den Weg zu gehen […], er führt in den Kampf. Ich bin da, dir zu helfen, mit dir zu kämpfen […]." (S. 52) | |
| „INSPEKTOR Alter?<br>FRL. DOKTOR Fünfundzwanzig. Aus Blumenstein." (S. 55) | |
| „FRL. DOKTOR […] Monika Stettler war meine beste Pflegerin. Sie verstand die Kranken. Sie konnte sich einfühlen." (S. 55) | |

c) Formuliere nun mithilfe der Tabelle aus Teilaufgabe b einen vollständigen Antworttext zu Aufgabe 5. Gehe dabei auf mindestens fünf unterschiedliche Eigenschaften ein und belege sie mithilfe entsprechender Textverweise. (→ Heft)

## Produktive Schreibaufgabe

Übung 23

1. Untersuche die folgenden vier Texte bzw. Textauszüge, die als Lösung zu produktiven Schreibaufgaben entstanden sind. Beantworte zu jedem Textauszug die folgenden Fragen. (→ Heft)
   a) Welche Textsorte wurde hier umgesetzt? Woran kannst du das erkennen?
   b) Aus Sicht welcher Figur wurde der Text verfasst bzw. wer äußert sich hier?
   c) An welcher Stelle der Handlung setzt die Schreibaufgabe vermutlich ein? Nenne die entsprechende Situation und gib, wenn möglich, auch die Seitenzahl an.

Text 1

Die machen mich alle fertig! Es kann ja wohl nicht sein, dass ich wie ein Bittsteller warten muss, bis ich mit der Chefärztin oder dem Mörder sprechen darf! – Oh, Verzeihung, Frau Oberschwester, ich meine natürlich „dem Täter". „Täter", „Unglücksfall", „kranker Mensch" … Dass ich nicht lache! Der Kerl hat einen Mord begangen und sollte auch so behandelt werden! Aber nein, das kann man aus ärztlicher Sicht ja nicht zulassen. Die Mörder werden stattdessen verhätschelt, damit sich diese „armen Menschen" beruhigen können … Da wird man ja selbst ganz verrückt! Wie soll ich bitte mit dieser verzwickten Situation umgehen? Wie in einem normalen Mordfall? Das geht nicht. Aber wie dann?

Text 2

Liebe Lina, liebe Kinder,
ich weiß, ich habe mich bei eurem Besuch fürchterlich verhalten. Ich wollte euch damit den Abschied für immer erleichtern. Durch mein wahnsinniges Betragen solltet ihr mich guten Gewissens vergessen können. Die Verantwortung zwang mir diesen Weg leider auf. Doch das Opfer, sich ins Irrenhaus zurückzuziehen und euch allein zu lassen, war umsonst. Es gibt daher keinen Grund mehr, warum ich euch die Wahrheit vorenthalten sollte. Ich habe behauptet, König Salomo erscheine mir, weil ich mein Wissen zurücknehmen wollte. Ich habe die Narrenkappe gewählt, damit meine wissenschaftlichen Erkenntnisse nicht an die Öffentlichkeit gelangen und die Menschheit nicht zugrunde geht. Doch alles war umsonst, meine Manuskripte sind jetzt in die völlig falschen Hände geraten. Das Unheil ist nicht mehr abzuwenden. Hoffentlich seid ihr auf den fernen Marianen noch lange davor geschützt. Ihr sollt auch wissen, dass es mir unsagbar leidtut, wie ich mich euch gegenüber verhalten habe und was ihr wegen mir erleiden musstet. Ich bin froh, dass ihr mit Oskar einen braven Ehemann und tüchtigen Vater gefunden habt. Ich wünsche euch nur das Beste für die Zukunft.

Euer Johann Wilhelmlein und Papi

Text 3

OBERSCHWESTER: Aber Fräulein Doktor, „Les Cerisiers" ist doch eine Heilanstalt und kein Zuchthaus.

FRL. DOKTOR *(verständnisvoll)*: Das weiß ich doch, Oberschwester. Ich möchte auch nicht, dass unsere Patienten das Gefühl bekommen, man würde sie einsperren und von Pflegern bewachen lassen. Aber der Staatsanwalt verlangt für die Physiker nun einmal kategorisch Pfleger.

OBERSCHWESTER: Aber ist es wenigstens möglich, dass ich die Oberaufsicht behalte? Die drei Physiker sind meine interessantesten Fälle: ihre Wahnvorstellungen, ihre gespaltenen Persönlichkeiten, ihre an sich liebenswerte Art und nun die medizinisch unerklärlichen Unglücksfälle. Faszinierend!

FRL. DOKTOR *(entschieden)*: Nein! Ich kann mir keinen weiteren Vorfall leisten, der mir die Polizei ins Haus bringt.

OBERSCHWESTER: Aber –

FRL. DOKTOR *(streng)*: Nein, kein „aber" mehr, Oberschwester! Mein Entschluss ist endgültig.

Text 4

Der Besuch bei Papi heute war fürchterlich: Es fing schon damit an, dass er Mami erst gar nicht erkannt hat. Ich konnte sehen, wie sehr es ihr wehtat. Zum Glück hat er sich dann doch recht schnell wieder erinnert.
Er schien aber auch nicht zu wissen, dass er drei Söhne hat. Damit er sich wenigstens in Zukunft an mich erinnert, habe ich ihm gesagt, dass ich wie er Physiker werden will. Er war aber richtig geschockt und hat es mir sogar verboten! Dabei hätte ich mir so gewünscht, dass er stolz auf mich ist!
Der Besuch endete aber noch schrecklicher. Als wir ihm zum Abschied etwas auf den Blockflöten vorgespielt haben, war er plötzlich wie von Sinnen. Er hat geschrien, dass wir im Namen König Salomos aufhören sollen, und hat lautstark einen grauenerregenden Psalm Salomos vorgetragen. Er hat uns richtig verscheucht und nachgeschrien, bis wir tatsächlich weinend geflüchtet sind. Es war so schrecklich! Jetzt will ich sicher nicht mehr so werden wie er. Am liebsten würde ich ihn vergessen, für immer …

2. Gestalte den Textinhalt aus **Text 4** so um, dass daraus ein Gespräch zwischen Jörg-Lukas und seinen Brüdern entsteht. (→ Heft)

   **Hinweis:** Oftmals unterscheiden sich die Textsorten nur durch Kleinigkeiten voneinander, z. B. ändern sich formale Elemente wie der Einstieg oder Schluss. Inhaltlich können sich die Texte aber durchaus ähneln.

   Die entsprechende Aufgabenstellung lautet wie folgt:

**Aufgabenstellung**

Jörg-Lukas ist schockiert über das Verhalten seines Vaters während des Familienbesuchs. Weil ihn die Ereignisse so stark aufwühlen, spricht er noch am selben Abend mit seinen Brüdern darüber.

Schreibe dieses Gespräch (mindestens 250 Wörter).

*So könnte das Gespräch beginnen:*

# Wahlteil B

Im **Wahlteil B** darfst du dich für **eine der drei** vorgegebenen Aufgaben entscheiden. Folgende Aufsatzarten stehen zur Wahl:

- Textgebunde dialektische Erörterung (Kap. 4)
- Textbeschreibung Lyrik (Kap. 5)
- Textbeschreibung Prosa (Kap. 6)

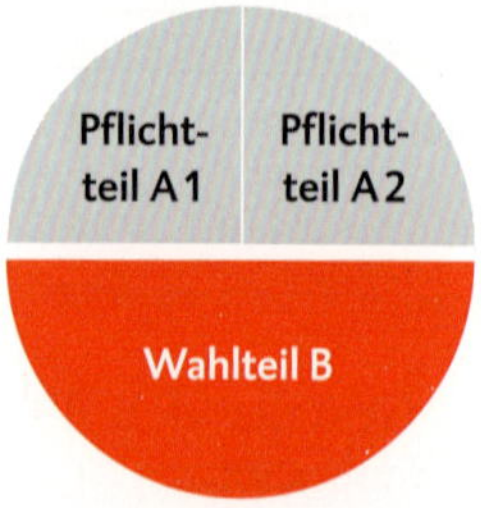


Für den Wahlteil kannst du insgesamt **50 Punkte**, also die Hälfte aller Punkte bekommen. Plane deshalb auch ungefähr die **Hälfte der Bearbeitungszeit** dafür ein (**120 Minuten** von 240 Minuten).

## 4 Textgebundene dialektische Erörterung

*Interaktive Aufgaben: Textgebundene dialektische Erörterung*

Die **textgebundene dialektische Erörterung** ist eine Aufsatzform, bei der du ein Thema kontrovers, also von zwei unterschiedlichen Seiten, erörterst und dabei Sachtexte, Grafiken usw. einbeziehen sollst. Du musst daher zuerst **Textarbeit** betreiben, um dich in das Thema einzuarbeiten und Informationen zu gewinnen. Anschließend sollst du einen klar strukturierten Aufsatz formulieren, in dem du die Leser*innen von deiner eigenen Meinung überzeugst.
Neben einem sinnvoll gegliederten Aufbau und stichhaltigen Argumenten ist hierbei auch eine sachliche, gehobene Sprache von besonderer Bedeutung.

In den folgenden Kapiteln kannst du dir alle Teile der Erörterung Schritt für Schritt erarbeiten.
Hier siehst du zunächst den Aufbau des Aufsatzes auf einen Blick:

**Auf einen Blick**

| **Aufbau einer textgebundenen dialektischen Erörterung** | |
|---|---|
| **Einleitung** | • Hinführung zum Thema<br>• Basisinformation zum Ausgangsmaterial<br>• Überleitung zum Hauptteil mit der Themenfrage |
| **Hauptteil** | • Antithese (Meinung, die du nicht vertrittst)<br>• Wendepunkt<br>• These (Meinung, die du vertrittst) |
| **Schluss** | • Zusammenfassung/Fazit<br>• Klare Positionierung<br>• Evtl. Ausblick oder Appell |

## 4.1 Lesen und Verstehen der Ausgangstexte

Für das Schreiben der textgebundenen Erörterung ist zuerst Vorarbeit nötig, da dir ein **Sachtext** und evtl. auch **weitere Materialien** wie Diagramme oder Schaubilder vorgegeben werden, die du für deine Erörterung heranziehen sollst. Du musst diese also zunächst **lesen und verstehen**. Wende dazu die üblichen Texterschließungsstrategien an (vgl. S. 2).

### Auswerten von Sachtexten

Lies den folgenden Text zunächst gründlich durch und wende dabei die Texterschließungsstrategien an, z. B.

- den Text in Sinnabschnitte gliedern,
- Zwischenüberschriften finden,
- Schlüsselbegriffe markieren.

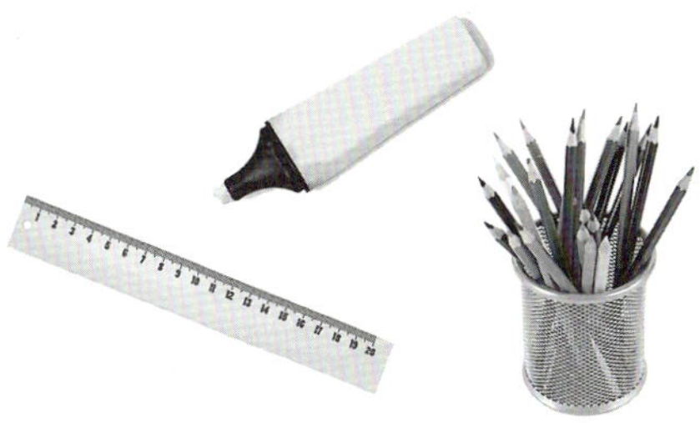

**Sachtext**

Material 1

**DENKEN & DISKUTIEREN**

# Viel zu verplant

*Zwischen Musikschule, Sportverein und Schachclub geraten viele Schüler heute in Freizeitstress. Langeweile? Ein Fremdwort. Doch Kinder brauchen Freiraum, um neue Kräfte zu tanken. Ein Plädoyer für mehr Müßiggang.*

Eine Sportart und ein Instrument! Über die Freizeitgestaltung unserer Kinder waren mein Mann und ich uns schon einig, da war ich noch nicht mal schwanger. Wie sich die Zeiten ändern: Vor ein paar Wochen habe ich bei der Musikschule die Kündigung eingereicht. Die Gitarre hat Feierabend. Es geht einfach nicht mehr – zu viel Freizeitstress. Irgendwo zwischen Fußballtraining, Musik- und Konfirmandenunterricht hat mein Sohn, 13, seine Freiheit verloren.

Nicht nur sein Leben, auch meines ist in Stress ausgeartet. Den Familienkalender fest im Blick, koordiniere ich die Termine meiner Kinder, drei an der Zahl, bin Sekretärin und Chauffeurin, Finanzier und Notfallapotheke, wenn nach einem langen Tag wieder mal der Kopf brummt. An manchen Sonntagen habe ich depressive Verstimmungen, wenn ich an die kommende Woche denke. Kann ich eigentlich mal aus dem Fenster schauen und meine Kinder einfach im Garten spielen sehen? Oder heißt es weiter: zack, zack, zack – auf zum nächsten Termin?

**Außerschulische Förderung heißt das gefährliche Zauberwort.**

Gut gemeintes Zusatzprogramm raubt vielen Kindern schon im Grundschulalter die Freiheit und presst ihren Alltag in Zeitpläne, wie sie sonst eher Manager kennen. Mit dem Wunsch, dem eigenen Kind die bestmögliche Ausbildung zukommen zu lassen, werden Mitgliedschaften in Sportvereinen abgeschlossen, Musikschulkurse gebucht oder andere Bildungseinrichtungen besucht.

*Fördert musikalische Erziehung nicht die Intelligenz von Kindern?*

Für jede einzelne Maßnahme lassen sich viele gute Argumente finden, und der Gedanke, Kindern vielfältige Möglichkeiten zur Entwicklung anzubieten, ist natürlich vollkommen richtig: In der Handballmannschaft lernen Kinder Fairness und Teamgeist, ausgiebige Bewegung fördert ihre Motorik und Gesundheit. Eine musische Ausbildung am Klavier, an der Gitarre oder im Chor fördert die Intelligenz. Selbstverteidigung? Ist doch auch wichtig! Ein Workshop im Kulturzentrum? Ist sinnvoll! Krötenretten beim Naturschutzbund? Unbedingt! Und Aquarellzeichnen in der Volkshochschule? Wenn das Kind doch so schön malt …

**Die Terminfalle öffnet sich schleichend**

*„Schüler sind schon montags erschöpft – vom Wochenendstress“*

[…] Die Dosis echter Freizeit verkümmert bei diesem Rund-um-die-Uhr-Programm zu einer homöopathischen Gabe. „Es gibt Kinder, die damit auch gut klarkommen“, sagt Simone Fleischmann, Präsidentin des Bayerischen Lehrer- und Lehrerinnenverbandes (BLLV). „Doch das ist nicht die Regel.“ Immer häufiger höre sie von Kollegen, dass viele Kinder schon am Montagmorgen erschöpft vom Freizeitstress am Wochenende in die Schule kämen. Auch unter der Woche sei der Kopf oft bereits voll, bevor der Unterricht überhaupt begonnen habe.

**Denn Freizeitstress ist letztlich auch nur: Stress.**

„Wenn Kinder ständig Leistung erbringen müssen, sind sie nicht nur körperlich, sondern auch geistig richtig kaputt“, beklagt die Expertin. Schüler, die abends noch Leistungssport machen, könnten sich morgens kaum auf lateinische Grammatik konzentrieren. Auch die Lautstärke in der Klasse sei dann häufig zu viel für die beanspruchten Nerven. „Überforderte Schüler sind unaufmerksam, unruhig, gereizt oder auch sehr sensibel“, nennt Fleischmann Auswirkungen, die sich auch am Notenbild zeigen. Manche Lehrer, die den Schülern schon an der Nasenspitze ansehen, dass es gestern wohl mal wieder zu viel war, versuchen zwar, mit Ruhe-Ritualen und Entspannungsübungen die gestressten Kinder runterzufahren. Doch der Erfolg sei begrenzt.

*„Das selige Ich-selbst-sein-Können meines Sohnes, es ist verloren gegangen“*

Zum beruhigenden Yogakurs habe ich meinen Sohn noch nicht schleppen müssen. Doch Veränderungen in seinem Verhalten habe auch ich mit Sorge festgestellt. Aus einem Kind, das früher stundenlang selbstvergessen dem Sandkisten-Flow erliegen konnte, ist ein unruhiger Geist geworden. „Was machen wir heute?“, diese Frage hören mein Mann und ich am Wochenende oft schon nach dem ersten Augenaufschlag. Sein seliges „Ich-selbst-sein-Können“, um das ich meinen Sohn immer beneidet habe, ist verloren gegangen.

Wie schade! Denn viele Untersuchungen zeigen: Langeweile, der Zustand, der erst so bitter schmeckt, entfaltet für die Entwicklung eine große Süße, wenn man ihn nur wirken lässt. Abhängen und Nichtstun ist im richtigen Maß für Kinder mindestens ebenso wertvoll wie Musikunterricht oder Sport. In der Beschäftigung mit sich selbst und der Welt entwickeln sich Kreativität, Selbstbewusstsein und innere Stabilität. Ich bin, weil ich bin. Einfach so. [...].

*Quelle: Bettina Levecke: Viel zu verplant. Im Internet unter: www.magazin-schule.de/magazin/freizeitstress-viel-zu-verplant/ (erschienen am 12. 9. 2017), gekürzt*

Übung 24

1. Lies den Text ggf. erneut und kreuze jeweils die korrekte Antwort an.
   a) Weshalb hat die Autorin den Gitarrenunterricht ihres Sohnes gekündigt?
      - ☐ Er hatte vor lauter Terminen keine echte Freizeit mehr, deshalb haben die Eltern entschieden, diese Aktivität wegzulassen.
      - ☐ Der Gitarrenunterricht hätte gleichzeitig mit dem Fußballtraining stattgefunden. Daher musste eines von beidem gekündigt werden.

   b) Welcher Grund wird genannt, warum Eltern für ihre Kinder viele unterschiedliche Freizeitaktivitäten planen?
      - ☐ Sie wollen ihre Kinder schon früh an den Umgang mit Terminen – wie ein Manager – gewöhnen, damit sie es später leichter haben.
      - ☐ Sie haben selbst wenig Zeit und müssen auch dafür sorgen, dass ihre Kinder tagsüber beschäftigt sind.
      - ☐ Sie wollen ihre Kinder möglichst gut und in vielen Bereichen fördern.

2. Erkläre, aus welchem Grund viele Schüler*innen schon montags in der Schule erschöpft zu sein scheinen.

3. Wird Langeweile im Text positiv oder negativ dargestellt?
   Erkläre auch, weshalb.

## Auswerten von Diagrammen und Schaubildern

Neben einem Sachtext können dir auch andere Materialien wie beispielsweise Diagramme oder Schaubilder als Grundlage für deine Erörterung dienen. Daher musst du wissen, wie du diese auswertest und für deinen Aufsatz nutzbar machst. Zahlen und Fakten sind z. B. gute Belege, um deine Argumentation überzeugend zu untermauern.

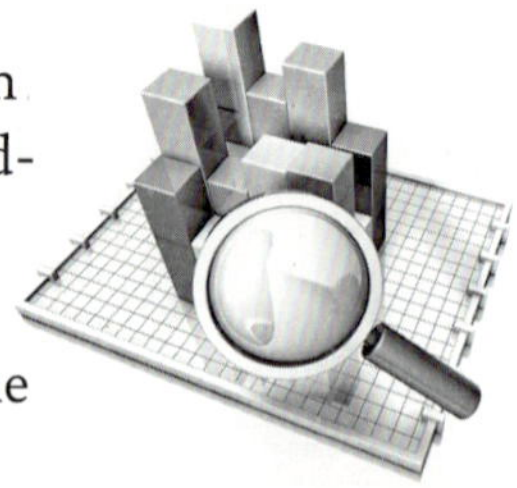

Tipp

**Wie gehst du beim Auswerten von Diagrammen und Schaubildern vor?**
Die folgenden neun Fragen kannst du bei der Auswertung jedes Diagramms (z. B. Balkendiagramm, Kreisdiagramm, Säulendiagramm) anwenden. Sie werden dir helfen, die wichtigsten Informationen herauszufinden und das Diagramm richtig zu interpretieren.

1 Was wird in dem Diagramm dargestellt (Titel)?
2 Aus welchem Jahr stammt das Diagramm? Ist es aktuell?
3 Wer hat das Diagramm/die Daten veröffentlicht?
4 Wo wurde das Diagramm veröffentlicht?
5 Wer wurde hier befragt?
6 Was bedeuten die Farben der Balken, Säulen oder Kreissegmente (Legende)?
7 Was ist bei einem Balken- oder Säulendiagramm auf der x-Achse dargestellt?
8 Was ist bei einem Balken- oder Säulendiagramm auf der y-Achse dargestellt?
9 In welcher Einheit/Größe sind die Angaben gemacht?

Sieh dir das folgende Balkendiagramm (Material 2) genau an und bearbeite anschließend die Aufgaben dazu.

Material 2

## Diagramm

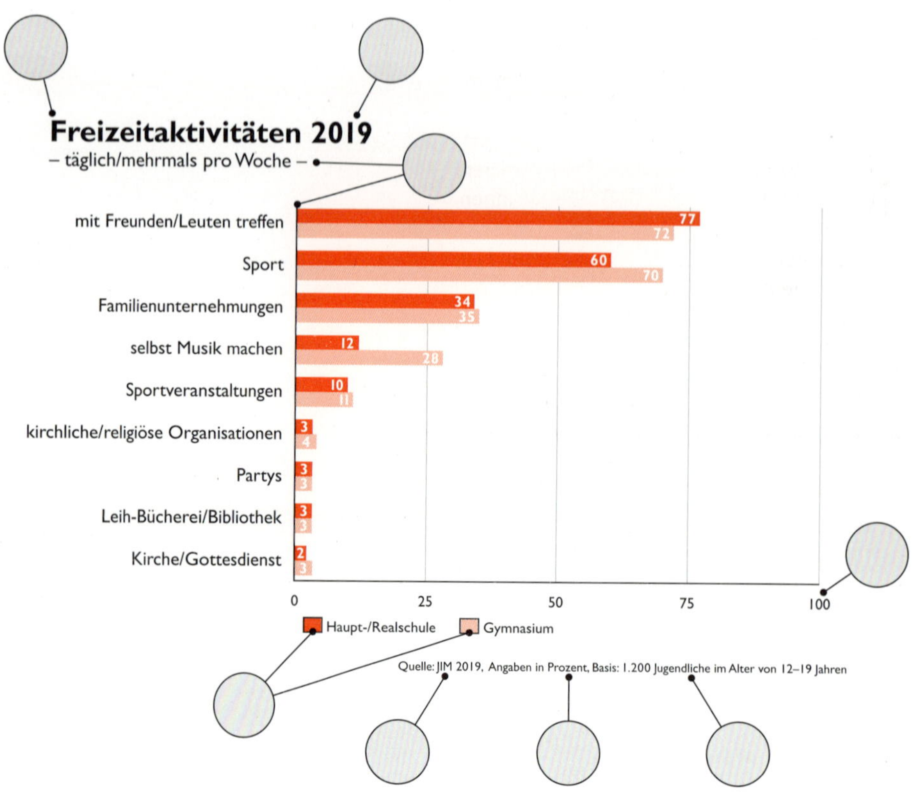

Übung 25

1. Orientiere dich in dem Diagramm und ordne die Fragestellungen aus dem Tipp-Kasten, wo möglich, den jeweiligen Angaben in der Grafik zu. Trage in die Kreise die entsprechenden Nummern ein.

2. Erkläre nun, was im Balkendiagramm dargestellt wird.

3. Entscheide, ob nachfolgende Informationen richtig, falsch oder nicht im Diagramm enthalten sind. Kreuze entsprechend an.

| | richtig | falsch | nicht enthalten |
|---|---|---|---|
| Über die Hälfte der befragten Jugendlichen treibt täglich oder mehrmals pro Woche in ihrer Freizeit Sport. | ☐ | ☐ | ☐ |
| Familienunternehmungen stehen als Freizeitbeschäftigung an oberster Stelle. | ☐ | ☐ | ☐ |
| Gymnasiastinnen und Gymnasiasten musizieren in ihrer Freizeit häufiger als Haupt- und Realschüler*innen. | ☐ | ☐ | ☐ |
| Viele Schüler*innen haben in ihrer Freizeit Nachhilfe in mindestens einem Fach. | ☐ | ☐ | ☐ |
| Sich mit Freundinnen und Freunden zu treffen, ist für Jugendliche die wichtigste Freizeitaktivität. | ☐ | ☐ | ☐ |
| Das Diagramm ist der JIM-Studie 2018 entnommen. | ☐ | ☐ | ☐ |
| Die Befragten sind zwischen 12 und 19 Jahren alt. | ☐ | ☐ | ☐ |

## 4.2 Analyse der Aufgabenstellung

Um die Erörterung schreiben zu können, musst du zunächst die Aufgabenstellung analysieren. Frage dich dazu:

- Zu welchem **Thema** soll ich den Aufsatz schreiben?
- Wird das Thema durch weitere Angaben **eingeschränkt**, z. B. auf eine bestimmte Personengruppe?
- Zu welchen beiden **Positionen oder Aspekten** soll ich in der Erörterung Argumente vorbringen?
- Welche **weiteren Hinweise** kann ich der Aufgabenstellung entnehmen, z. B.:
  - Welche Texte soll ich dafür bearbeiten?
  - Werden Hinweise zum Schluss gegeben?
  - Wird noch etwas anderes ausdrücklich erwähnt/verlangt?

Wenn du die Aufgabenstellung vollständig analysiert hast, solltest du überprüfen, ob du dir unter dem Thema etwas vorstellen kannst bzw. es verstehst. Das kann in einem kurzen **Brainstorming** geschehen, bei dem du alles notierst, was dir spontan dazu einfällt. Ist das Thema fachlich anspruchsvoller, ist eine kurze **Definition** sinnvoll. Dabei kann dir auch das Wörterbuch helfen.

**Übung 26**

1. Lies nachfolgende Aufgabenstellung und bearbeite dann die Aufgaben dazu.

**Aufgabenstellung**
*Erörtere den Nutzen und die Nachteile der Ausübung zahlreicher unterschiedlicher Freizeitaktivitäten von Kindern und Jugendlichen. Verwende dafür den vorliegenden Text „Viel zu verplant" und das Diagramm „Freizeitaktivitäten 2019". Begründe deine eigene Meinung.*

a) Nenne das grundlegende Thema und die dazugehörigen Einschränkungen.

Thema: ______________________________

Einschränkung(en): ______________________________

______________________________

b) Nenne die beiden Aspekte, die einander gegenübergestellt werden sollen.

Aspekte der Erörterung: ______________________________

c) Nenne alle weiteren Hinweise, die in der Aufgabenstellung gegeben werden.

Weitere Hinweise: ______________________________

______________________________

______________________________

2. Mache ein kurzes Brainstorming zum Thema „Freizeitaktivitäten" mithilfe eines Clusters (→ Heft). Gehe dabei wie folgt vor:
   - Schreibe zuerst das Thema in einen Kasten in die Mitte eines Blattes.
   - Notiere dann um das Thema herum weitere Begriffe, die dir zum Thema einfallen, und verbinde sie durch Striche mit dem Ausgangskasten.

## 4.3 Die Einleitung

Die **Einleitung** soll die Leser*innen zum Thema der Erörterung hinführen. Daher besteht eine gelungene Einleitung möglichst aus drei Teilen:

- Die **Hinführung** stimmt die Leser*innen auf das Thema ein.
- Mit den **Basisinformationen zum Ausgangsmaterial** informierst du die Leser*innen darüber, welche Texte und ggf. anderen Materialien Grundlage für deine Erörterung sind.
- Die **Themenfrage** nennt konkret, worum es in deiner Erörterung geht, und leitet zum Hauptteil über.

Beispiel

*Gestern habe ich in den Nachrichten gehört, dass einige Politiker*innen fordern, Smartphones für Schüler*innen unter 16 Jahren auf dem Schulgelände zu verbieten, weil immer wieder gewaltverherrlichendes Videomaterial ausgetauscht wird. (Hinführung: aktueller Anlass) Auch der Internetartikel „Eltern wollen Handyverbot in der Schule“, der am 23.09.2019 auf der Internetseite www.deutsches-schulportal.de erschienen ist, beschäftigt sich mit dem Thema Handyverbot an Schulen und stellt die Ergebnisse einer Elternbefragung zu diesem Thema vor. (Basisinformationen zum Ausgangstext) Daher stellt sich nun die Frage: Ist es sinnvoll, Handys generell in der Schule zu verbieten? (Themenfrage)*

### Hinführung zum Thema

Deine Einleitung wird aufgewertet, wenn du darin nicht nur das Thema der Erörterung nennst, sondern möglichst auch eine **Hinführung** verfasst. Diese ist zwar nicht zwingend erforderlich, soll die Leser*innen aber neugierig machen und zeigen, warum das Thema für sie interessant sein könnte. Dazu benutzt du einen sogenannten **Aufhänger**, z. B.

- ein **persönliches Erlebnis**, das du sachlich und wertfrei beschreibst,
- einen **aktuellen Anlass**/eine aktuelle **Entwicklung** (z. B. aus den Medien),
- die **Definition des Themas** (z. B. „Freizeit“),
- eine **Statistik**/das Ergebnis einer **Studie** oder
- ein **Zitat**.

Übung 27

1. Notiere, um welche Art Aufhänger es sich jeweils handelt.
   a) Vorgestern hat ein Lehrer mein Handy beschlagnahmt, weil ich damit auf dem Pausenhof telefoniert habe. Diese sind an unserer Schule verboten.

   ______________________________

   b) Jugendliche können sich nicht mehr konzentrieren und werden in der Schule immer schlechter. Viele Menschen glauben, das liege an dem stetig steigenden Medienkonsum, zu dem in zunehmendem Maße die Benutzung von Smartphones zählt.

   ______________________________

2. Verfasse nun **zwei unterschiedliche** Aufhänger zum Thema „Freizeitaktivitäten von Kindern und Jugendlichen“. (→ Heft)

### Basisinformationen zum Ausgangsmaterial

In deiner Einleitung nennst du auch die **Basisinformationen zum Ausgangsmaterial**, also Titel, Verfasser*in, Textsorte, Quellenangabe und Thema der Ausgangstexte bzw. -materialien. Du kannst hier auch kurz schildern, welche Problematik in den Texten genannt wird und welche Schlussfolgerungen die Verfasser*innen offenbar ziehen oder was durch die Texte erreicht werden soll.

**Übung 28**

1. Trage die geforderten Informationen zum Text „Viel zu verplant" (Material 1) stichpunktartig in nachfolgende Tabelle ein.

| | |
|---|---|
| Titel | |
| Verfasserin | |
| Textsorte | |
| Quelle | |
| Erscheinungsdatum | |
| Thema | |
| Welche Problematik wird im Text genannt? | |
| Welche Schlussfolgerungen zieht die Verfasserin offenbar zum Thema? | |
| Was soll durch den Text erreicht werden? | |

2. Trage nun die geforderten Informationen zur Grafik „Freizeitaktivitäten 2019" (Material 2) in nachfolgende Tabelle ein.

| | |
|---|---|
| Titel | |
| Textart | |
| Quelle | |
| Erscheinungsjahr | |
| Thema | |
| Was wird in dem Diagramm dargestellt? | |
| Wie viele Jugendliche wurden befragt und in welchem Alter sind sie? | |
| In welcher Form werden die Angaben gemacht? | |

### Überleitung zum Hauptteil: Die Themenfrage

Mit der **Themenfrage** leitest du zum Hauptteil über. Da du eine dialektische Erörterung schreiben sollst, in der also Argumente für und gegen etwas vorgebracht werden sollen, muss die Themenfrage die Möglichkeit bieten, in beide Richtungen zu argumentieren. Sie stellt außerdem den sprachlichen Übergang von der Einleitung zum Hauptteil dar. Die Themenfrage kann als echte Frage oder als Aussage formuliert werden.

Beispiel

- *Frage: Ist es sinnvoll, Handys generell in der Schule zu verbieten?*
- *Aussage: Es stellt sich nun die Frage, ob es sinnvoll ist, Handys generell in der Schule zu verbieten.*

Übung 29

1. Formuliere die Themenfrage zu nachfolgender Aufgabenstellung als Frage und als Aussage.

   *Erörtere den Nutzen und die Nachteile der Ausübung zahlreicher unterschiedlicher Freizeitaktivitäten von Kindern und Jugendlichen. Verwende dafür den vorliegenden Text „Viel zu verplant" und das Diagramm „Freizeitaktivitäten 2019". Begründe deine eigene Meinung.*

   Frage: ______________________________

   ______________________________

   ______________________________

   Aussage: ______________________________

   ______________________________

   ______________________________

2. Schreibe nun mithilfe deiner Ergebnisse aus den Übungen 27–29 eine vollständige (und interessante) Einleitung zum Thema „Freizeitaktivitäten von Kindern und Jugendlichen". (→ Heft)

**Hinweis:** Deine Erörterung wird überzeugender, wenn sie sprachlich gut gestaltet ist. Am Ende der einzelnen Kapitel findest du daher einige **Formulierungshilfen**.

Tipp

**Wie formulierst du die Einleitung?**

Folgende Formulierungen kannst du z. B. in der Einleitung verwenden:

- *Der vorliegende Bericht von … mit dem Titel …, der auf/in … erschienen ist, befasst sich mit …*
- *Im Text … von …, der aus … stammt, geht es um die Frage, ob …*
- *Der Text … von …, der auf/in … veröffentlicht wurde, behandelt das Thema …*
- *Dabei werden zwei Seiten näher betrachtet: …*
- *Einerseits wird aufgezeigt, dass …, andererseits aber auch …*

## 4.4 Der Hauptteil

Im Hauptteil führst du deine **Argumente** an, die du teilweise dem vorgegebenen Text entnimmst und dir zum Teil selbst ausdenkst. Da du in zwei Richtungen argumentieren sollst, formulierst du eine sogenannte **These** (= Meinung, die du vertrittst) und eine **Antithese** (= Meinung, die du nicht vertrittst). Beide Seiten musst du durch mehrere Argumente stützen. Wichtig ist, dass dein Hauptteil klar strukturiert ist und du nicht zu wenige Argumente aufführst.

Der Hauptteil lässt sich also in **zwei große Teile** gliedern:

- die **These** und die dazugehörigen Argumente und
- die **Antithese** mit den dazugehörigen Argumenten.

Im Aufsatz ordnest du deine Argumente nach dem sogenannten **Sanduhrprinzip** an:

Auf einen Blick

**Aufbau der dialektischen Erörterung nach dem Sanduhrprinzip**

Mit der Einleitung führst du zur Erörterung hin. →

Im Hauptteil präsentierst du deine Argumente und nimmst dabei auch Bezug auf Informationen aus den vorliegenden Materialien (Text, ggf. Grafik/Schaubild). →

Von deinem stärksten Argument gelangst du zu einem begründeten Ergebnis. →

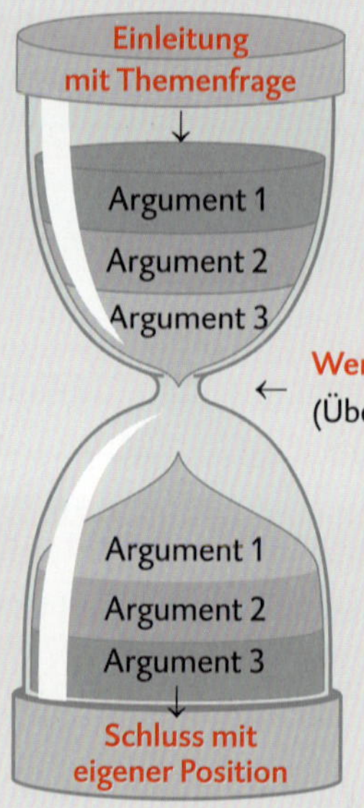


Argumente für die Antithese = Meinung, die du nicht vertrittst (stark nach schwach)

← **Wendepunkt** (Überleitung)

Argumente für die These = Meinung, die du vertrittst (schwach nach stark)

Du beginnst den Hauptteil also mit der **Antithese**. Die dazugehörigen Argumente solltest du so anordnen, dass du mit dem stärksten beginnst und mit dem schwächsten endest – hier möchtest du die Leser*innen deines Aufsatzes nicht zu sehr überzeugen. Nach einer **Überleitung (Wendepunkt)** folgt die **These** mit den dazugehörigen Argumenten. Hier beginnst du mit dem schwächsten Argument. Die Argumente werden dann immer stärker und überzeugender, sodass die Leser*innen deines Aufsatzes am Ende dein bestes Argument im Kopf behalten.

Neben der Anordnung der Argumente ist auch wichtig, dass deine **Argumente vollständig** sind, dass sie also aus Behauptung, Begründung und Beispiel/Beleg bestehen.

Auf einen Blick

**Aufbau eines Arguments**

Damit ein Argument stichhaltig ist und andere überzeugt, ist es für gewöhnlich dreiteilig aufgebaut und besteht aus **den „3 B"**:

**Behauptung** = eine Aussage, die die These/Antithese unterstützt

**Begründung** = eine gute und überzeugende Begründung dafür, warum die Behauptung zutrifft

**Beispiel/Beleg** = ein konkretes Beispiel, das die Behauptung und Begründung veranschaulicht

Am besten erarbeitest du dir den Hauptteil in **fünf Schritten:**

Schritt für Schritt

**Den Hauptteil erarbeiten**

| | |
|---|---|
| Arbeitsschritt 1 | Formuliere zunächst die **These** und die **Antithese**. |
| Arbeitsschritt 2 | Lege eine **Stichwortsammlung** an. Berücksichtige dabei sowohl die Informationen und Argumente aus den Ausgangsmaterialien als auch deine eigenen Ideen. |
| Arbeitsschritt 3 | Sortiere nun die Argumente nach ihrer **Stärke**, damit du sie in deinem Aufsatz nach dem Sanduhrprinzip anordnen kannst. |
| Arbeitsschritt 4 | Lege fest, welche **Meinung** du vertreten möchtest. Dies ist für den Aufbau deiner Erörterung wichtig, da du mit der Antithese und den dazugehörigen Argumenten beginnen und mit der These enden musst. |
| Arbeitsschritt 5 | Zuletzt baust du die gesammelten Inhalte zu **vollständigen Argumenten** (Behauptung, Begründung, Beispiel/Beleg) aus. |

## Schritt 1: These und Antithese formulieren

Formuliere zunächst die **These** und die **Antithese**, damit du später nicht am Thema vorbei argumentierst. Sieh dir dazu noch einmal die Aufgabenstellung und die Themenfrage genau an (siehe Übung 26 oder 29). Noch musst du dich nicht entscheiden, welche Meinung du vertreten willst.

Beispiel

Beispiel für These/Antithese zum Thema „Handyverbot an Schulen":

*Es ist nicht sinnvoll, Handys an Schulen generell zu verbieten.* ⟷ *Es ist sinnvoll, Handys an Schulen generell zu verbieten.*

Übung 30

Formuliere nun eine eigene These und Antithese zum Thema „Freizeitaktivitäten von Kindern und Jugendlichen".

_______________ ⟷ _______________

## Schritt 2: Stichwortsammlung anlegen

Da du **Informationen aus dem vorliegenden Text** und ggf. dem anderen Material in deine Erörterung einbauen musst, solltest du zunächst nach Inhalten suchen, die für die These oder Antithese sprechen. Diese hältst du in einer **Stichwortsammlung** fest. Du kannst die Informationen in allen Teilen deiner Erörterung einsetzen, z. B. als Ideenquelle für Argumente, die Einleitung und den Schluss oder um deine Argumentation durch Fakten zu ergänzen.
Nachdem du den Text ausgewertet hast, ergänzt du deine Stichwortsammlung in einem weiteren Schritt durch **eigene Ideen für Argumente**. Besonders übersichtlich ist die Darstellung der Stichwortsammlung in einer Tabelle.

Übung 31

1. Suche zum Thema „Freizeitaktivitäten von Kindern und Jugendlichen" zunächst nach Inhalten aus dem Text „Viel zu verplant" (Material 1) und ergänze danach eigene Ideen für Argumente.

| | **Zahlreiche Freizeitaktivitäten stellen einen Gewinn für Kinder und Jugendliche dar.** | **Zu viele Freizeitaktivitäten wirken sich insgesamt negativ auf Kinder und Jugendliche aus.** |
|---|---|---|
| passende Inhalte aus dem Text | • *Die Kinder sollen „vielfältige Möglichkeiten zur Entwicklung" (M 1, Z. 25) erhalten.*<br>• | • *Aufgrund der fehlenden Freizeit sind Kinder schon montagmorgens in der Schule erschöpft vom Wochenende.*<br>• |

| | | |
|---|---|---|
| eigene Ideen für Argu-mente | • | • |

2. Fasse die wichtigsten Erkenntnisse aus der Grafik „Freizeitaktivitäten 2019" (Material 2) jeweils in einem Satz zusammen. So kannst du sie später an geeigneter Stelle in deine Erörterung einbauen.

**Hinweis:** Das Diagramm „Freizeitaktivitäten 2019" (Material 2) liefert keine Argumente für oder gegen Freizeitaktivitäten, aber Erkenntnisse, die man an anderer Stelle in den Aufsatz einfließen lassen könnte.

- *Über 30 Prozent der Jugendlichen unternehmen mehrmals pro Woche etwas mit der Familie.* Beispiel
- ______________________________
- ______________________________
- ______________________________

### Schritt 3: Stärke der Argumente festlegen

Liste im nächsten Schritt für beide Seiten die Argumente auf, die du in deinen Aufsatz aufnehmen möchtest. Du kannst dafür auch Stichworte verwenden. Überlege jeweils, wie stark du die Argumente einschätzt und sortiere sie von stark (besonders überzeugend) nach schwächer (etwas weniger überzeugend).

**Übung 32**

Sieh dir die folgenden Stichpunkte an und lege die Stärke fest, indem du sie entsprechend nummerierst (1 = am stärksten, 2 = mittel, 3 = am schwächsten).

| | *Zahlreiche Freizeitaktivitäten stellen einen Gewinn für Kinder und Jugendliche dar.* | | *Zu viele Freizeitaktivitäten wirken sich insgesamt negativ auf Kinder und Jugendliche aus.* |
|---|---|---|---|
| | Förderung in unterschiedlichen Bereichen durch verschiedene Freizeitaktivitäten | | Zu große Anstrengung durch zu viele Aktivitäten |
| | Weniger Langeweile aufgrund zahlreicher Freizeitbeschäftigungen | | Positive Auswirkungen auf die Entwicklung durch Langeweile |
| | Kennenlernen von mehr Freunden durch unterschiedliche Aktivitäten | | Schlechtere schulische Leistungen durch Freizeitstress |

### Schritt 4: Selbst Position beziehen

Lege als Nächstes fest, welche **Meinung** du vertreten möchtest. Dies ist für den Aufbau deiner Erörterung wichtig, da du mit der Antithese und den dazugehörigen Argumenten beginnen und mit der These enden musst.

**Übung 33**

1. Entscheide nun, welche Seite zum Thema „Freizeitaktivitäten von Kindern und Jugendlichen“ eher deiner persönlichen Meinung entspricht und kreise die jeweilige Aussage ein. Dies ist deine These.

   *Zahlreiche Freizeitaktivitäten stellen einen Gewinn für Kinder und Jugendliche dar.*

   *Zu viele Freizeitaktivitäten wirken sich insgesamt negativ auf Kinder und Jugendliche aus.*

2. Du hast dich nun für eine Seite entschieden. Da du am Ende deines Aufsatzes (im Schluss) auch begründen musst, weshalb du diese Seite vertrittst, solltest du dir die Gründe für deine Entscheidung stichpunktartig notieren.

### Schritt 5: Vollständige Argumente formulieren

Im letzten Schritt baust du die gesammelten Inhalte und Ideen zu **vollständigen Argumenten** aus. Diese bestehen aus Behauptung, Begründung und Beispiel/Beleg. Dabei musst du Informationen aus dem vorliegenden Text und ggf. dem anderen Material in deine Argumente einbauen. Wichtig ist auch, dass du die **Quelle** angibst, aus der du die Informationen entnommen hast.
Die einzelnen Argumente dürfen aber nicht isoliert stehen, sondern müssen in einen Fließtext eingebettet werden. Denke also daran, passende **Überleitungen** zwischen den Textteilen und Argumenten zu verwenden.

Beispiel

*Durch ein Handyverbot an Schulen sinkt nicht nur die Gefahr von Cybermobbing (Überleitung vom vorherigen Argument), sondern den Schülerinnen und Schülern wird auch „eine störungsfreie Lernzeit" ermöglicht, wie eine Abgeordnete im Europäischen Parlament erklärt (M 1, Z. 84). (Behauptung) Denn so werden die Konzentration und der Unterricht nicht gestört, weil die Kinder und Jugendlichen nicht in Versuchung geraten können, einen Blick auf das Handy zu werfen (Begründung), z. B. weil sie Nachrichten gleich lesen wollen oder überprüfen möchten, ob Freunde etwas Interessantes im Internet gepostet haben. (Beispiele)*

**Hinweis:** Wie du **richtig zitierst**, kannst du auf Seite 29 im Detail nachlesen.

Tipp

**Wie gibst du die Quelle in einer textgebundenen Erörterung richtig an?**
Je nachdem wie viele Materialien deiner Erörterung zugrunde liegen und um welche Art es sich dabei handelt, unterscheidet sich auch die Quellenangabe. Bei einem …

- Text: Zeilenangabe in Klammern, z. B. *(Z. xx)*
- Diagramm o. Ä.: Materialnummer (ggf. als Abkürzung), z. B. *(Material 2) oder (M 2)*

Wenn dir in der Prüfung **mehr als ein Text** vorliegt, musst du auch angeben, aus welchen Materialien die Informationen jeweils stammen.
Hierbei stehen dir zwei verschiedene Möglichkeiten zur Auswahl:

- Materialnummer (ggf. als Abkürzung) + Zeilenangabe bei Texten, z. B. *(Material 1, Z. xx)*, *(M1, Z. xx)* oder
- Name der Verfasserin/des Verfassers + Zeilenangabe bei Texten, z. B. *(Levecke, Z. xx)*

Kläre am besten vor der Prüfung mit deiner Lehrerin oder deinem Lehrer, welche Art der Quellenangabe du verwenden sollst.

Übung 34

1. Untersuche den Aufbau der nachfolgenden Argumente. Markiere jeweils Behauptung, Begründung und Beispiel/Beleg in unterschiedlichen Farben. Überlege anschließend, ob das jeweilige Argument deiner Meinung nach formal und inhaltlich gelungen ist.

   a) Argument 1:
   *Wenn Kinder und Jugendliche vielfältigere Freizeitbeschäftigungen haben, wird ihnen nicht so schnell langweilig, denn ihre Tage sind besser gefüllt. Wer mehrmals in der Woche einem Hobby nachgeht, der ist beschäftigt und muss nicht erst lange überlegen, was er tun soll.*

b) Argument 2:
*Zu viele Aktivitäten sind für zahlreiche Kinder einfach zu anstrengend. Auch Simone Fleischmann, die Präsidentin des Bayerischen Lehrer- und Lehrerinnenverbandes erklärt: „Wenn Kinder ständig Leistung erbringen müssen, sind sie nicht nur körperlich, sondern auch geistig richtig kaputt“ (M 1, Z. 44/45). Denn sie haben dadurch zu wenig Erholung. Das merken viele Lehrer*innen zum Beispiel daran, dass Schüler*innen montags ganz erschöpft in die Schule kommen, weil sie am Wochenende zu viel Programm hatten (vgl. M 1, Z. 39–41).*

2. a) Lies dir die folgenden drei Argumente genau durch und kreuze an, welche der drei „B“ jeweils vorhanden sind.

| | | Behauptung | Begründung | Beispiel/ Beleg |
|---|---|---|---|---|
| 1 | Freizeitaktivitäten im sportlichen Bereich haben mehrere positive Auswirkungen auf Kinder und Jugendliche, da sie neben der Gesundheit auch andere Bereiche fördern. | ☐ | ☐ | ☐ |
| 2 | Musische Aktivitäten sind mehr als nur ein Hobby. So werden beim Musizieren in der Freizeit auch günstige Voraussetzungen für das Lernen und den schulischen Erfolg geschaffen. | ☐ | ☐ | ☐ |
| 3 | Denn in „der Beschäftigung mit sich selbst und der Welt entwickeln sich Kreativität, Selbstbewusstsein und innere Stabilität“ (M 1, Z. 67/68). So findet ein Kind, das nicht ständig mit Freizeitangeboten beschäftigt ist, eigene Wege, sich die Zeit zu vertreiben, indem es beispielsweise etwas baut, zeichnet oder sich ein eigenes Spiel ausdenkt. | ☐ | ☐ | ☐ |

b) Ergänze nun die fehlenden Bausteine in den Argumenten mit Inhalten aus dem Text „Viel zu verplant“ (Material 1) und markiere mit einem Sternchen (*), an welcher Stelle du sie jeweils einfügen würdest. Gib auch die Quelle an, der du Informationen entnommen hast.

Ergänzungen:

1 ____________________________________________

____________________________________________

____________________________________________

____________________________________________

2 ____________________________________________

____________________________________________

____________________________________________

____________________________________________

3 ____________________________________________

____________________________________________

____________________________________________

____________________________________________

c) Das Balkendiagramm „Freizeitaktivitäten 2019“ (Material 2) kann vor allem dazu dienen, Aussagen mit Zahlen zu belegen, damit diese noch überzeugender werden.
Welchem Argument aus Aufgabe a könnte man die nachfolgende Ergänzung aus dem Diagramm noch hinzufügen? Kreuze entsprechend an.

Ergänzung aus dem Balkendiagramm:
*Da verwundert es nicht, dass gerade Schüler*innen, die ein Gymnasium besuchen und bei denen der schulische Erfolg vielleicht eine höhere Priorität hat, sogar 28 Prozent musikalisch aktiv sind (vgl. M 2).*

☐ Argument 1 ☐ Argument 2 ☐ Argument 3

3. Suche aus dem Balkendiagramm (Material 2) eine Information heraus, die das nachfolgende Argument noch ergänzen kann. Formuliere anschließend das ganze Argument mitsamt der Ergänzung aus dem Diagramm. (→ Heft)

Argument:
*Freizeitaktivitäten im sportlichen Bereich haben mehrere positive Auswirkungen auf Kinder und Jugendliche, da sie neben der Gesundheit auch andere Bereiche fördern.*

4. Diese Aufgabe gibt dir Ideen für Argumente zum Thema „Freizeitaktivitäten von Kindern und Jugendlichen“ vor. Formuliere die Stichpunkte jeweils zu vollständigen Argumenten aus. Beziehe dich dabei, wenn möglich, auf die beiden Materialien. (→ Heft)
   a) Schlechtere schulische Leistungen durch Freizeitstress
   b) Kennenlernen von mehr Freunden durch unterschiedliche Aktivitäten

Tipp

**Wie kannst du die Teile der Erörterung und die Argumente miteinander verknüpfen?**
- *Auf der einen Seite ist also …, andererseits …*
- *Zu bedenken ist aber auch, dass …*
- *Dem steht allerdings entgegen …*
- *Trotz all dieser Argumente muss man bedenken, dass …*
- *Zunächst …* • *Außerdem …* • *Darüber hinaus …* • *Überdies …*
- *Ein wichtiger Grund ist …* • *Noch wichtiger ist …* • *Besonders wichtig scheint mir …*
- *Nicht zu vergessen …* • *Somit …* • *Folglich …* • *Letztlich …* • *Abschließend …*
- *Ich denke, dass …* • *Meiner Meinung nach …*

## 4.5 Der Schluss

Dein **Schluss** soll noch einmal die wichtigsten Aspekte zusammenfassen und deutlich zeigen, welche **Position** du vertrittst. In der Regel entspricht deine Meinung der These, sie kann aber auch eine Art Kompromiss zwischen beiden Seiten darstellen (Synthese). Du kannst auch erneut Informationen aus dem Ausgangsmaterial aufgreifen oder mit einem **Appell** an die Leser*innen oder einem **Ausblick** in die Zukunft enden.

**Hinweis:** Hier solltest du auf keinen Fall neue Argumente vorbringen oder überraschenderweise doch der Antithese zustimmen.

Übung 35

1. Lies den hier formulierten Schluss und markiere in unterschiedlichen Farben, wo sich folgende Elemente finden lassen:
   Zusammenfassung/Fazit – eigene Position – Appell – Ausblick

   *Zusammenfassend lässt sich also feststellen, dass es zwar nachvollziehbare Argumente für ein Handyverbot an Schulen gibt, z. B. die sinkende Gefahr von Cybermobbing, aber die Gegenargumente doch deutlich überzeugender sind. Vor allem der Punkt, dass es sinnvoller ist, Kindern und Jugendlichen einen verantwortungsvollen Umgang mit dem Handy und dem Internet beizubringen, statt diesen pauschal zu verbieten, wiegt schwer. Meiner Meinung nach gehört das Smartphone heute zum Leben einfach dazu und darf daher auch nicht in der Schule verboten werden. Es macht das Leben schließlich in so vielen Bereichen einfacher. Politiker*innen und Lehrer*innen sollten lieber mit den Schülerinnen und Schülern darüber sprechen, wie Smartphones auch den Unterricht vereinfachen und bereichern können, anstatt untereinander über ein Verbot zu diskutieren. Wenn man die Schüler*innen in die Diskussion miteinbezieht, dann lernen nicht nur die Kinder und Jugendlichen etwas dabei, sondern sicher auch die Erwachsenen.*

2. Verfasse nun einen eigenen Schluss zum Thema „Freizeitaktivitäten von Kindern und Jugendlichen“. (→ Heft)

Tipp

**Wie kann man zum Schlussteil überleiten?**
Dafür kannst du z. B. folgende Formulierungen benutzen:
- *Folglich …*
- *Somit lässt sich zusammenfassen, dass …*
- *Abschließend muss man sagen, dass …*
- *Meiner Meinung nach …*
- *Ich denke, …*

## 4.6 Überprüfen des Geschriebenen

In der Prüfung musst du nach der Fertigstellung des Aufsatzes deinen eigenen Text unbedingt nochmals **kritisch lesen**, mögliche Leichtsinns- und Rechtschreibfehler, fehlende Kommas oder unvollständige Sätze finden und gegebenenfalls unglücklich oder unlogisch formulierte Textstellen **überarbeiten**.

Oft fällt das besonders schwer, zumal du nach Beendigung des Textes einfach froh sein wirst, dass du fertig geworden bist und deine inhaltlichen Punkte abgearbeitet hast. Die Endkorrektur ist aber dennoch sehr wichtig, weil sie hilft, grobe Fehler zu vermeiden. Gönne dir zwischen der Fertigstellung des Textes und dem Korrekturlesen eine kleine Verschnaufpause (wenn es die Zeit zulässt); sonst fallen dir aufgrund des sogenannten Tunnelblicks die meisten Fehler vielleicht gar nicht auf.

Musst du Textstellen abändern und kannst dies aufgrund von Platzproblemen an der entsprechenden Stelle auf deinem Blatt nicht machen, dann streiche Falsches durch, versieh die Stelle mit einem Ergänzungssternchen oder einer Nummer und füge die verbesserte Variante des Satzes oder der Textstelle auf einem gesonderten Blatt hinzu. Auf diese Weise können auch andere versehentlich vergessene Punkte sinnvoll und nachvollziehbar ergänzt werden.

Schritt für Schritt

**Gehe beim Korrekturlesen / Überarbeiten deines Textes folgendermaßen vor:**

Arbeitsschritt 1 Nimm dir genügend Zeit, deinen Text langsam und gründlich durchzulesen. Plane diese Zeit schon im Vorfeld ein!

Arbeitsschritt 2 Lies den Text nicht nur durch, sondern lies ihn dir sozusagen lautlos vor. Auf diese Weise fallen dir Satzbau- oder Formulierungsfehler am ehesten auf. Auch fehlende Kommas bemerkst du als „Vorleser“ schneller.

Arbeitsschritt 3 Achte beim Lesen auf jedes einzelne Wort, aber auch auf deinen Satzbau! Markiere dabei z. B. Textstellen, die sich holprig anhören und später nochmals verändert werden müssen. Kleinigkeiten, z. B. fehlende Wörter oder falsche Endungen, solltest du sofort abändern.

Arbeitsschritt 4 Wenn du dir unsicher bist, ob du bestimmte Begriffe korrekt geschrieben hast, solltest du unbedingt das Wörterbuch nutzen. Auch bei Formulierungsschwierigkeiten kann dir das Wörterbuch helfen.

Arbeitsschritt 5 Achte darauf, dass der Text insgesamt schlüssig klingt. Fallen dir inhaltliche Ungereimtheiten oder Fehler in der Logik auf, dann markiere sie z. B. mit Bleistift am Rand und überarbeite die Textstellen anschließend.

Übung 36

Nimm dir nun eine der **Übungsaufgaben zur Erörterung** vor (Kapitel „Übungsaufgaben im Stil der Abschlussprüfung") und schreibe einen vollständigen Aufsatz. Gehe vor wie auf den vorhergehenden Seiten beschrieben.
Wenn der erste Entwurf deines Aufsatzes fertig ist, kannst du ihn anhand der nachfolgenden **Checkliste** bewerten. Lies zunächst die Checkliste und anschließend deinen Aufsatz noch einmal. Hake ab, wenn du mit den einzelnen Elementen zufrieden bist, notiere ein X, wenn es noch etwas zu überarbeiten gibt.

Auf einen Blick

| **Checkliste für eine gelungene Erörterung** | | ✓ | X |
|---|---|---|---|
| **Einleitung** mit Themenfrage | Habe ich möglichst auch eine **Hinführung zum Thema** formuliert, die das Interesse der Leser*innen weckt? | | |
| | Habe ich die geforderten **Basisinformationen** zum vorliegenden Text und ggf. zu den anderen Materialien in die Einleitung eingearbeitet? | | |
| | Habe ich die **Themenfrage** als Überleitung formuliert? | | |
| **Hauptteil** | Sind **These und Antithese** klar formuliert? | | |
| | Sind **ausreichend viele Argumente** für die These und Antithese aufgeführt? | | |
| | Habe ich meine Erörterung nach dem **Sanduhrprinzip** aufgebaut? | | |
| | Sind die **Argumente vollständig** und bestehen aus Behauptung, Begründung und Beispiel/Beleg? | | |
| **Schluss** | Habe ich die wichtigsten Argumente noch einmal **zusammengefasst**, ohne zu ausführlich zu werden? | | |
| | Habe ich meine **eigene Position** deutlich genannt und nachvollziehbar begründet? | | |
| | Habe ich als **Abrundung** noch einen Appell, einen Ausblick in die Zukunft oder ein persönliches Fazit verfasst? | | |
| **Allgemeines** | Habe ich **Informationen aus den Materialien** erkennbar in den Aufsatz eingebaut? | | |
| | Habe ich die Informationen **korrekt zitiert**? | | |
| | Ist der Aufsatz **sprachlich ansprechend**, z. B. im Hinblick auf die Formulierung der Sätze und die Verknüpfung der Argumente und Aufsatzteile? | | |
| | Ist der Aufsatz sauber und **übersichtlich dargestellt**, z. B. mit Absätzen zwischen den einzelnen Abschnitten? | | |
| | Ist der Aufsatz **sprachlich richtig**? Habe ich ihn also noch einmal im Hinblick auf Rechtschreibung, Grammatik und Zeichensetzung überprüft? | | |

# 5 Textbeschreibung Lyrik

Im Wahlteil der Prüfung steht dir als **eine der drei** möglichen Aufgaben die **Textbeschreibung Lyrik** zur Auswahl. Die **Lyrik** stellt eine der drei großen literarischen Gattungen dar. Hier geht es um Texte, die in **Versform** gehalten sind und häufig auch **Reime** aufweisen. In der Regel werden sie durch **rhetorische Mittel** sprachlich verschlüsselt und weisen eine sehr **bildhafte Sprache** auf. Es gibt auch Gedichte, z. B. die Ballade, in denen eine Art Geschichte erzählt wird, oftmals handelt es sich bei lyrischen Texten aber eher um eine Verdeutlichung von **Gefühlen, Beziehungen, Naturbeschreibungen** oder anderen Phänomenen und nicht um die Wiedergabe von Handlungsabfolgen.

*Interaktive Aufgaben: Textbeschreibung Lyrik*

In der Prüfung wird von dir erwartet, dass du in einem Aufsatz einen lyrischen Text beschreibst und analysierst. Die Textbeschreibung ist üblicherweise folgendermaßen aufgebaut:

**Auf einen Blick**

| **Aufbau der Textbeschreibung Lyrik** | |
|---|---|
| **Einleitung** | • Basissatz<br>• geraffte Inhaltszusammenfassung |
| **Hauptteil** | Untersuchung verschiedener Aspekte oder Elemente je nach Aufgabenstellung, z. B.:<br>• Aufbau und Form<br>• Sprache und Stil<br>• Figuren |
| **Schluss** | • persönliche Stellungnahme zum Text<br>• Transfer<br>• mögliche Absicht der Autorin/des Autors |

In diesem Kapitel kannst du dich mit den folgenden Aspekten beschäftigen:
- Erster Umgang mit einem lyrischen Text
- Analyse der Aufgabenstellung
- Schreiben einer Inhaltsangabe (Einleitung)
- Analyse verschiedener Elemente der Textbeschreibung (Hauptteil)
- Formulieren der persönlichen Stellungnahme, des Transfers und der möglichen Absicht der Autorin/des Autors (Schluss)
- Überprüfen des Aufsatzes

## 5.1 Lesen und Verstehen von Gedichten

Bei der Textbeschreibung Lyrik musst du dich zunächst eingehend mit dem vorliegenden Gedicht beschäftigen und seinen Inhalt erfassen.
Gehe dabei so vor:

**Vor dem Lesen**

- **Mache dir deine Leseabsicht bewusst:** Du willst Inhalt und Thema des Gedichts erfassen und sprachliche und sonstige Besonderheiten aufspüren.
- **Lies die Überschrift und die Quellenangabe:** Wovon könnte das Gedicht handeln? Welche Informationen kannst du bereits entnehmen? Lasse Assoziationen (spontane Gedanken/Gedankenverknüpfungen) zu und notiere sie.

**Während des Lesens**

- **Konzentriere dich auf das Lesen:** Bemühe dich, gründlich zu lesen und nicht gedanklich abzuschweifen, stelle dir den Inhalt des Gedichts bildlich vor.
- **Arbeite bereits beim ersten Lesen mit einem Stift:** Mache Randnotizen (z. B. eigene Kommentare oder Fragestellungen), markiere unklare Wörter oder Formulierungen, unterstreiche Wichtiges, hebe Auffälligkeiten hervor.
- **Kläre Unklarheiten,** die dich am Textverständnis hindern: Schlage im Wörterbuch nach oder lies einzelne Verse/das ganze Gedicht nochmals.
- **Fasse zusammen:** Notiere dir für jede Strophe eine knappe Zusammenfassung des Inhalts. Markiere evtl. auch einzelne Handlungsschritte/Sinnabschnitte.

**Nach dem ersten Lesen**

- **Kläre dein bisheriges Textverständnis:** Welches Thema/welche Themen wird/werden im Gedicht behandelt? Was passiert wem, wann, wo? Erkennst du eine Gesamtaussage?
- **Lies die konkreten Vorgaben der Aufgabenstellung:** Welche Aspekte des Gedichts sollst du genauer unter die Lupe nehmen, deuten und beschreiben? Notiere dir, welche Teilbereiche jeweils untersucht werden müssen.

Nachdem du den Inhalt des Gedichts erfasst hast, geht es darum, im Text Auffälligkeiten bzw. **Besonderheiten von Inhalt und Form** zu **erkennen** und zu **benennen**.
Zusätzlich muss aber auch die **Wirkung**, die das Geschriebene auf die Leser*innen hat (bzw. haben soll), untersucht werden. Dabei hilft es dir, wenn du deine ersten Eindrücke während des Lesens gleich notierst.
Frage dich zum Beispiel:

Welche Assoziationen oder Gefühle löst die eine oder andere Formulierung bei den Leserinnen und Lesern aus? Oder was soll vermutlich ausgelöst werden?

Welche Vermutungen werden geweckt, später verworfen oder bestätigt?

Nimm dir nun Zeit, um das folgende Gedicht zu lesen und zu verstehen. Arbeite mit dem Stift. Erste Notizen sind bereits eingetragen.

Notizen

Also nicht so richtig in der Fremde …?

männliche Person!

**Erich Kästner: Sozusagen in der Fremde**

Er saß in der großen Stadt Berlin
an einem kleinen Tisch.
Die Stadt war groß, auch ohne ihn.
Er war nicht nötig, wie es schien.
Und rund um ihn war Plüsch.

Die Leute saßen zum Greifen nah,
und er war doch allein.
Und in dem Spiegel, in den er sah,
saßen sie alle noch einmal da,
als müsse das so sein.

Der Saal war blaß vor lauter Licht.
Es roch nach Parfüm und Gebäck.
Er blickte ernst von Gesicht zu Gesicht.
Was er da sah, gefiel ihm nicht.
Er schaute traurig weg.

Er strich das weiße Tischtuch glatt
und blickte in das Glas.
Fast hatte er das Leben satt.
Was wollte er in dieser Stadt,
in der er einsam saß?

Da stand er, in der Stadt Berlin,
auf von dem kleinen Tisch.
Keiner der Menschen kannte ihn.
Da fing er an, den Hut zu ziehn!
Not macht erfinderisch.

Notizen

*„großen" / „kleinen" = Gegensatz*

*Quelle: Erich Kästner: Sozusagen in der Fremde. In: Gesang zwischen den Stühlen. (Kästner für Erwachsene. Ausgewählte Schriften, Bd. 1), Zürich: Atrium Verlag 1983. (Erstveröffentlichung 1932)*

## Überprüfe dein Textverständnis

1. Ordne die Elemente der **äußeren Handlung** den fünf Strophen des Gedichts zu. Trage dazu die entsprechende Strophennummer in die Kästchen ein.

Übung 37

| | |
|---|---|
| | Der Mann mustert die Gesichter der Menschen, schaut dann aber wieder weg. |
| | Der Mann erblickt in einem Spiegel andere Menschen. |
| | Der Mann steht vom Tisch auf und beginnt, vor den Fremden seinen Hut zu ziehen. |
| | Ein Mann sitzt in Berlin an einem kleinen Tisch. |
| | Der Mann streicht das Tischtuch glatt, schaut in sein Glas und fühlt sich einsam. |

2. Beantworte kurz die Fragen zum Inhalt.
   a) Welches Problem wird beschrieben?

   b) Inwiefern wird dieses Problem in der letzten Strophe gelöst?

   c) Das Gedicht weist eine Besonderheit im Aufbau auf, denn es gibt eine Art Wendepunkt, wie er für Kurzgeschichten typisch ist. Kannst du diesen benennen und erklären?

## 5.2 Analyse der Aufgabenstellung

**Übung 38**

Nachdem du den Text gelesen und verstanden hast, solltest du dir die Aufgabenstellung genau ansehen. Lies dir die folgende Aufgabenstellung gründlich durch.

**Aufgabenstellung**

*Schreibe eine Textbeschreibung zum Gedicht „Sozusagen in der Fremde" von Erich Kästner. Gehe im Hauptteil auf folgende Aspekte ein:*

- *Form*
- *Metrum*
- *Ort und Zeit*
- *Figuren*

*Schreibe einen zusammenhängenden, gegliederten Text. Achte auf korrekte Sprache und Rechtschreibung, beides wird bewertet.*

1. Welche Aspekte der Textbeschreibung werden in der Aufgabenstellung konkret genannt? Antworte in einem ganzen Satz. (→ Heft)

2. Welche anderen Teile musst du in deinen Aufsatz aufnehmen, auch wenn sie nicht ausdrücklich in der Aufgabenstellung genannt werden? (→ Heft)

## 5.3 Die Einleitung: Inhaltsangabe

Die **Einleitung** der Textbeschreibung Lyrik besteht immer aus einer **Inhaltsangabe**. Der erste Satz der Inhaltsangabe und somit auch deines Aufsatzes ist der sogenannte **Basissatz**. Er vermittelt den Leserinnen und Lesern einen ersten Eindruck von deinen Fähigkeiten. Es ist daher besonders wichtig, dass dieser korrekt und ansprechend formuliert ist. Achte darauf, ein **übergeordnetes Thema** zu finden und nicht nur Handlungsschritte wiederzugeben.

Auf einen Blick

**Einleitung der Textbeschreibung**

- **Basissatz** mit Titel, Autor*in, Textsorte, Thema und Quellenangabe (Zusätzlich möglich z. B. Angaben zur Biografie der Autorin/des Autors, Epoche)
- Knappe Schilderung von **Inhalt bzw. Handlung des Gedichts** (2–3 Sätze)
- **Sprache:** Sachliche Formulierungen ohne wörtliche Rede und im Präsens!

Übung 39

1. Lies dir die folgende Tabelle mit einer Übersicht über mögliche Formulierungen für deinen Basissatz durch und fülle dann die Lücken in der rechten Spalte.

| Formulierung | Beispiel |
|---|---|
| **Das Gedicht** (Titel) **von** (Autor*in) **handelt von** (Thema). **Es erschien** (Quelle mit Angabe des Erscheinungsjahrs). | **Das Gedicht** „Sozusagen in der Fremde“ **von** Erich Kästner **handelt von** der Einsamkeit in der Großstadt und davon, wie man diese überwinden kann. **Es erschien** 1983 im Buch „Gesang zwischen den Stühlen“ in Zürich im Atrium Verlag. Die Erstveröffentlichung war 1932. |
| (Autor*in) **Gedicht** (Titel) **befasst sich mit** (Thema). **Veröffentlicht wurde es** (vollständige Quellenangabe). | Erich Kästners **Gedicht** „Sozusagen in der Fremde“ **befasst sich mit** der Einsamkeit in der Großstadt und damit, wie man diese überwinden kann. **Veröffentlicht wurde es** 1983 im Buch „Gesang zwischen den Stühlen“ in Zürich im Atrium Verlag. Die Erstveröffentlichung war 1932. |
| **Das Gedicht** (Titel) **behandelt** (Thema). **Es stammt von** (Autor*in), **die/der** (z. B. Lebensdaten). **Erschienen ist das Gedicht** (vollständige Quellenangabe). | **Das Gedicht** „Sozusagen in der Fremde“ **behandelt** die Einsamkeit in der Großstadt und zeigt auf, wie man diese überwinden kann. **Es stammt von** Erich Kästner, **der** von 1899 bis 1974 lebte. **Erschienen ist das Gedicht** 1983 im Buch „Gesang zwischen den Stühlen“ in Zürich im Atrium Verlag. Die Erstveröffentlichung war 1932. |
| **In dem Gedicht** (Titel), **das von** (Autor*in) **verfasst wurde, wird** (Thema) **dargestellt. Das Gedicht stammt aus** (vollständige Quellenangabe). | **In dem Gedicht** „Sozusagen in der Fremde“, **das von** Erich Kästner **verfasst wurde, wird** ____________________ ____________________ **dargestellt** und aufgezeigt, wie man diese überwinden kann. **Das Gedicht stammt aus** ____________________ ____________________ ____________________ ____________________ ____________________ |

| | |
|---|---|
| **In dem Gedicht** (Titel) **von** (Autor*in) **geht es um** (Thema). **Abgedruckt wurde das Gedicht** (vollständige Quellenangabe). | **In dem Gedicht** „Sozusagen in der Fremde“ **von** Erich Kästner |
| **In dem Gedicht** (Titel) **von** (Autor*in)**, das** (vollständige Quellenangabe) **erschienen ist, wird** (Thema) **beschrieben.** | |

2. Formuliere mithilfe der bereits in Übung 37 zusammengefassten **äußeren Handlung** des Gedichts eine knappe Schilderung des Inhalts, die auf den Basissatz folgen soll (2–3 Sätze). Überlege, welche Informationen du beibehältst und welche du bei der Inhaltsangabe evtl. auch weglassen könntest. Ergänze noch den vermuteten Ort des Geschehens.

   **Hinweis:** Beachte, dass du nach dem Basissatz direkt mit der Wiedergabe der Handlung beginnst und nicht noch einmal eine einleitende Formulierung wie „In dem Gedicht geht es um …“ verwendest.

## 5.4 Der Hauptteil: Elemente der Textbeschreibung Lyrik

Im Hauptteil deiner Textbeschreibung musst du dich mit **verschiedenen Elementen** eines vorliegenden Textes beschäftigen, d. h., du musst bestimmte Aspekte, **die in der Aufgabenstellung genannt sind**, untersuchen. Nachdem du deine ersten Eindrücke notiert hast, solltest du den Text auf diese Elemente hin analysieren.

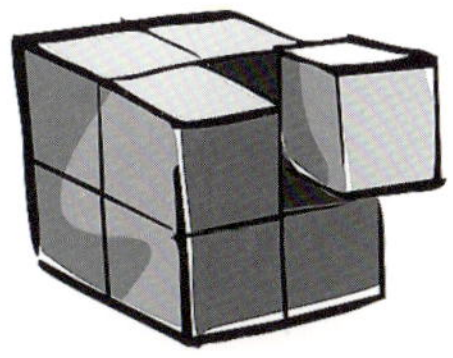

Folgende Elemente solltest du beschreiben können:

**Aufbau / Form**
- In wie viele Strophen und Verse ist das Gedicht unterteilt?
- Gibt es Reime / ein Reimschema? Gibt es Besonderheiten bezüglich der Reime?
- Gibt es sonstige Besonderheiten, z. B. Anordnung der Verse / Strophen, Schreibweise, besondere Gedichtform?

**Metrum / Rhythmus**
- Welches Metrum (Versmaß) liegt vor?
- Ist ein Rhythmus zu erkennen?

**Atmosphäre**
- Wie lassen sich Stimmung und Atmosphäre im Text beschreiben?
- Verändern sie sich im Textverlauf?

**Sprache und Stil**
- Welche Stilmittel oder sprachlichen Bilder werden verwendet (z. B. Vergleich, Personifikation, Metapher) und welche Wirkung erzeugen sie bzw. was wird durch sie veranschaulicht?
- Liegen Enjambements vor?
- Gibt es sonstige Auffälligkeiten bei der Sprache / Wortwahl?

**Ort und Zeit**
- Was erfährt man über den Raum / Handlungsort?
- Was erfährt man über die Zeit / Dauer des Geschehens?
- Gibt es konkrete Orts- und Zeitangaben?

**Titel**
- Welche Assoziationen (erste, spontane Gedanken) löst der Titel bei den Leserinnen und Lesern aus?
- Ändert sich die Deutung des Titels nach dem Lesen des Textes?
- In welcher Beziehung stehen Titel und Inhalt zueinander?
- Gibt es Besonderheiten?

**Inhalt**
- Was wird im Gedicht beschrieben / behandelt?
- Wie ist der Handlungs- bzw. Konfliktverlauf? Gibt es evtl. eine Art Wendepunkt?
- Gibt es ein Leitmotiv (durchgängiges Thema)?

**Perspektive**
- Spricht ein lyrisches Ich?
- Gibt es eine Art „Erzählperspektive“?
- Wechselt die Perspektive?
- Welche Wirkung hat diese Perspektive?

**Figuren**
- Gibt es eine Art Hauptfigur?
- Was erfährt man über Verhalten, Einstellungen und Handlungen der Figuren? Wie bewertest du diese?
- Welche inneren und äußeren Merkmale weisen die Figuren auf?
- Was erfährt man über die Beziehung der Figuren zueinander?
- Welche Eigenschaften und Handlungsmotive der Figuren lassen sich ableiten?

**Autoren- / Zeitbezug**
- Was weißt du über die Entstehungszeit (evtl. Epoche) des Gedichts bzw. die Zeit, in der die Handlung spielt?
- Was weißt du über die Autorin / den Autor (z. B. Lebensumstände, politische Gesinnung), das in Bezug auf das vorliegende Gedicht interessant ist?

Im Folgenden findest du verschiedene **Informationen und Übungen** zu den Elementen der Textbeschreibung.

## Aufbau und Form

Wenn man von der Form eines Gedichts spricht, meint man die **Aufteilung in Verse und Strophen** sowie die **Reimformen**. Bei den Reimformen untersuchst du zunächst, ob ein bestimmtes **Reimschema** vorliegt. Reime werden mit Kleinbuchstaben neben den einzelnen Versen verdeutlicht, z. B.: abab.

Auf einen Blick

**Form eines Gedichts**

- Als **Vers** bezeichnet man eine Zeile eines Gedichts.
- Eine **Strophe** ist ein Abschnitt eines Gedichts, der meist aus mehreren Versen besteht.
- Ein **Enjambement** ist eine Fortführung der Sinneinheit über das Versende hinaus, das die Leser*innen quasi zwingt, ohne Pause den nächsten Vers weiterzulesen. Auf diese Weise wird das Lesetempo gesteigert. Oft entsteht dadurch der Eindruck von Hektik, Schnelligkeit oder Nervosität, z. B.:

*Was tut er, dass*
*Er nicht mit Schuld belade.*

Man unterscheidet folgende Reimschemata:

| | | | |
|---|---|---|---|
| **Paarreim:** | aa bb | **Umarmender Reim:** | a bb a |
| **Schweifreim:** | aab ccb | **Verschränkter Reim:** | abc abc |
| **Kreuzreim:** | ab ab | | |

Übung 40

1. Aus wie vielen Strophen mit jeweils wie vielen Versen besteht Kästners Gedicht „Sozusagen in der Fremde“?

2. Beschreibe das **Reimschema** im Gedicht „Sozusagen in der Fremde“.

Tipp

**Wie beschreibst du die Reimform, wenn die Reime keinem Schema entsprechen?**
Nicht immer entspricht das Reimschema eines Gedichts den aufgeführten Reimschemata. Du kannst das Reimschema dennoch beschreiben, indem du die Buchstabenfolge angibst (z. B. *aabba*) und erklärst, welchem Reimschema es vielleicht ähnelt.

Auf einen Blick

**Besonderheiten bei Reimen**

- **Binnenreim:** Zwei Wörter in derselben Verszeile reimen sich, z. B.: *Er lief und schlief.*
- **Identischer Reim:** Die Reimwörter werden wiederholt, anstatt ein neues Reimwort zu verwenden.
- **Mehrfachreim:** Reim über drei oder mehr Verszeilen (auch *Haufenreim* genannt)
- **Reicher Reim:** nicht nur ein oder zwei Silben, sondern mehrere reimen sich, z. B.: *Sing und Sang/Kling und Klang*
- **Unreiner Reim:** ungenauer oder unvollständiger (aber doch gut erkennbarer) Gleichklang der reimenden Silben bzw. Wörter, z. B.: *küssen – gerissen, müde – Tüte*
- **Waise:** einzelne reimlose Zeile in ansonsten gereimter Dichtung

3. In Kästners Gedicht taucht eine der aufgeführten Besonderheiten bei Reimen auf. Nenne und erkläre sie.

_______________________________________________

_______________________________________________

_______________________________________________

4. Beschreibe die Erkenntnisse, die du zur **Form** von „Sozusagen in der Fremde“ gewonnen hast, noch einmal als zusammenhängenden Text. Achte dabei auf ansprechende Formulierungen.

_______________________________________________

_______________________________________________

_______________________________________________

_______________________________________________

_______________________________________________

_______________________________________________

_______________________________________________

_______________________________________________

_______________________________________________

_______________________________________________

_______________________________________________

_______________________________________________

Tipp

**Wie formulierst du die Beschreibung der Form eines Gedichts?**

Folgende Formulierungen können dir bei der Beschreibung der Form eines Gedichts helfen:

- *Das Gedicht besteht aus … Strophen mit jeweils … Versen.*
- *Das Gedicht setzt sich aus … Strophen mit jeweils … Versen zusammen.*
- *Das Gedicht ist regelmäßig/unregelmäßig aufgebaut, wobei sich jeweils die Verse … reimen.*
- *In … lässt sich folgendes Reimschema erkennen: …*

## Metrum/Rhythmus

Das sogenannte **Metrum** gibt die **Folge der betonten und unbetonten Silben** in einem Gedicht an. Sie basiert auf der normalen Sprechweise der Wörter und wird in der Lyrik häufig zu einem festen Schema zusammengefasst.

Beispiele

*Bei dem Wort „Liebe" ist die erste Silbe betont und die zweite unbetont.*
*Man kann dies folgendermaßen deutlich machen: X x*
*Das Wort „verlieben" hat hingegen die Abfolge x X x.*

Auf einen Blick

**Metrum eines Gedichts**

In den folgenden Gedichtausschnitten finden sich die wichtigsten Metren, dabei bezeichnet „X" eine betonte und „x" eine unbetonte Silbe.

**Das steigende Metrum**
Die nachfolgenden beiden Metren werden als steigend bezeichnet, weil sie mit einer unbetonten Silbe beginnen.

**Jambus: x X**

| | |
|---|---|
| *Der Mond ist aufgegangen* | x X x X x X x |
| *Die goldnen Sternlein prangen* | x X x X x X x |
| *Am Himmel hell und klar.* | x X x X x X |

**Anapäst: x x X**

| | |
|---|---|
| *Und es wallet und siedet und brauset und zischt* | x x X x x X x x X x x X |
| *Wie wenn Wasser und Feuer sich mengt* | x x X x x X x x X |

**Das fallende Metrum**
Die nachfolgenden beiden Metren werden als fallend bezeichnet, weil sie mit einer betonten Silbe beginnen.

**Trochäus: X x**

| | |
|---|---|
| *Wieviel Wege ging ich frühlingsgrün,* | X x X x X x X x X |
| *wieviel Sommersonnen sah ich glühn!* | X x X x X x X x X |
| *Müde ist mein Schritt und grau mein Haar,* | X x X x X x X x X |
| *Niemand kennt mich mehr, wie einst ich war.* | X x X x X x X x X |

**Daktylus: X x x**

| | |
|---|---|
| *Springende Reiter und flatternde Blüten,* | X x x X x x X x x X x |
| *einer voraus mit gescheitelten Locken –* | X x x X x x X x x X x |
| *Ist es der Lenz auf geflügeltem Renner?* | X x x X x x X x x X x |

Übung 41

1. Bestimme jeweils das **Metrum** der vorliegenden Gedichtauszüge und schreibe es auf die Zeile darunter. Zeichne dazu zuerst über eine betonte Silbe ein X. Schreibe über unbetonte Silben ein x. Ein Beispiel ist dir vorgegeben.

Beispiel

a) x X x X x X x X x
*Es schlug mein Herz, geschwind zu Pferde!*
x X x X x X x X
*Es war getan fast eh gedacht.*

*Der Abend wiegte schon die Erde,*

*Und an den Bergen hing die Nacht;*

Metrum: ______________________

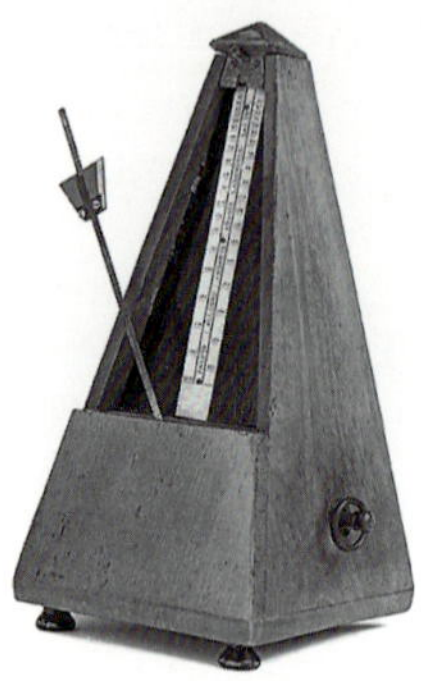

b) *Heute hier, morgen dort,*
*bin kaum da, muss ich fort,*
*hab mich niemals deswegen beklagt.*
Metrum: ____________________

c) *Seht! wie die Tage sich sonnig verklären!*
*Blau ist der Himmel und grünend das Land.*
*Klag' ist ein Misston im Chore der Sphären!*
*Trägt denn die Schöpfung ein Trauergewand?*
Metrum: ____________________

d) *Grausame, gräuliche,*
*Fürchtlich-abscheuliche*
*Diebische Nacht,*
*Welche den mutigen,*
*Menschenmord-blutigen,*
*Mörder- und Räubern,*
*Hexen und Zaubern,*
*Sicherheit macht*
Metrum: ____________________

e) *Hat der alte Hexenmeister*
*Sich doch einmal wegbegeben!*
*Und nun sollen seine Geister*
*Auch nach meinem Willen Leben!*
Metrum: ____________________

Tipp

**Was können Unregelmäßigkeiten beim Metrum bedeuten?**
Manchmal wird ein Metrum zwar an sich durchgehalten, aber zur besonderen Hervorhebung kann es z. B. ausnahmsweise sein, dass bei einem Jambus in einer Zeile einmal zwei betonte Silben aufeinanderfolgen.

Auf einen Blick

**Freie Rhythmen**

Die **moderne Lyrik** weist oft kein durchgängiges oder erkennbares Metrum mehr auf. Dies geht häufig zusammen mit dem Verzicht auf Reime und Groß-/Kleinschreibung. Die Dichtung entzieht sich somit der Regelhaftigkeit äußerer normativer Zwänge und stellt die Aussage über formale Aspekte.

2. Zeichne im Gedicht „Sozusagen in der Fremde“ ein, wo du betonte und unbetonte Silben entdeckst. Lies das Gedicht dazu laut und übertrieben betont vor. Markiere eine betonte Silbe wieder mit einem X. Verwende für unbetonte Silben wieder ein x.

*Er saß in der großen Stadt Berlin*
*an einem kleinen Tisch.*
*Die Stadt war groß, auch ohne ihn.*
*Er war nicht nötig, wie es schien.*
*Und rund um ihn war Plüsch.*

*Die Leute saßen zum Greifen nah,*
*und er war doch allein.*
*Und in dem Spiegel, in den er sah,*
*saßen sie alle noch einmal da,*
*als müsse das so sein.*

*Der Saal war blaß vor lauter Licht.*
*Es roch nach Parfüm und Gebäck.*
*Er blickte ernst von Gesicht zu Gesicht.*
*Was er da sah, gefiel ihm nicht.*
*Er schaute traurig weg.*

*Er strich das weiße Tischtuch glatt*
*und blickte in das Glas.*
*Fast hatte er das Leben satt.*
*Was wollte er in dieser Stadt,*
*in der er einsam saß?*

*Da stand er, in der Stadt Berlin,*
*auf von dem kleinen Tisch.*
*Keiner der Menschen kannte ihn.*
*Da fing er an, den Hut zu ziehn!*
*Not macht erfinderisch.*

*Quelle: Erich Kästner: Sozusagen in der Fremde. In: Gesang zwischen den Stühlen. (Kästner für Erwachsene. Ausgewählte Schriften, Bd. 1), Zürich: Atrium Verlag 1983. (Erstveröffentlichung 1932)*

3. Beschreibe die Erkenntnisse, die du zum Metrum von „Sozusagen in der Fremde“ gewonnen hast, als zusammenhängenden Text. Achte dabei auf ansprechende Formulierungen. (→ Heft)

Tipp

**Wie kannst du die Beschreibung des Metrums formulieren?**
Folgende Formulierungen können dir bei der Beschreibung des Metrums helfen:
- *Es ist ein/kein durchgängiges Metrum erkennbar, da …*
- *In Vers … folgt auf eine … Silbe immer eine … Silbe.*
- *Im Gedicht … liegt ein fallendes/steigendes Metrum vor, das dem Schema … folgt.*
- *Die Abfolge von betonten und unbetonten Silben entspricht dem Schema … Es liegt also ein … vor.*

## Figuren

Beantworte die Fragen zur **Hauptfigur** im Gedicht „Sozusagen in der Fremde“.

Übung 42

1. Um wen geht es in diesem Gedicht?

______________________________

______________________________

2. Was erfährt man über die Hauptfigur? Beantworte nachfolgende Fragen und trage deine Antworten stichpunktartig in die Tabelle ein.

| Fragen | Stichpunkte |
|---|---|
| Welche Eckdaten erfährt man über die Hauptfigur? (Steckbrief: Geschlecht, Alter, Aussehen, Wohnort …) | |
| In welcher Beziehung steht die Hauptfigur zu den anderen Menschen? (Beziehung) | |
| Wie entwickelt sich die Hauptfigur im Laufe des Gedichts? (Entwicklung) | |
| Warum handelt die Figur am Ende des Gedichts? (Handlungsmotiv) | |

3. Fasse nun deine Ergebnisse aus Aufgabe 1 und 2 in einer vollständigen **Figurenbeschreibung** zusammen. (→ Heft)

**Hinweis:** Formulierungshilfen zur Figurenbeschreibung findest du im Kapitel zur Textbeschreibung Prosa (siehe Übung 56).

## Perspektive/lyrisches Ich

Bei diesem Aspekt untersuchst du die Sichtweise, aus der das Gedicht dargestellt wird, und deren Wirkung. Die „Stimme“ eines Gedichts (meist als „lyrisches Ich“ oder „lyrischer/poetischer Sprecher“ bezeichnet) ist **nicht** mit der Autorin oder dem Autor gleichzusetzen.

Auf einen Blick

**Lyrisches Ich**

Man kann folgende Darstellungsformen unterscheiden:
- Das lyrische Ich ist **deutlich erkennbar** an z. B. Pronomen in der ersten Person („ich“, „mir“).
- Das lyrische Ich tritt **nicht erkennbar** in Erscheinung, es fehlen Personal- oder Possessivpronomen in der ersten Person.

Übung 43

1. Entscheide, ob folgende Aussagen zur **Perspektive** in „Sozusagen in der Fremde“ zutreffen. Kreuze alle richtigen Aussagen an.
   - ☐ Der lyrische Sprecher beschreibt nur die äußere Handlung.
   - ☐ Über die Hauptfigur wird in der 3. Person gesprochen.
   - ☐ Die Perspektive wechselt im Laufe des Gedichts.
   - ☐ Der Sprecher schlüpft in die Rolle eines Mannes aus Berlin.
   - ☐ Der lyrische Sprecher beobachtet die Situation von außen, kennt aber auch die Gefühle des Mannes.
   - ☐ Das Gedicht ist aus der Ich-Perspektive verfasst.

2. Beschreibe, welche **Wirkung** die Perspektive auf die Leser*innen hat. Gehe auch darauf ein, inwiefern die Perspektive zum Inhalt des Gedichts passt.

______________________________

______________________________

______________________________

______________________________

______________________________

______________________________

______________________________

______________________________

Tipp

**Wie kannst du die Perspektive beschreiben?**

Folgende Formulierungen können dir bei der Beschreibung der Perspektive helfen:
- *Das Gedicht ist aus der Sicht eines lyrischen Ichs/lyrischen Sprechers verfasst, was an … erkennbar ist.*
- *Durch die Perspektive … wird … deutlich.*
- *Das lyrische Ich/Der lyrische Sprecher ist deutlich erkennbar/nicht erkennbar, weil …*
- *… deutet darauf hin, dass das Gedicht aus der Perspektive … dargestellt ist.*

## Ort und Zeit

Wo und wann die Handlung eines Gedichts spielt, ist oft schwer nachvollziehbar. Nicht immer gibt es konkrete Angaben. Manchmal müssen dazu Rückschlüsse aus einzelnen Worten gezogen werden.

Übung 44

Zu Ort und Zeit der Handlung im Gedicht „Sozusagen in der Fremde" lassen sich nur Mutmaßungen anstellen.

1. Wo spielt die Handlung des Gedichts wahrscheinlich? Beantworte die Frage und begründe kurz deine Entscheidung.

**Hinweis:** Formulierungshilfen zur Beschreibung des Handlungsorts findest du im Kapitel zur Textbeschreibung Prosa.

2. Kannst du auch Vermutungen zur Tageszeit des Geschehens anstellen? Belege sie am Gedicht.

Tipp

**Wie formulierst du deine Vermutungen oder Erkenntnisse zur Zeit?**
Folgende Formulierungen können dir bei der Beschreibung der Zeit helfen:
- *Dass sich das Geschehen im Gedicht vermutlich … abspielt, wird an … deutlich.*
- *Wahrscheinlich findet das Geschehen … statt, da …*
- *Es ist anzunehmen, dass das Geschehen im Gedicht … spielt, weil …*
- *Das Geschehen im Gedicht erstreckt sich über einen Zeitraum von …, da …*

## Sprache und Stil

Oft werden **Stilfiguren** oder besondere **sprachliche Bilder** eingesetzt, um die beabsichtigte Wirkung zu unterstützen.
Die Beschreibung der Sprache oder der Stilfiguren muss immer mit einer Darstellung der Wirkung, die diese bei den Leserinnen und Lesern auslöst, und dem Inhalt des Textes verknüpft werden.

Übung 45

*Digitales Glossar: Begriffe nachschlagen*

*MindCards: Wichtiges wiederholen*

1. Ergänze folgende Mindmap, indem du die Aspekte zuordnest, die man im Bereich **Sprache und Stil** untersuchen kann.

Personifikation • Fremdwörter • Befehlssätze • Umgangssprache • indirekte Rede • Ironie • Satzgefüge • Metapher • Stilfiguren • Inversion • Ellipse • Dialekt

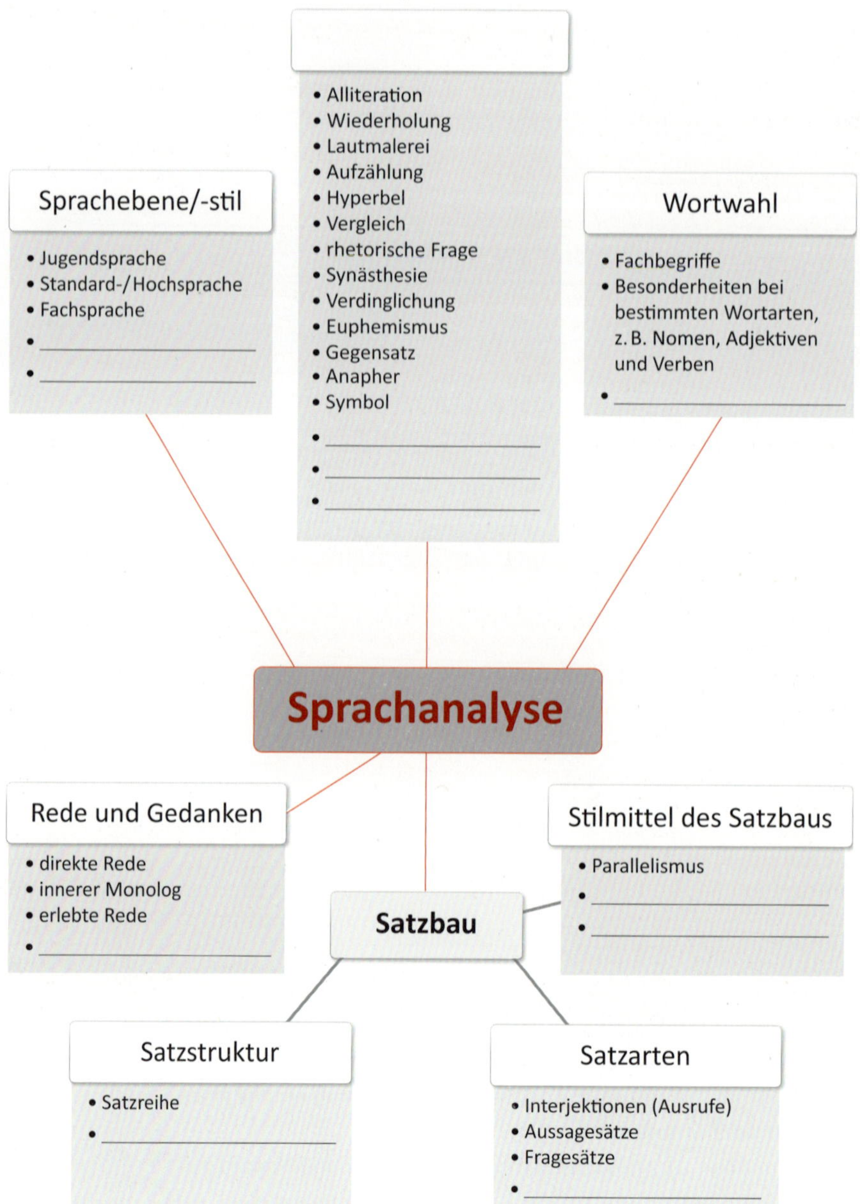

Auf einen Blick

| Die wichtigsten Stilfiguren/Stilmittel | | |
|---|---|---|
| **Alliteration** | Klangfigur, bei der mehrere Wörter denselben Anlaut bzw. Anfangsbuchstaben haben | *Milch macht müde Männer munter.* |
| **Anapher** | Wiederholung eines Wortes oder einer Wortgruppe am Vers- oder Satzanfang | *Er sah nicht in die Ferne, er sah nicht in die Höh'.* |
| **Aufzählung** | Aneinanderreihung mehrerer gleichartiger Elemente, z. B. Wörter oder Wortgruppen | *Sonne, Mond und Sterne* |
| **Ellipse** | Weglassen von Satzteilen | *Nachts auch. Immerzu.* |
| **Euphemismus** | Beschönigende Beschreibung | *„Einschlafen" statt „Sterben"* |
| **Gegensatz** | Entgegengesetzte Angaben werden einander gegenübergestellt | *Draußen ist es kalt, drinnen ist es hingegen warm.* |
| **Hyperbel** | Starke Übertreibung | *ein Meer von Tränen* |
| **Inversion** | Umstellung eines Satzes, um etwas in den Vordergrund zu rücken, zu verdeutlichen und auf es aufmerksam zu machen | *„Aufsteigt die Sonne" statt „Die Sonne steigt auf"* |
| **Ironie** | Verfremdende Äußerung, die das Gegenteil dessen meint, was eigentlich gesagt wird | *Du bist mir ja ein schöner Freund!* |
| **Lautmalerei** (Onomatopoesie) | Mit Worten und Buchstaben werden (Natur-)Laute bzw. Geräusche nachempfunden oder nachgeahmt | *miau, piff paff, kuckuck* |
| **Metapher** | Ausdruck, der im übertragenen Sinn zu verstehen ist | *Wüstenschiff (= Kamel)* |
| **Parallelismus** | Wiederholung gleicher Satzbauelemente | *Sie sehen fern. Sie hören weit.* |
| **Personifikation** | Etwas eigentlich Unbelebtes wird mit menschlichen Fähigkeiten dargestellt | *Die Sonne lacht.* |
| **Rhetorische Frage** | Keine echte Frage, sondern eine Aussage in Frageform, auf die man keine Antwort erwartet | *Seid ihr nicht mehr ganz sauber?; Machen wir nicht alle manchmal einen Fehler?* |
| **Symbol** | Ein Sinnbild, das auf etwas Allgemeines verweist | *Taube = Symbol für Frieden, Herz = Liebe* |
| **Synästhesie** | Verbindung verschiedener Sinneswahrnehmungen | *ein kaltes Blau (kalt = fühlen, Blau = sehen)* |
| **Verdinglichung** | Menschen oder Tiere werden mit Eigenschaften von Dingen dargestellt | *die zwei Fassaden Leute* |
| **Vergleich** | Verknüpfung zweier Bedeutungsbereiche, erkennbar am Wörtchen „wie" | *Er singt wie ein Engel.* |
| **Wiederholung** | Wörter, Satzteile oder ganze Sätze tauchen im Text mehrfach auf | *Mal mit und mal ohne. Mal frei, mal bedeckt.* |

*MindCards: Wichtiges wiederholen*

2. Um welche **Stilfigur** handelt es sich? Trage die passenden Fachbegriffe ein.

   **Hinweis:** Falls du dir bei den verschiedenen Stilfiguren noch unsicher bist, dann übe sie zuerst mit den **digitalen Lernkarten (MindCards)**. Du kannst sie auch über den **QR-Code** am Rand abrufen.

| Beispiel | Stilmittel |
|---|---|
| *rot wie Blut* | |
| *Kopf hoch!* | |
| *kaltes Schweigen* | |
| *still und starr* | |
| *stummer Schrei* | |
| *Er bringt mich auf die Palme.* | |
| *am Fuß des Berges* | |
| *Der Tornado wütet.* | |
| *Ich habe es dir tausendmal gesagt!* | |
| *Noch träumen Wald und Wiesen.* | |
| *Wer glaubt das schon?* | |
| *Er schaut nicht in die Felsenriffe,*<br>*Er schaut nur hinauf in die Höh'.* | |

3. In den drei Spalten findest du jeweils ein Zitat aus Kästners Gedicht „Sozusagen in der Fremde“, eine Stilfigur und eine Deutung oder Erläuterung der Wirkung. Finde die zusammengehörigen Felder und verbinde sie mit Linien.

| **Zitat** | **Stilfigur** | **Deutung/Wirkung** |
|---|---|---|
| *Und rund um ihn war Plüsch.* | Rhetorische Frage | Durch die Umstellung des Satzes, bei dem „von dem kleinen Tisch“ nach hinten verschoben wurde, werden sowohl die aktive Tätigkeit des Aufstehens als auch der kleine Tisch besonders hervorgehoben. |
| *Was wollte er in dieser Stadt, / in der er einsam saß?* | Inversion | Diese Frage ist nicht ernst gemeint, da sie keiner Antwort bedarf. Vielmehr soll sie ausdrücken, dass die Hauptfigur des Gedichts das Gefühl hat, sie habe in der Großstadt eigentlich nichts verloren und sollte möglicherweise die Stadt verlassen. |
| *Da stand er, in der Stadt Berlin, / auf von dem kleinen Tisch.* | Symbol | Das Wort „Plüsch“ gehört eigentlich in den Bereich der Stoffe und Polster. Es bezeichnet etwas Weiches, Kuscheliges, das Geborgenheit vermittelt, wie etwa ein Plüschbär. Hier ist es sowohl eine Anspielung auf die gepolsterten Sitze des Cafés als auch ein Zeichen für die Gemütlichkeit und das Sich-Wohlfühlen – Gefühle also, welche die anderen Cafébesucher empfinden, nicht aber der Mann. |

4. Formuliere nun mithilfe deiner Erkenntnisse aus Aufgabe 3 einen zusammenhängenden Text über Sprache und Stil des Gedichts „Sozusagen in der Fremde“ von Erich Kästner. (→ Heft)

Tipp

**Wie beschreibst du Sprache und Stil in Verbindung mit dem Inhalt?**

Folgende Formulierungen können dir bei der Beschreibung von Sprache und Stil helfen:

- *… dient der Verstärkung/Hervorhebung von …*
- *… veranschaulicht/unterstreicht/verdeutlicht …*
- *… bewirkt/zeigt/macht deutlich, dass …*
- *Diese inhaltliche Veränderung spiegelt sich in … wider.*
- *Die Ausdrucksweise/Formulierung … steht im Widerspruch zum Inhalt/unterstreicht den Inhalt.*
- *Die Aussage wird durch … unterstützt/untermauert/verstärkt/abgeschwächt.*

## Atmosphäre

Durch besondere Formulierungen oder den Satzbau kann den Leserinnen und Lesern eine bestimmte Stimmung bzw. Atmosphäre vermittelt werden.

Übung 46

1. Ordne jeder Strophe des Gedichts die Formulierung zu, die die jeweilige **Atmosphäre** am besten beschreibt. Die Gefühle des Mannes spiegeln diese wider, achte daher besonders auf die im Gedicht genannten Adjektive.

traurig • neue Zuversicht • ernst • voller Tatendrang • des Lebens müde • allein unter Menschen • verzweifelt • fühlt sich klein und unbedeutend

| Sozusagen in der Fremde | Atmosphäre |
|---|---|
| *Er saß in der großen Stadt Berlin<br>an einem kleinen Tisch.<br>Die Stadt war groß, auch ohne ihn.<br>Er war nicht nötig, wie es schien.<br>Und rund um ihn war Plüsch.* | |
| *Die Leute saßen zum Greifen nah,<br>und er war doch allein.<br>Und in dem Spiegel, in den er sah,<br>saßen sie alle noch einmal da,<br>als müsse das so sein.* | |
| *Der Saal war blaß vor lauter Licht.<br>Es roch nach Parfüm und Gebäck.<br>Er blickte ernst von Gesicht zu Gesicht.<br>Was er da sah, gefiel ihm nicht.<br>Er schaute traurig weg.* | |
| *Er strich das weiße Tischtuch glatt<br>und blickte in das Glas.<br>Fast hatte er das Leben satt.<br>Was wollte er in dieser Stadt,<br>in der er einsam saß?* | |
| *Da stand er, in der Stadt Berlin,<br>auf von dem kleinen Tisch.<br>Keiner der Menschen kannte ihn.<br>Da fing er an, den Hut zu ziehn!<br>Not macht erfinderisch.* | |

*Quelle: Erich Kästner: Sozusagen in der Fremde. In: Gesang zwischen den Stühlen. (Kästner für Erwachsene. Ausgewählte Schriften, Bd. 1), Zürich: Atrium Verlag 1983. (Erstveröffentlichung 1932)*

2. Formuliere nun mithilfe deiner Erkenntnisse aus Aufgabe 1 einen zusammenhängenden Text über die Atmosphäre im Gedicht. (→ Heft)

Tipp

**Wie formulierst du die Beschreibung der Atmosphäre?**

Folgende Formulierungen können dir bei der Beschreibung der Atmosphäre helfen:

- *Im Gedicht herrscht eine … Atmosphäre. Diese wird vor allem durch … erzeugt.*
- *Die Atmosphäre im Gedicht verändert sich von Strophe zu Strophe, das erkennt man an …*
- *In Strophe/Vers … kippt/verbessert sich die Stimmung plötzlich, als …*

## Titel

Übung 47

Denke noch einmal über deine Empfindungen beim Lesen des Titels nach. Welche Assoziationen hattest du beim ersten Lesen? Haben sich deine Vermutungen nach dem Lesen des Gedichts bestätigt? Wie ist der **Zusammenhang von Titel und Gedichtinhalt**? Formuliere zusammenhängende Sätze zu deinen Überlegungen, verzichte aber darauf, in der Ich-Form zu schreiben, sondern formuliere allgemeiner. Verwende dafür folgende Satzanfänge:

- Beim ersten Lesen des Titels ahnt man bereits, dass ______________________

  ______________________________________________________________

- Dies bestätigt sich ______________________________________________

  ______________________________________________________________

- Der Titel des Gedichts lenkt den Blick der Leser*innen also gleich __________

  ______________________________________________________________

## Autoren-/Zeitbezug

Auf einen Blick

### Autoren- und Zeitbezug

**Erich Kästner** wurde 1899 in Dresden geboren und studierte in Leipzig, Rostock und Berlin die Fächer Germanistik, Geschichte, Philosophie und Theatergeschichte. Er arbeitete unter anderem als Theaterkritiker, freier Mitarbeiter verschiedener Zeitungen und als Schriftsteller. Er verfasste zahlreiche Gedichte, aber auch Kinder- und Jugendbücher sowie Romane für Erwachsene.
In seinen Gedichten beschäftigte sich Kästner mit alltäglichen Problemen der „kleinen Leute", also der einfachen Bevölkerung. Er vermittelte Werte und kritisierte – oft auf humorvolle oder ironische Art und Weise – Missstände in Politik und Gesellschaft. Er wollte dazu beitragen, die Welt zu verbessern.
Schon vor 1933 war Kästner ein sehr erfolgreicher Autor. Da er dem nationalsozialistischen Regime ablehnend gegenüberstand, wurde er aus dem Schriftstellerverband ausgeschlossen. Bei der Bücherverbrennung 1935 wurden auch seine Werke verbrannt und er durfte in Deutschland zunächst nicht mehr veröffentlichen.
Nach dem Ende des Zweiten Weltkriegs zog Kästner nach München, wo er 1974 starb. Erich Kästner erhielt zahlreiche Literaturpreise und seine Werke sind international bekannt.

Übung 48

Stelle einen Zusammenhang zwischen den Informationen über Erich Kästner und dem Inhalt seines Gedichts „Sozusagen in der Fremde" her. (→ Heft)

Tipp

**Wie formulierst du die Beschreibung des Autoren-/Zeitbezugs?**
Folgende Formulierungen können dir bei der Beschreibung des Autoren-/Zeitbezugs helfen:

- *Ähnlich wie die Hauptfigur im Gedicht … hat/ist auch die Autorin/der Autor …*
- *Die Autorin/Der Autor hat sich intensiv mit … auseinandergesetzt, das zeigt sich auch im Gedicht …*
- *Es sind Parallelen zwischen … der Autorin/des Autors und dem Thema des Gedichts/Geschehen im Gedicht erkennbar, z. B. …*

## 5.5 Der Schluss: Stellungnahme, Transfer, Autorenintention

Auch der **Schlussteil** deiner Textbeschreibung darf nicht vernachlässigt werden, da den Leserinnen und Lesern besonders der Anfang und das Ende eines Textes im Gedächtnis bleiben. Hier sollst du eine **persönliche Stellungnahme** verfassen und einen **Transfer** leisten, bei dem du die Situation, das Thema oder das Verhalten auf dein eigenes Leben oder die heutige Gesellschaft überträgst. Außerdem solltest du die **mögliche Absicht** (Intention) der Autorin oder des Autors beschreiben.

Auf einen Blick

**Schluss der Textbeschreibung**

**Persönliche Stellungnahme**
- Was spricht dich am Gedicht an?
- Was irritiert dich oder macht dich nachdenklich?
- Wie stehst du zum Inhalt oder Thema des Textes?

**Transfer**
- Kannst du das Thema oder den Inhalt auf dein **eigenes Leben** oder die **heutige Gesellschaft** übertragen?
- Kannst du das Thema oder den Inhalt auf **andere Lebensbereiche** übertragen?

**Mögliche Absicht der Autorin/des Autors**
- Welches **Thema oder Problem** hat die Autorin/der Autor (beispielhaft) aufgegriffen?
- Ist die **Einstellung** der Autorin/des Autors zum Thema erkennbar? Woran?
- Welche **Absicht** könnte die Autorin/der Autor mit dem Text verfolgt haben? Soll der Text z. B. informieren, unterhalten, auf mögliche Missstände aufmerksam machen?

Übung 49

1. Beantworte nachfolgende Fragen zum Gedicht „Sozusagen in der Fremde“ in Stichpunkten.

| | Fragen | Stichpunkte |
|---|---|---|
| **persönliche Stellungnahme** | Was spricht dich am Gedicht an (inhaltlich, bezüglich Form, Stil usw.)? | |
| | Gibt es etwas, das dich irritiert oder nachdenklich stimmt? | |
| | Aus welchem Grund findest du das Gedicht gelungen (oder auch nicht)? | |

| | | |
|---|---|---|
| **Transfer** | Hast du selbst schon etwas Vergleichbares erlebt oder beobachtet? | |
| | Kannst du die dargestellte Situation auf andere Lebensbereiche übertragen? | |
| | Wie würdest du dich in der Situation der Hauptfigur verhalten? | |
| | Inwiefern ist das Geschehen/ Thema heute noch aktuell? | |
| **mögliche Absicht des Autors** | Welches Problem/ Thema behandelt der Autor? | |
| | Erkennt man die Einstellung des Autors zum Thema? Wenn ja, woran? | |
| | Welche Absicht könnte der Autor mit dem Gedicht verfolgen? | |

2. Schreibe mithilfe deiner Erkenntnisse aus Aufgabe 1 nun einen **Schlussteil**, bei dem du für die persönliche Stellungnahme, den Transfer und die mögliche Absicht des Autors jeweils einen eigenen Abschnitt verfasst. Achte dabei auf ansprechende Formulierungen. (→ Heft)

## 5.6 Überprüfen des Geschriebenen

In der Prüfung musst du deinen Text nach der Fertigstellung unbedingt noch einmal **kritisch lesen und verbessern**. Wie du beim Überarbeiten deines Textes am besten vorgehst, zeigt dir die Schritt-für-Schritt-Anleitung in Kapitel 4.6.

Übung 50

Nimm dir nun eine der **Übungsaufgaben zur Textbeschreibung Lyrik** vor (Kapitel „Übungsaufgaben im Stil der Abschlussprüfung“) und schreibe eine vollständige Textbeschreibung. Überprüfe deinen Aufsatz anschließend anhand der nachfolgenden **Checkliste**. Hake ab, wenn du mit den einzelnen Elementen zufrieden bist, notiere ein X, wenn es noch etwas zu überarbeiten gibt.

Auf einen Blick

| Checkliste für eine gelungene Textbeschreibung | | ✓ | X |
|---|---|---|---|
| **Einleitung** mit Basissatz und geraffter Inhaltswiedergabe | Werden im **Basissatz** der Titel des Textes, die Autorin/der Autor, die Textsorte, die Quelle und das Thema genannt? | | |
| | Habe ich bei der **Formulierung des Themas** darauf geachtet, dass es nicht nur die Handlungsschritte wiedergibt? | | |
| | Habe ich gegebenenfalls **zusätzliche Informationen** über die Autorin/den Autor in der Einleitung erwähnt?<br>**Tipp:** Im Wörterbuch findet man manchmal weiterführende Informationen wie Lebensdaten oder Angaben zur Epoche. | | |
| | Sind die **wesentlichen Inhalte** bzw. wichtigsten Handlungsschritte des Textes verständlich zusammengefasst? | | |
| **Hauptteil** mit Schwerpunkten der Aufgabenstellung | Habe ich **alle in der Aufgabenstellung geforderten Aspekte** des Textes bearbeitet und ausführlich genug behandelt?<br>**Tipp:** Überlege noch einmal, welche Teilaspekte bei jedem Element der Textbeschreibung untersucht werden können. | | |
| | Habe ich **einleitende Formulierungen** verwendet, die verdeutlichen, welcher Aspekt der Aufgabenstellung beschrieben wird? | | |
| | Habe ich alle **Aussagen/Erkenntnisse** mit Zitaten oder Textverweisen **belegt** und diese **korrekt gekennzeichnet**? | | |
| | Wird immer klar, welche **Wirkung** die jeweilige Textstelle hat? | | |
| | Habe ich die korrekten **Fachbegriffe** verwendet, z. B. bei den Stilfiguren? | | |
| **Schluss** mit Stellungnahme, Transfer, Autorenintention | Habe ich klar benannt, welches **Thema** der Text meiner Meinung nach aufgreift und welche **mögliche Botschaft** damit an die Leser*innen gesendet wird (Autorenintention)? | | |
| | Habe ich dargelegt und begründet, wie ich über den Text und das Thema denke (persönliche **Stellungnahme**)? | | |
| | Habe ich beschrieben, inwiefern sich das **Thema/die Aussage des Texts** z. B. auch auf andere Lebensbereiche oder die heutige Gesellschaft **übertragen** lässt (Transfer)? | | |
| **Allgemeines** | Habe ich mir den Aufsatz **mehrmals durchgelesen** und überprüft, ob die Formulierungen und der **Satzbau korrekt** sind? | | |
| | Ist mein Aufsatz **sprachlich ansprechend gestaltet**? | | |
| | Ist der Aufsatz sauber und **übersichtlich dargestellt** (Absätze, lesbare Schrift, ggf. nachvollziehbare Ergänzungen)? | | |
| | Ist die **Rechtschreibung** im Aufsatz korrekt?<br>**Tipp:** Nimm bei Unsicherheiten das Wörterbuch zu Hilfe. | | |

# 6 Textbeschreibung Prosa

*Interaktive Aufgaben: Textbeschreibung Prosa*

Im Wahlteil der Prüfung steht dir als **eine der drei** möglichen Aufgaben auch die **Textbeschreibung Prosa** zur Auswahl. Grundlage für diese Textbeschreibung ist **meist eine Kurzgeschichte**, denkbar sind aber auch andere kurze Prosatexte. Prosatexte gehören zur literarischen Gattung der Epik. Als Prosa werden Texte bezeichnet, die weder durch Verse, Reime noch Rhythmus (Metrum) gebunden sind, man bezeichnet sie daher auch als **ungebundene Rede**. Diese umfasst die Alltagssprache, aber auch die künstlerisch gestaltete Form in der Literatur, z. B. Romane, Novellen, Erzählungen, Märchen, Sagen oder Fabeln.

In der Prüfung wird von dir erwartet, dass du den vorliegenden Text analysierst, z. B. im Hinblick auf die Aspekte Inhalt, Sprache, Aufbau, und die gewonnenen Erkenntnisse anschließend in einem Aufsatz beschreibst und deutest. Die Gesamtaussage des Textes soll abschließend verdeutlicht und auf andere Lebensbereiche, beispielsweise persönliche Erfahrungen, übertragen werden. Die Textbeschreibung ist üblicherweise folgendermaßen aufgebaut:

**Auf einen Blick**

| **Aufbau der Textbeschreibung Prosa** | |
|---|---|
| **Einleitung** | • Basissatz<br>• geraffte Inhaltszusammenfassung |
| **Hauptteil** | Untersuchung verschiedener Aspekte oder Elemente je nach Aufgabenstellung, z. B.:<br>• Aufbau und Merkmale der Textsorte<br>• Sprache und Stil<br>• Figuren und Figurenkonstellation<br>• Ort und Zeit |
| **Schluss** | • persönliche Stellungnahme zum Text<br>• Transfer<br>• mögliche Absicht der Autorin/des Autors |

In diesem Kapitel kannst du dich mit den folgenden Aspekten beschäftigen:

- Erster Umgang mit einem Prosatext/einer Kurzgeschichte
- Analyse der Aufgabenstellung
- Schreiben einer Inhaltsangabe (Einleitung)
- Analyse verschiedener Elemente der Textbeschreibung (Hauptteil)
- Formulieren der persönlichen Stellungnahme, des Transfers und der möglichen Absicht der Autorin/des Autors (Schluss)
- Überprüfen des Aufsatzes

## 6.1 Lesen und Verstehen von Prosatexten

Auch bei der Textbeschreibung Prosa steht die eingehende Beschäftigung mit dem vorliegenden Text an erster Stelle. Bevor du einen literarischen Text beschreiben kannst, musst du zunächst seinen Inhalt erfassen.
Gehe dabei so vor:

**Vor dem Lesen**

- **Mache dir deine Leseabsicht bewusst:** Du willst Inhalt und Thema des Textes erfassen und sprachliche und sonstige Besonderheiten aufspüren.
- **Lies die Überschrift und die Quellenangabe:** Wovon könnte der Text handeln? Welche Informationen kannst du bereits entnehmen? Lasse Assoziationen (spontane Gedanken/Gedankenverknüpfungen) zu und notiere sie.

**Während des Lesens**

- **Konzentriere dich auf das Lesen:** Bemühe dich, gründlich zu lesen und nicht gedanklich abzuschweifen, stelle dir den Inhalt des Textes wie in einem Film bildlich vor.
- **Arbeite bereits beim ersten Lesen mit einem Stift:** Mache Randnotizen (z. B. eigene Kommentare oder Fragestellungen), markiere unklare Wörter oder Formulierungen, unterstreiche Wichtiges, hebe Auffälligkeiten hervor.
- **Kläre Unklarheiten,** die dich am Textverständnis hindern: Schlage im Wörterbuch nach oder lies einzelne Textstellen nochmals.
- **Kennzeichne Sinnabschnitte:** Markiere einzelne Handlungsschritte, notiere evtl. Zwischenüberschriften.

**Nach dem ersten Lesen**

- **Kläre dein bisheriges Textverständnis:** Welches Thema/welche Themen wird/werden im Text behandelt? Was passiert wem, wann, wo? Erkennst du eine Gesamtaussage?
- **Lies die konkreten Vorgaben der Aufgabenstellung:** Welche Aspekte des Textes sollst du genauer unter die Lupe nehmen, deuten und beschreiben? Notiere dir, welche Teilbereiche jeweils untersucht werden müssen.

Nachdem du den Inhalt des Textes erfasst hast, geht es darum, Auffälligkeiten bzw. **Besonderheiten von Inhalt und Form** zu **erkennen** und zu **benennen**. Zusätzlich muss aber auch die **Wirkung**, die das Geschriebene auf die Leser*innen hat oder haben soll, beschrieben werden. Dabei hilft es dir, wenn du deine ersten Eindrücke während des Lesens gleich notierst.
Frage dich zum Beispiel:

Welche Assoziationen oder Gefühle löst die eine oder andere Formulierung bei den Leserinnen und Lesern aus? Oder was soll vermutlich ausgelöst werden?

Welche Vermutungen werden geweckt, später verworfen oder bestätigt?

Nimm dir nun Zeit, um den folgenden Text zu lesen und zu verstehen. Arbeite mit dem Stift.

**Paul Watzlawick: Die Geschichte mit dem Hammer**

Notizen

Ein Mann will ein Bild aufhängen. Den Nagel hat er, nicht aber den Hammer. Der Nachbar hat einen. Also beschließt unser Mann hinüberzugehen und ihn auszuborgen.

Doch da kommt ihm ein Zweifel: Was, wenn der Nachbar mir den Hammer nicht leihen will? Gestern schon grüßte er mich nur so flüchtig. Vielleicht war er in Eile. Aber vielleicht war die Eile nur vorgeschützt und er hat etwas gegen mich. Und was?

Ich habe ihm nichts angetan; der bildet sich da etwas ein. Wenn jemand von mir ein Werkzeug borgen wollte, ich gäbe es ihm sofort. Und warum er nicht? Wie kann man einem Mitmenschen einen so einfachen Gefallen abschlagen?

Leute wie dieser Kerl vergiften einem das Leben. Und dann bildet er sich noch ein, ich sei auf ihn angewiesen. Bloß weil er einen Hammer hat. Jetzt reicht's mir wirklich. –

Und so stürmt er hinüber, läutet, der Nachbar öffnet, doch noch bevor er „guten Tag" sagen kann, schreit ihn unser Mann an: „Behalten Sie sich Ihren Hammer, Sie Rüpel!"

*Quelle: Paul Watzlawick: Die Geschichte mit dem Hammer. In: Anleitung zum Unglücklichsein. München: Piper Verlag 2005. (Erstveröffentlichung 1983)*

## Überprüfe dein Textverständnis

1. Lies den Text abschnittsweise durch. Schreibe **Assoziationen und erste Eindrücke** jeweils gleich nach dem Lesen jedes Abschnitts auf – entweder direkt neben den Text oder auf ein separates Blatt. Es können Gefühle, Vermutungen, Vorstellungen, Fragen oder andere Kommentare sein.

Übung 51

Tipp

**Wie kannst du deine ersten Eindrücke und Vermutungen beschreiben?**
Mit der Methode des lauten Denkens kannst du erste Gedanken und spontane Eindrücke auf den Punkt bringen. Folgende (gedankliche) Formulierungen können dir dabei helfen:

- *Ich vermute …*
- *Ich glaube, im nächsten Abschnitt …*
- *Ich könnte mir vorstellen, dass am Ende …*
- *Das hört sich an, als ob …*
- *Ich stelle mir vor …*
- *Das sieht für mich aus, als ob …*
- *Ich habe nicht erwartet, dass …*
- *Dies ist so ähnlich wie …*
- *Das erinnert mich an …*
- *Ich war verwirrt, als …*

2. Vervollständige die folgenden Aussagen jeweils mit dem richtigen Satzende. Kreuze entsprechend an.

   a) Der Satz „Doch da kommt ihm ein Zweifel" (Z. 4) bedeutet hier, dass …

   ☐ der Mann plötzlich völlig verzweifelt ist.
   ☐ der Mann seine Meinung ändert.
   ☐ der Mann sich plötzlich nicht mehr ganz sicher ist.
   ☐ der Mann vergisst, was er eigentlich vorhatte.

b) Der Teilsatz „vielleicht war die Eile nur vorgeschützt“ (Z. 6/7) bedeutet, dass …

- ☐ der Mann sich lieber hätte beeilen sollen.
- ☐ der Nachbar immer sehr in Eile ist.
- ☐ der Nachbar vielleicht nur so getan hat, als ob er es eilig gehabt hätte.
- ☐ der Nachbar sich vor seiner Eile schützen wollte.

c) Die Handlung dieser Kurzgeschichte …

- ☐ dauert vielleicht ein paar Stunden.
- ☐ dauert nur wenige Minuten oder Momente.
- ☐ erstreckt sich über mehrere Tage.
- ☐ dauert mehrere Wochen.

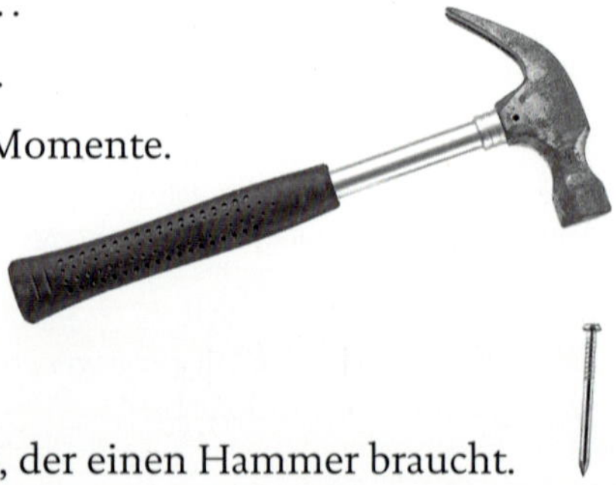

d) Der Abschnitt von Zeile 4 bis 14 …

- ☐ enthält die Gedanken des Mannes, der einen Hammer braucht.
- ☐ wird von einem Erzähler berichtet.
- ☐ enthält die Gedanken des Nachbarn, der den Hammer besitzt.
- ☐ ist eher unwichtig für die Handlung.

e) In den Zeilen 1 bis 3 und 15 bis 17 spricht …

- ☐ der Mann.
- ☐ der Nachbar.
- ☐ ein Ich-Erzähler.
- ☐ ein Er-Erzähler.

f) Der Mann in der vorliegenden Geschichte …

- ☐ hält sich selbst für hilfsbereit, dem Nachbarn aber unterstellt er Unfreundlichkeit und Geiz.
- ☐ kann seinen Nachbarn nicht leiden, weil der ihm nie etwas leihen will.
- ☐ hat schon viele negative Erfahrungen mit seinem Nachbarn gemacht.
- ☐ hat eigentlich auch selbst einen Hammer.

g) Am Ende der Geschichte schreit der Mann seinen Nachbarn an: „Behalten Sie sich Ihren Hammer, Sie Rüpel!“ (Z. 16/17) Er beschimpft ihn, weil …

- ☐ der Nachbar sich vorher unmöglich benommen hat.
- ☐ sein geiziger Nachbar ihm völlig grundlos den Hammer nicht leihen will.
- ☐ er selbst auch vom Nachbarn beschimpft wurde.
- ☐ er sich in seine Unterstellungen so hineingesteigert hat, dass er sie für wahr hält, obwohl er den Nachbarn noch nicht einmal nach dem Hammer gefragt hat.

## 6.2 Analyse der Aufgabenstellung

Nachdem du den Text gelesen und verstanden hast, solltest du dir die Aufgabenstellung genau ansehen. Lies dir die folgende Aufgabenstellung gründlich durch.

**Aufgabenstellung**
*Schreibe eine Textbeschreibung zum Text „Die Geschichte mit dem Hammer" von Paul Watzlawick.*
*Gehe im Hauptteil auf folgende Aspekte ein:*

- *Aufbau*
- *Figuren/Figurenkonstellation*
- *Erzählperspektive*
- *Sprache und Stil*

*Schreibe einen zusammenhängenden, gegliederten Text. Achte auf korrekte Sprache und Rechtschreibung, beides wird bewertet.*

1. Welche Aspekte der Textbeschreibung werden in der Aufgabenstellung konkret genannt? Antworte in einem ganzen Satz.

Übung 52

2. Welche anderen Teile musst du in deinen Aufsatz aufnehmen, auch wenn sie nicht ausdrücklich in der Aufgabenstellung genannt werden?

## 6.3 Die Einleitung: Inhaltsangabe

Die **Einleitung** der Textbeschreibung Lyrik besteht immer aus einer **Inhaltsangabe**. Der erste Satz der Inhaltsangabe und somit auch deines Aufsatzes ist der sogenannte **Basissatz**. Er vermittelt den Leserinnen und Lesern einen ersten Eindruck von deinen Fähigkeiten. Es ist daher besonders wichtig, dass dieser korrekt und ansprechend formuliert ist. Achte darauf, das **übergeordnete Thema** zu nennen und nicht nur Handlungsschritte wiederzugeben.

Auf einen Blick

**Einleitung der Textbeschreibung**

- **Basissatz** mit Titel, Autor*in, Textsorte, Thema und Quellenangabe (Zusätzlich möglich z. B. Angaben zur Biografie der Autorin/des Autors, Epoche)
- Knappe Schilderung von **Inhalt bzw. Handlung des Textes** (3–4 Sätze)
- **Sprache:** Sachliche Formulierungen ohne wörtliche Rede und im Präsens!

Übung 53

In der folgenden Tabelle siehst du eine Übersicht über mögliche Formulierungen für deinen Basissatz und bereits drei Beispiele.

1. Lies dir die Tabelle durch und fülle dann die Lücken in der rechten Spalte.

| Formulierung | Beispiel |
|---|---|
| **Die Kurzgeschichte** (Titel) **von** (Autor*in) **handelt von** (Thema). **Sie erschien** (Quelle mit Angabe des Erscheinungsjahrs). | **Die Kurzgeschichte** „Die Geschichte mit dem Hammer" **von** Paul Watzlawick **handelt von** einem Mann, der sich in seine negativen Gedanken so hineinsteigert, dass er am Ende völlig überreagiert. **Sie erschien** 2005 in Paul Watzlawicks Buch mit dem Titel „Anleitung zum Unglücklichsein" in München im Piper Verlag. Die Erstveröffentlichung war 1983. |
| (Autor*in) **Kurzgeschichte** (Titel) **befasst sich mit** (Thema). **Veröffentlicht wurde sie** (vollständige Quellenangabe). | Paul Watzlawicks **Kurzgeschichte** „Die Geschichte mit dem Hammer" **befasst sich mit** einer Überreaktion, die durch das Hineinsteigern in negative Gedanken entsteht. **Veröffentlicht wurde sie** 2005 in Paul Watzlawicks Buch mit dem Titel „Anleitung zum Unglücklichsein" in München im Piper Verlag. Die Erstveröffentlichung war 1983. |
| **Die Kurzgeschichte** (Titel) **behandelt** (Thema). **Sie stammt von** (Autor*in), **die/der** (z. B. Lebensdaten). **Erschienen ist der Text** (vollständige Quellenangabe). | **Die Kurzgeschichte** „Die Geschichte mit dem Hammer" **behandelt** die menschliche Eigenschaft, sich in etwas hineinzusteigern. **Sie stammt von** Paul Watzlawick, **der** von 1921 bis 2007 lebte. **Erschienen ist der Text** 2005 in Paul Watzlawicks Buch mit dem Titel „Anleitung zum Unglücklichsein" in München im Piper Verlag. Die Erstveröffentlichung war schon 1983. |
| **In der Kurzgeschichte** (Titel), **die von** (Autor*in) **verfasst wurde, wird aufgezeigt** (Thema). **Der Text stammt aus** (vollständige Quellenangabe). | **In der Kurzgeschichte** „Die Geschichte mit dem Hammer", **die von** Paul Watzlawick **verfasst wurde, wird aufgezeigt** ______ ______ ______ **Der Text stammt aus** ______ ______ ______ ______ ______ |
| **In der Kurzgeschichte** (Titel) **von** (Autor*in) **geht es um** (Thema). **Abgedruckt wurde der Text** (vollständige Quellenangabe). | **In der Kurzgeschichte** „Die Geschichte mit dem Hammer" **von** Paul Watzlawick **geht es um** ______ ______ ______ ______ ______ ______ ______ ______ |

2. Hier siehst du einige Musterformulierungen, die den Inhalt der Geschichte in drei Schritten knapp wiedergeben. Wähle jeweils die Formulierung aus, die deiner Meinung nach am passendsten ist. Kreuze entsprechend an.

   - [ ] Es geht um einen Mann, der zum Aufhängen eines Bildes einen Hammer benötigt. Diesen will er sich von seinem Nachbarn borgen.
   - [ ] Ein Mann benötigt zum Aufhängen eines Bildes einen Hammer, diesen will er sich von seinem Nachbarn ausleihen.

   ---

   - [ ] Doch bevor es dazu kommen kann, redet der Mann sich ein, dass der Nachbar etwas gegen ihn habe und ihm den Hammer verweigern werde.
   - [ ] Der Mann redet sich ein, der Nachbar hätte etwas gegen ihn und würde ihm den Hammer nicht leihen wollen.

   ---

   - [ ] Er stürmt schließlich voller Zorn zum ahnungslosen Nachbarn hinüber, schreit ihn an und beschimpft ihn, obwohl der Nachbar gar nichts gesagt oder getan hat.
   - [ ] Der Mann geht zur Nachbarwohnung, schreit den ahnungslosen Nachbarn grundlos an, nennt ihn einen Rüpel und sagt ihm, er solle seinen Hammer doch behalten.

3. Verfasse nun auf der Grundlage deiner Vorarbeit eine vollständige Einleitung mit Basissatz und geraffter Inhaltswiedergabe.

## 6.4 Der Hauptteil: Elemente der Textbeschreibung Prosa

Im **Hauptteil** können je nach Aufgabenstellung verschiedene Aspekte von dir gefordert werden. Da du nicht weißt, welche davon in der Prüfung von dir beschrieben werden sollen, musst du dich mit allen Elementen auskennen. Folgende Elemente der Textbeschreibung solltest du kennen:

**Aufbau**

- Gibt es sichtbare Sinnabschnitte, Erzählschritte?
- Besteht ein Zusammenhang zwischen Textabschnitten und dem inhaltlichen Aufbau des Textes?
- Wie sind Anfang und Ende des Textes gestaltet?
- Gibt es einen Wende-/Höhepunkt? Wenn ja, wo?
- Gibt es sonstige Auffälligkeiten, z. B. Rückblenden oder Vorausdeutungen?
- Welche Wirkung erzielt dieser Aufbau?

**Textsorte**

- Zu welcher Gattung gehört der vorliegende Text? Epik!
- Welche Textsorte liegt vor?
- Welche Merkmale dieser Textsorte liegen im Text vor? Welche Textstellen kannst du als Belege nennen?

**Handlung**

- Welche Handlungen passieren als Aktionen (= äußere Handlung)?
- Welche Handlungen spielen sich im Inneren von Personen (als Gedanken oder Gefühle) ab (= innere Handlung)?
- Wie ist der Handlungs-/Konfliktverlauf?

**Erzähler/Erzählperspektive**

- Gibt es einen Erzähler?
- Handelt es sich um einen Ich-Erzähler, einen personalen Erzähler, einen neutralen Erzähler oder einen allwissenden Erzähler?
- Woran erkennt man die Erzählperspektive?
- Welche Wirkung hat diese Perspektive?

**Titel**

- Welche Assoziationen (spontane Gedanken) löst der Titel aus?
- Ändert sich die Deutung des Titels nach dem Lesen des Textes?
- Gibt es Besonderheiten?
- Inwiefern wird der Textinhalt durch den Titel aufgegriffen?

**Figuren/Figurenkonstellation**

- Welche Figuren kommen vor?
- Welche sind die Hauptfiguren?
- Wie verhalten sie sich? Wie kann man dies bewerten?
- Mit welchen Textstellen kannst du deine Bewertung belegen?
- Was erfährt man über sie (z. B. Aussehen, Lebenssituation, Alter, Charakter, sprachliche Besonderheiten, Entwicklung)?
- Welche Handlungsmotive (Beweggründe für ihr Verhalten) haben sie?
- Was erfährt man über die Beziehung der Figuren zueinander?

**Sprache und Stil**

- Ist der Text in Standard- oder Umgangssprache, Jugendsprache oder Dialekt gehalten?
- Wie sind die Sätze aufgebaut? Gibt es viele Nebensätze oder gar keine?
- Sind die Sätze vollständig oder eher abgehackt?
- Kommt wörtliche Rede vor?
- Gibt es Auffälligkeiten bei der Wortwahl? Sind manche Wortarten z. B. sehr häufig vertreten?
- Welche Stilmittel oder sprachlichen Bilder werden verwendet (z. B. Vergleich, Personifikation)? Welche Wirkung haben sie jeweils?
- Gibt es Auffälligkeiten bei der Zeichensetzung oder bei der Wahl des Tempus? Welche Wirkung hat dies jeweils?

**Autoren-/Zeitbezug**

- Kannst du Bezüge zur Entstehungszeit oder zu der Autorin/dem Autor herstellen?
- Wie hilft dies beim Textverständnis?

**Atmosphäre**

- Wie lässt sich die Atmosphäre im Text beschreiben?
- Verändert sich diese?

| Ort/Raum | Zeit |
|---|---|
| • Gibt es Ortsangaben?<br>• Sind Hinweise zu Handlungsorten vorhanden?<br>• Haben Raum/Ort eine besondere Bedeutung? Welche? | • Sind Zeitangaben im Text vorhanden?<br>• Gibt es Hinweise zur Zeit (z. B. Jahres-/Tageszeit, Tag)?<br>• Haben Zeitangaben eine besondere Bedeutung? Welche?<br>• Über welchen Zeitraum erstreckt sich die Handlung (= erzählte Zeit)? Wie lang ist die Erzählzeit im Vergleich dazu?<br>• Gibt es Vorausdeutungen oder Rückblenden? |

Im Folgenden findest du verschiedene **Informationen und Übungen** zu den Elementen der Textbeschreibung.

## Aufbau und Handlung

Auf einen Blick

### Äußere und innere Handlung

- Die **äußere Handlung** eines Textes umfasst die **Geschehnisse/Handlungen**, die **von außen sichtbar** und **beobachtbar** sind, also das, was die Figuren tatsächlich tun und sagen.
- Die **innere Handlung** bezeichnet Vorgänge, die sich im Inneren/im Bewusstsein von Figuren abspielen. Gemeint sind hier **Gefühle, Gedanken, Wünsche** oder **Stimmungen**.

Übung 54

1. Unterstreiche im Text „Die Geschichte mit dem Hammer" die Sätze oder Teilsätze, die die **äußere Handlung** beschreiben, grün (z. B. „Den Nagel hat er, nicht aber den Hammer.", Z. 1/2) und die, die auf die **innere Handlung** eingehen, rot (z. B. „Ein Mann will ein Bild aufhängen.", Z. 1).

2. Ergänze folgenden Lückentext, der den **Aufbau** und **Handlungsverlauf** des Textes beschreibt.

   Der Text lässt sich in vier Sinnabschnitte gliedern: In Teil 1 (Z. ___________) ist der Mann zunächst noch frei von Misstrauen, bis ihm erste Zweifel kommen. Teil 2 (Z. ___________) zeigt einen ersten ____________________ im Geschehen und beschreibt die noch vagen Zweifel des Mannes. In Teil 3 (Z. ___________) betont er seine eigene Hilfsbereitschaft und steigert sich immer mehr in seine Wut auf den Nachbarn hinein. Die Spannung ist hier besonders groß, da man als Leser*in bei den Worten „Jetzt reicht's mir wirklich" (Z. ___________) schon ahnt, dass der Mann nun eine unüberlegte und unangebrachte Handlung begehen wird. Der Mann hat sich so weit in sein grundloses ____________________ hineingesteigert, dass es schließlich im vierten Abschnitt (Z. ___________) zum Eklat mit dem Nachbarn und zum ____________________ kommt; hier wird der Mann aktiv und handelt. Mit der Beschimpfung des Nachbarn als „Rüpel" (Z. ___________) bricht die Handlung einfach ab, ohne dass man erfährt, wie der Nachbar auf diese verbale Attacke reagiert. Das Ende der Geschichte bleibt somit offen.

## Textsortenmerkmale

Die Kurzgeschichte ist die am häufigsten im Unterricht untersuchte Textsorte innerhalb der **Kurzprosa** und zumeist Grundlage für Textbeschreibungen. Lies die Informationen zu den Merkmalen der Kurzgeschichte gründlich.

Auf einen Blick

**Merkmale der Kurzgeschichte**

- Es gibt nur **wenige handelnde Figuren**. Diese sind meist **einfache Menschen**, keine besonderen Personen (keine Helden).
- Sie sind weniger Individuen als vielmehr **Typen**, d. h., sie können für viele stehen. (Z. B. steht ein Arbeitsloser stellvertretend für viele Arbeitslose.) Dass es sich bei den Figuren eher um Typen handelt, zeigt sich oft daran, dass sie namenlos bleiben; dann ist nur die Rede von *ihm* oder von *ihr*.
- Die Handlung gibt eine **alltägliche Begebenheit** wieder. Es ist aber nicht „irgendeine" Begebenheit, sondern ein Moment von besonderer Bedeutung für die Hauptfigur (z. B. weil sie plötzlich eine neue Einsicht gewinnt).
- Im Zentrum der Handlung steht oft eine **Konfliktsituation:** Eine oder mehrere Figuren geraten in eine Krise oder erleben einen Wendepunkt in ihrem Leben.

- Die Sprache ist **einfach**; das betrifft sowohl die **Wörter** als auch die **Satzkonstruktionen**.
- Äußerungen oder Gedanken einzelner Figuren werden in **Alltagssprache** wiedergegeben; oft werden dabei auch **umgangssprachliche Formulierungen** verwendet.
- Erzählt wird in der Regel im **Präteritum**.

- Die Geschichten haben nur einen **geringen Umfang** (meist 1–6 Seiten).
- Die Handlung beginnt **mitten im Geschehen**; es gibt **keine Einleitung**, in der die Figuren vorgestellt werden.
- Die Darstellung ist **linear**, also ohne Nebenhandlung, und spielt daher meist auch **nur an einem Handlungsort**. Die Handlung wird zügig erzählt (**kurze erzählte Zeit**) und es gibt meist **keine Vor- oder Rückblenden**.
- Die Handlung strebt auf einen **Wendepunkt** zu; das kann ein Moment sein, in dem eine Figur plötzlich eine neue Einsicht gewinnt.
- Der **Ausgang ist offen**; es wird nicht gesagt, wie das Geschehen endet.

Übung 55

1. Die hier aufgeführten **typischen Merkmale von Kurzgeschichten** treffen auf „Die Geschichte mit dem Hammer" zu. Wie treten sie konkret in Erscheinung? Verbinde die Merkmale mit der konkreten Umsetzung im Text.

| Textsortenmerkmale | konkrete Erscheinung im Text |
|---|---|
| geringer Umfang (1–6 Seiten) | Handlung beschränkt sich auf die Situation des Mannes, sich einen Hammer ausleihen zu wollen |
| ausschnitthafte Erzählung: unmittelbarer Anfang und offener Schluss | umfasst nur 17 Zeilen |
| Konzentration auf das Wesentliche (knapp und ohne Nebenhandlungen) | unmittelbarer Anfang: keine Vorstellung der handelnden Figuren; keine Angaben zu Alter, Namen, Aussehen<br>offener Schluss: Ausgang unbekannt, z. B. Reaktion des Nachbarn |

Thema: alltägliche, aber bedeutsame Situation (Konflikt)

wenige und alltägliche Personen (keine Helden)

meist nur ein Handlungsort; erzählte Zeit: kurze Zeitspanne

Alltagssprache (kurze und einfache Sätze)

enthält einen Wendepunkt (= meist auch Höhepunkt)

---

kurze Sätze und Satzreihen: Z. 1/2, Z. 4–8 etc.

zwei alltägliche Personen ohne Besonderheiten: ein Mann und sein Nachbar

zwei Wendepunkte:
1. erste Zweifel entstehen (vgl. Z. 4)
2. Der Mann handelt und stürmt zum Nachbarn (vgl. Z. 15–17) = Höhepunkt

Alltagssituation („ein Bild aufhängen“, Z. 1); ist aber bedeutsam, da sie für den Mann emotional aufwühlend ist (emotionaler Konflikt)

Ort: Wohnung/Haus des Mannes, vor der Haustür des Nachbarn
erzählte Zeit: wenige Minuten

2. Schreibe einen zusammenhängenden Text, in dem du erklärst, inwieweit die Merkmale einer Kurzgeschichte auf „Die Geschichte mit dem Hammer“ zutreffen. Baue die Erkenntnisse aus der vorherigen Aufgabe in deinen Text ein.

## Figuren und Figurenkonstellation

Der Protagonist ist der Haupthandlungsträger oder die **Hauptfigur**, um die eine Geschichte erzählt wird. Mithilfe der **Figurenkonstellation** – also einer grafischen Darstellung, die die Beziehungen der Figuren zueinander verdeutlicht – lässt sich auf einen Blick erfassen, wie die Figuren, die in einer Geschichte vorkommen, zueinander stehen und wie sich eventuell die Beziehungen zwischen den Figuren im Verlauf der Handlung verändern. Deshalb ist es sinnvoll, sich eine solche Übersicht anzulegen.

Auf einen Blick

**Figuren und Figurenkonstellation**

Wenn man die Figuren beschreiben soll, kann man folgende Punkte unter die Lupe nehmen:

- **Aussehen:** Was wird im Text über das äußere Erscheinungsbild gesagt, was kann man zusätzlich vermuten?
- **Alter:** Wird es genannt oder kann man auf das Alter schließen?
- **Verhaltensweisen, Eigenschaften, Vorlieben, Schwächen:** Welche Rückschlüsse, z. B. auf den Charakter, lässt das Verhalten der Figur zu?
- **Einstellungen:** Äußert sich die Figur über andere?
- **familiäre Situation:** Erfährt man etwas über die Lebensumstände oder Familiensituation?
- **Beziehung zu anderen Figuren:** In welchem Verhältnis steht die Figur zu den anderen?

Übung 56

1. Nenne die **Figuren**, die im Text „Die Geschichte mit dem Hammer“ vorkommen, und bestimme, wer der Protagonist und wer die Nebenfigur ist.

2. Vervollständige die Tabelle zum **Charakter des Protagonisten**. Suche dazu Textbelege oder nenne die Eigenschaft, für die das Beispiel Beleg sein könnte.

| Charaktereigenschaften | Textbelege mit Zitat und Zeilenangabe |
| --- | --- |
| | „Wenn jemand von mir ein Werkzeug borgen wollte, ich gäbe es ihm sofort.“ (Z. 8/9) |
| ist unfreundlich | |
| neigt zu Aggressivität | |

| | |
|---|---|
| besitzt evtl. wenig Kontakt zu anderen Menschen und misst daher einem flüchtigen Gruß zu viel Bedeutung bei | |
| zweifelt an seinem Selbstwert | |
| | „Aber vielleicht war die Eile nur vorgeschützt und er hat etwas gegen mich." (Z. 6/7)<br>„Ich habe ihm nichts angetan; der bildet sich da etwas ein." (Z. 8) |
| fürchtet sich vor Zurückweisung | |

3. Fasse nun deine Ergebnisse aus den Aufgaben 1 und 2 in einer vollständigen **Figurenbeschreibung** des Protagonisten zusammen. Gehe dabei auch auf seine Entwicklung im Verlauf des Textes ein. (→ Heft)

Tipp

**Wie formulierst du eine Figurenbeschreibung?**

Folgende Formulierungen/Satzbausteine können dir beim Beschreiben von Figuren helfen:
- *Im Zentrum des Geschehens stehen … handelnde Figuren: … Erwähnt werden zudem …*
- *Über … erfährt man im Text, dass …*
- *Das Aussehen/Alter … der Figuren/von … wird im Text nicht genannt.*
- *… wirkt im Text eher …, vielleicht ist er/sie …*
- *In Zeile … erfährt man, dass … / wird deutlich, dass …*
- *Durch die Aussage … in Zeile … kann man darauf schließen, dass …*
- *Die Verhaltensweise lässt auf … schließen.*
- *Seine/Ihre Reaktion auf … ist … und legt die Vermutung nahe, dass er/sie …*

4. a) Kreuze alle Aussagen an, die auf das **Verhältnis zwischen den beiden Figuren** zutreffen.
   - ☐ Die Männer kennen sich nur flüchtig.
   - ☐ Der Nachbar ist dem Mann feindselig gesinnt.
   - ☐ Der Nachbar grüßt den Mann, wenn er ihn sieht.
   - ☐ Der Mann mochte seinen Nachbarn noch nie.
   - ☐ Der Nachbar grüßte ihn vermutlich bisher nicht einmal.
   - ☐ Der Mann war dem Nachbarn gegenüber bisher eher positiv eingestellt.
   - ☐ Die Männer kennen sich gut.
   - ☐ Die Männer waren zuvor Freunde.

   b) Schreibe nun einen zusammenhängenden Text über das **Verhältnis zwischen den Figuren**. (→ Heft)

## Erzählperspektive

In Prosatexten steht immer ein **Mittler** zwischen den Leserinnen und Lesern und dem Geschehen: der **Erzähler**.

Auf einen Blick

**Erzählperspektive**

Vier Grundformen der Erzählperspektive können unterschieden werden:
- **Ich-Perspektive**/Ich-Erzählsituation: Der Erzähler berichtet das Geschehen in der Ich-Form.
- **Personale Erzählperspektive**/Erzählsituation: Der Erzähler berichtet das Geschehen aus der Sicht einer oder mehrerer Figuren und weiß nur, was diese wissen.
- **Auktoriale Erzählperspektive**/Erzählsituation: Der Erzähler ist allwissend und hat eine uneingeschränkte Sicht auf das vergangene, aktuelle und zukünftige Geschehen sowie Kenntnis der inneren Vorgänge aller Figuren.
- **Neutrale Erzählperspektive**/Erzählsituation: Der Erzähler beschreibt nur, was von außen wahrnehmbar ist.

Übung 57

1. Überlege, um welche Art **Erzähler** bzw. **Erzählperspektive** es sich jeweils handelt. Trage die richtigen Buchstaben in die Tabelle ein: Es können mehrere Erzählperspektiven zutreffen:
   - Ich-Perspektive → **I**
   - Personale Erzählperspektive → **P**
   - Auktoriale Erzählperspektive → **A**
   - Neutrale Erzählperspektive → **N**

| | |
|---|---|
| Der Erzähler kennt die Gefühle, Gedanken und Beweggründe aller Figuren. | **A** |
| Der Erzähler hat eine eingeschränkte Perspektive und kann über andere Personen nur Vermutungen anstellen. | |
| Erzählt wird in der 1. Person Singular. | |
| Die Erzählperspektive ist auf die Perspektive einer Figur beschränkt. Diese ist an der Handlung beteiligt, ist also eine Figur der erzählten Handlung. | |
| Der Erzähler beschreibt nur, wie die Figuren handeln. | |
| Die Leser*innen betrachten die dargestellte Welt durch die Augen einer der handelnden Figuren. Dadurch wird der Eindruck der Unmittelbarkeit erweckt. | |
| Die Leser*innen nehmen unmittelbar an Gedanken, Gefühlen, Handlungen des Erzählers Anteil. | |
| Der Erzähler steht außerhalb des Textgeschehens, nimmt also nicht am Geschehen teil. Er kann jedoch die Handlung kommentieren. | |
| Der Erzähler überschaut den gesamten Handlungsverlauf, kann vorausschauen und in Rückblenden erzählen. | |
| Erzählt wird in der 3. Person („Er“- oder „Sie“-Erzählung). | |

2. Untersuche bei jedem Abschnitt der Kurzgeschichte, aus welcher Perspektive die Geschichte erzählt wird und belege deine Vermutungen mit konkreten Textstellen.

   1. Abschnitt (Z. 1–4): ____________________

   2. Abschnitt (Z. 4–8): ____________________

   3. Abschnitt (Z. 8–14): ____________________

   4. Abschnitt (Z. 15–17): ____________________

3. Überlege, welche **Wirkung** die verwendeten Perspektiven auf die Leser*innen haben, und notiere deine Ergebnisse stichpunktartig.

4. Formuliere nun die Beschreibung der Erzählperspektive in ganzen Sätzen aus. Verknüpfe dabei unbedingt deine Analyseergebnisse mit der jeweiligen Wirkung auf die Leser*innen. (→ Heft)

## Ort und Zeit

Auf einen Blick

**Erzählzeit – erzählte Zeit**

Unter der **Erzählzeit** versteht man eine reale Zeitspanne, nämlich die Zeit, die es dauert, einen Text oder ein Buch zu lesen bzw. vorzulesen (z. B. 5 Minuten).
Die **erzählte Zeit** ist eine fiktive Zeitspanne, die die Dauer der im Text geschilderten Handlung erfasst (z. B. 80 Jahre, von der Kindheit bis ins Alter).

Interessant ist auch das Verhältnis zwischen Erzählzeit und erzählter Zeit (**Erzähltempo**):

- Erzählzeit und erzählte Zeit können sich (ungefähr) decken (**zeitdeckendes Erzählen**).
- Die Erzählzeit kann durch detailreiches Erzählen ausgedehnt werden und die erzählte Zeit übertreffen (**zeitdehnendes Erzählen**).
- Umgekehrt kann die Erzählzeit aber auch gerafft werden, sodass die erzählte Zeit die Erzählzeit übersteigt (**zeitraffendes Erzählen**). Dies kann z. B. durch das Überspringen ganzer Zeiträume oder durch die Zusammenfassung sich wiederholender Vorgänge erfolgen.

Übung 58

1. Überprüfe das **Erzähltempo** in Watzlawicks „Die Geschichte mit dem Hammer".

   a) Überlege dir, wie viel Zeit von dem Moment an, als sich der Mann entschließt, beim Nachbarn einen Hammer auszuleihen, bis hin zu seiner Beschimpfung „Sie Rüpel" (Z. 17) verstreicht.

   Erzählte Zeit: ca. ______________ Minute(n)

   b) Stoppe die Zeit, die du brauchst, um den Text in einer normalen Geschwindigkeit zu lesen.

   Erzählzeit: ca. ______________ Minute(n)

   c) Bestimme, ob es sich eher um ein zeitdeckendes, zeitdehnendes oder zeitraffendes Erzähltempo handelt und welche Wirkung dieses auf die Leser*innen haben könnte.

   Es handelt sich um ein eher ________________________ Erzähltempo. Es wird eingesetzt, damit die Leser*innen ____________________________

   ____________________________________________________________

   ____________________________________________________________.

2. Beschreibe deine Vermutungen zum **Handlungsort** der Geschichte und beziehe dabei auch die Zeit mit ein. Belege deine Aussagen am Text. (→ Heft)

Tipp

**Wie formulierst du deine Vermutungen oder Erkenntnisse zum Handlungsort?**
Folgende Formulierungen können dir bei der Beschreibung des Handlungsorts helfen:

- *Es wird im Text nicht ausdrücklich genannt, wo sich das Geschehen abspielt. Es liegt jedoch die Vermutung nahe, dass … / Die Formulierungen … lassen darauf schließen, dass …*
- *Betrachtet man im Text den Handlungsort, so kann man feststellen, dass …*
- *Vermutlich spielt sich das Geschehen in einem … ab. Das erkennt man an …*

**Hinweis:** Formulierungshilfen zur Beschreibung der Zeit findest du im Kapitel zur Textbeschreibung Lyrik (siehe Übung 44).

## Sprache und Stil

Bei einem Prosatext solltest du genau auf **Sprache und Stil** (z. B. auf den Satzbau oder die Wortwahl) achten. Die Art und Weise, wie sich die Autorin/der Autor ausdrückt, hat einen Einfluss auf den **Sinn** des jeweiligen Textes.

Auf einen Blick

**Sprache und Stil**

In Prosatexten wird in der Regel **Alltags- und** sogar **Umgangssprache** verwendet, die leicht verständlich ist und sehr realistisch wirkt. Konzentriere dich in deinem Aufsatz bei der Beschreibung von Sprache und Stil deshalb auf **Besonderheiten**. Achte z. B. auf

- ungewöhnliche oder entfallene **Zeichensetzung**,
- Auffälligkeiten in der **Wortwahl**,
- die Art, wie der **Satzbau** konstruiert ist (Fragesätze, Befehle, Nebensätze usw.),
- oder z. B. **Aufzählungen**.

Wichtig ist, dass du die sprachlichen Mittel des Textes nicht nur beschreibst, sondern immer auch auf ihre Wirkung eingehst und sie mit dem Inhalt des Textes verknüpfst. Beantworte die Fragen: *Wie wirkt diese Darstellung auf die Leser*innen? Welchen Einfluss hat die Sprache auf den Inhalt des Textes?*

Übung 59

Der folgende Text enthält die Analyse von **Sprache und Stil** der Kurzgeschichte „Die Geschichte mit dem Hammer". Markiere die Sätze bzw. Satzteile grün, die reine Beschreibungen enthalten, und diejenigen rot, die auf die Wirkung bzw. Bedeutung der sprachlichen Mittel eingehen.

Die sprachlichen Mittel verdeutlichen ebenfalls die für eine Kurzgeschichte typische Alltäglichkeit der Situation. Dabei fallen zunächst die zahlreichen, teilweise elliptischen Fragen auf, die sich der Mann stellt, z. B.: „Und warum er nicht?" (Z. 9/10) Eigentlich müsste die Frage lauten: „Und warum will er mir nicht seinen Hammer leihen?" Diese Unvollständigkeit wirkt natürlich und entspricht dem Charakter eines inneren Monologs. Die Fragen bewirken zudem, dass sich die Leser*innen in den Gedankengang des Mannes hineinversetzen können, fordern sie aber gleichzeitig auf, eigene Antworten auf diese Fragen zu geben und das verkrampfte und misstrauische Verhalten des Mannes als absurd zu entlarven. Das Auslassen von Satzteilen entspricht dem alltäglichen Sprachgebrauch und lässt die Formulierungen besonders realistisch wirken. Umgangssprachliche Ausdrücke wie „Kerl" (Z. 12) oder „Jetzt reicht's mir wirklich" (Z. 14) tragen dazu bei, das Geschehen wie eine Alltagssituation erscheinen zu lassen.
Auch durch die unpersönliche Bezeichnung „[e]in Mann" (Z. 1) und durch den unmittelbaren Beginn der Geschichte wird deutlich, dass es sich hier nicht um einen Einzelfall handelt, sondern dass etwas beispielhaft vorgeführt werden soll: Überall dort, wo Menschen sich in ihrem Misstrauen vergraben und nicht mehr an die Freundlichkeit der anderen glauben, wo sie sich also von unbegründeten Vorurteilen leiten lassen, können gefährlich explosive Situationen entstehen.

## Titel

Übung 60

1. Beantworte folgende Fragen zum Titel des Textes „Die Geschichte mit dem Hammer“ in Stichpunkten.

| Fragen | Stichpunkte |
|---|---|
| Welche Assoziationen hattest du zum Titel? | |
| Ändert sich die Deutung des Titels? | |
| Welche Besonderheiten hat der Titel? | |
| Welche Beziehung gibt es zwischen Titel und Inhalt? | |

2. Formuliere mithilfe deiner Ergebnisse aus Aufgabe 1 einen zusammenhängenden Text über den Titel der Geschichte. (→ Heft)

## Atmosphäre

Übung 61

1. Suche in der Kurzgeschichte „Die Geschichte mit dem Hammer“ die Begriffe heraus, die der Mann benutzt, wenn er von seinem Nachbarn spricht. Ziehe mit ihrer Hilfe Rückschlüsse auf die sich verändernde Stimmung des Mannes und verdeutliche sie durch entsprechende Emoticons.

| Bezeichnungen für den Nachbarn | Emoticons |
|---|---|
| | |
| | |
| | |
| | |

2. Beschreibe die Stimmung in der Kurzgeschichte. Fülle zunächst die Lücke und setze den Text dann fort. (→ Heft)

*Auch die sich im Verlauf der Kurzgeschichte stetig ______________ Stimmung des Mannes und seine Einstellung gegenüber dem Nachbarn wird durch die Sprache verdeutlicht. Zunächst bezeichnet er ihn noch als „Nachbar“ (Z. 4) …*

## Autoren-/Zeitbezug

Auf einen Blick

### Autoren- und Zeitbezug

**Paul Watzlawick** wurde 1921 in Villach (Österreich) geboren und studierte nach seinem Schulabschluss 1939 und dem Militärdienst Philosophie und Philologie in Venedig. Im Jahr 1949 promovierte er im Fach Philosophie. Anschließend wechselte er an das Carl-Gustav-Jung-Institut nach Zürich und absolvierte dort eine Ausbildung zum Psychotherapeuten, die er 1954 abschloss.
1957 übernahm er den Lehrstuhl für Psychotherapie an der Universität El Salvador. Der Schwerpunkt seiner Forschungsarbeit lag fortan auf menschlichen Kommunikationsprozessen und der Familientherapie. 1960 erhielt er einen Forschungsauftrag am Mental Research Institute im kalifornischen Palo Alto, ab 1976 lehrte er zudem an der Stanford University im Fachbereich Psychiatrie. Da er auch kulturell engagiert war, fungierte er im Jahr 1987 als Mitbegründer des PEN-Clubs Liechtenstein, einer Schriftstellervereinigung.
Im Laufe seines Lebens veröffentlichte Watzlawick zahlreiche Schriften und erlangte durch das 1983 erschienene Sachbuch „Anleitung zum Unglücklichsein" Berühmtheit. Diese Parodie auf die weitverbreitete Ratgeberliteratur führt den Leserinnen und Lesern vor Augen, wie sie tagtäglich gegen ihr mögliches Glück arbeiten und sich ständig selbst im Wege stehen.
Watzlawicks Kommunikationstheorie basiert u. a. darauf, dass sich alle Kommunikationsteilnehmer*innen ständig gegenseitig beeinflussen, sei es durch verbale oder nonverbale Signale. Auch die Beziehung zwischen den Kommunizierenden spiele seiner Auffassung nach eine wichtige Rolle und wirke sich auf einer höheren Ebene auf die Verständigung aus.
Er starb 2007 in Palo Alto, Kalifornien.

1. Beantworte mithilfe der Informationen über den Autor folgende Fragen zum **Autorenbezug** und zur **Entstehungszeit** des Textes in Stichpunkten. Lies dazu die Kurzgeschichte ggf. noch einmal.

Übung 62

| Fragen | Stichpunkte |
|---|---|
| Kennt man die Entstehungszeit des Textes? | |
| Wann spielt die Handlung des Textes? | |
| Sind die Lebensumstände oder die politische Gesinnung des Autors bekannt? | |
| Welche Rückschlüsse lässt das auf die Deutung des Textes zu? | |

2. Verwende deine Stichpunkte und schreibe eine kurze Interpretation der Geschichte vor dem Hintergrund der Informationen über die Entstehungszeit und den Autor. (→ Heft)

## 6.5 Der Schluss: Stellungnahme, Transfer, Autorenintention

Im **Schlussteil** deiner Textbeschreibung sollst du eine persönliche **Stellungnahme** zur Gesamtaussage des Textes, einen **Transfer** auf andere Lebensbereiche (z. B. persönliche Erfahrungen, die heutige Zeit oder die Gesellschaft) und die **mögliche Absicht der Autorin oder des Autors** verfassen.

Auf einen Blick

**Schluss der Textbeschreibung**

**Persönliche Stellungnahme**
- Was spricht dich am Text an?
- Was irritiert dich oder macht dich nachdenklich?
- Wie stehst du zum Inhalt oder Thema des Textes?

**Transfer**
- Kannst du das Thema oder den Inhalt auf dein **eigenes Leben** oder die **heutige Gesellschaft** übertragen?
- Kannst du das Thema oder den Inhalt auf **andere Lebensbereiche** übertragen?

**Mögliche Absicht der Autorin/des Autors**
- Welches **Thema oder Problem** hat die Autorin/der Autor (beispielhaft) aufgegriffen?
- Ist die **Einstellung** der Autorin/des Autors zum Thema erkennbar? Woran?
- Welche **Absicht** könnte die Autorin/der Autor mit dem Text verfolgt haben? Soll der Text z. B. informieren, unterhalten, auf mögliche Missstände aufmerksam machen?

Übung 63

1. Beantworte nachfolgende Fragen zur Kurzgeschichte „Die Geschichte mit dem Hammer“ in Stichpunkten.

| | Fragen | Stichpunkte |
|---|---|---|
| **persönliche Stellungnahme** | Was spricht dich am Text an (inhaltlich, bezüglich Form, Stil usw.)? | |
| | Gibt es etwas, das dich irritiert oder nachdenklich stimmt? | |
| | Aus welchem Grund findest du den Text/die Umsetzung des Themas gelungen (oder auch nicht)? | |
| **Transfer** | Hast du selbst schon etwas Vergleichbares erlebt oder beobachtet? | |

| | | |
|---|---|---|
| | Kannst du die dargestellte Situation auf andere Lebensbereiche übertragen? | |
| | Wie würdest du dich in der Situation der Hauptfigur verhalten? | |
| | Inwiefern ist das Geschehen/Thema heute noch aktuell? | |
| **mögliche Absicht des Autors** | Welches Thema/Problem hat der Autor beispielhaft aufgegriffen? | |
| | Welche Einstellung hat der Autor zum Thema? Woran ist das erkennbar? | |
| | Welche Absicht könnte der Autor mit dem Text verfolgen? | |

2. Im Schlussteil sollst du auch das **Thema** der Geschichte auf die Gesellschaft oder das eigene Leben **übertragen**. Überlege dir daher, inwieweit es dir bereits ähnlich ergangen ist wie dem Mann in der Geschichte. Hattest du schon einmal grundlos negative Reaktionen von anderen erwartet? Beschreibe außerdem, welche Lehre du persönlich aus dem Text ziehst. (→ Heft)

## 6.6 Überprüfen des Geschriebenen

In der Prüfung musst du deinen Text nach der Fertigstellung unbedingt noch einmal **kritisch lesen und verbessern.** Wie du beim Überarbeiten deines Textes am besten vorgehst, zeigt dir die Schritt-für-Schritt-Anleitung in Kapitel 4.6.

Nimm dir nun eine der **Übungsaufgaben zur Textbeschreibung Prosa** vor (Kapitel „Übungsaufgaben im Stil der Abschlussprüfung") und schreibe einen vollständigen Aufsatz. Gehe vor wie auf den vorhergehenden Seiten beschrieben. Überprüfe deinen Text anschließend anhand der **Checkliste** in Kapitel 5.6. Übung 64

# Übungsaufgaben im Stil der Abschlussprüfung

## Teil A1

25 P.

Text

### Plastikmüll: Schluss mit dem Konsum für die Tonne!

*Die Welt versinkt in Plastik. Und das nur, weil sich Millionen Menschen einen Konsum angewöhnt haben, der die ökologischen Folgen komplett ausblendet.*

*Essay von Vivien Timmler*

Zuerst die gute Nachricht. Strohhalme aus Kunststoff sterben aus, Einweggeschirr auch und Plastiktüten sowieso. Immer mehr Menschen hasten mit wiederverwendbaren To-Go-Bechern und Lunch-Boxen durch die Gegend. Und wagt es ein Supermarkt, klein geschnittenes Obst oder einzelne Bananen in Plastikverpackung anzubieten, ist ihm der virale Shitstorm sicher. Selten war das Bewusstsein für nachhaltiges Handeln so groß wie zurzeit. Nicht nur die großen Umweltverbände, sondern auch die Bundesregierung und die EU-Kommission haben Plastikmüllbergen den Kampf angesagt. Und so ökopopulistisch die Debatte gelegentlich auch geführt wird: Immerhin findet sie statt.

Doch die Realität sieht anders aus. Deutschland ist Europameister im Wegwerfen. 220 Kilo Verpackungsmüll fallen in Deutschland jedes Jahr pro Kopf an. Das ist absurd viel. Und es wird nicht weniger, im Gegenteil: Die Flut an Verpackungsmüll schwillt weiter an. Bis heute hat die Welt den Planeten mit unfassbaren 8,3 Milliarden Tonnen Kunststoff überzogen. Sichtbar wird das in Ländern wie Malaysia, Thailand oder Indien, wo Menschen und Umwelt am Müll der westlichen Welt zu ersticken drohen.

Noch immer glauben zu viele Menschen, der Müll in den Weltmeeren sei ein anderer als der, den sie zu Hause in die Tonne werfen. Was kann Deutschland, der Recycling-Vorreiter, schließlich dafür, wenn in Malaysia schmutziges Plastik in die Meere gelangt? Eine ganze Menge.

Etwa ein Drittel der Verpackungen, die im Gelben Sack landen, gelten nach wie vor als „nicht recyclingfähig". Sie sind entweder stark verschmutzt oder bestehen aus Verbundmaterialien, die nur schwer voneinander zu trennen sind. Aber anstatt bessere Sortieranlagen zu entwickeln, war es bislang günstiger, den Plastikmüll einfach zu verbrennen – oder ihn zu exportieren. […]

**Das eigentliche Ziel ist die Vermeidung von Plastikmüll**

Doch es wäre falsch, nur die Industrie in die Verantwortung zu nehmen. Denn auch die besten Verwertungsanlagen und höchsten Recyclingquoten können nichts zur eigentlichen Lösung des Problems beitragen: der Vermeidung von Müll.

Es braucht einen grundlegenden Bewusstseinswandel. Millionen Menschen hierzulande haben sich einen Konsum angewöhnt, der die ökologischen Folgen komplett ausblendet. Es ist ja auch so bequem: die einzeln verpackten Bonbons, die in der Tüte nicht zusammenkleben; das eingeschweißte Steak, das sich ein paar Tage länger hält als das von der Frischetheke; die bereits portionierten Joghurts im Viererpack mit der praktischen Papp-Ummantelung. Der Mensch sieht schlicht keine Notwendigkeit mehr, sparsam mit Verpackungen umzugehen.

Was sich aber jeder Kunde vor Augen halten sollte: Jedes Mal, wenn er eine Kaufentscheidung tätigt, trifft er eine weitere Wahl: für das eigene, flüchtige Wohl und gegen das der Umwelt. Denn mit dem unreflektierten Konsum steigt auch das Abfallaufkommen. […]

**Jeder Einzelne muss spüren, dass das Konsumverhalten, das er gewohnt ist, mit einer intakten Umwelt nicht vereinbar ist**

[...] Einwegplastik muss schlicht aus den Regalen verschwinden, stattdessen braucht es neue Pfandsysteme etwa für Fertiggericht-Schüsseln, Frischeboxen oder Shampooflaschen, ähnlich dem „Milchmann-Modell" der Fünfzigerjahre. Jeder Einzelne muss spüren, dass das Konsumverhalten, das er gewohnt ist, mit einer intakten Umwelt nicht vereinbar ist. Dass sich etwas ändern muss. [...]

Hinzu kommt, dass es mittlerweile für wirklich jedes Einwegprodukt gute Alternativen gibt. Und ausnahmslos jeder ist in der Lage, auf die kleinen Dinge des Einkaufs achtzugeben: Mehrweg statt Einweg. Unverpackt statt doppelt und dreifach. Eigene Behälter mitbringen. Und warum nicht einfach mal auf ein unnötig in Plastik verpacktes Produkt verzichten und dem Hersteller das auch so mitteilen? Es muss nicht gleich Zero Waste sein, wenn auch kleine Schritte zu mehr Nachhaltigkeit führen. Ein wöchentlicher Besuch in einem der immer häufiger werdenden Unverpackt-Läden beispielsweise: Kunden können sich dort unverderbliche Ware wie Nudeln, Reis oder Müsli zu fairen Preisen in eigene Behälter abfüllen. Das ließe sich leicht durchdeklinieren: Niemand muss für ein paar Hundert Milliliter Shampoo eine neue Plastikflasche kaufen. Auch bei Toilettenpapier ergibt die Plastikfolie nicht wirklich viel Sinn. Und möchte wirklich irgendjemand die ewig schmierigen Wurstfolien verteidigen?

Der Verzicht ist nötig – und er ist nicht automatisch teuer. Wir müssen uns nur entscheiden, in welcher Währung wir zahlen möchten. In Geld? Dann ab mit dem Jutebeutel in den Demeterladen. In Zeit? Lebensmittel retten geht auch legal, ist eben nur aufwendig – genau wie selbst hergestellte Zahnpastas und Waschmittel. Oder aber wir machen so weiter wie bisher und zahlen mit der dritten Ressource, die noch um einiges wertvoller ist als Zeit und Geld: der Umwelt. Tun wir es nicht.

*Quelle: Vivien Timmler: Schluss mit dem Konsum für die Tonne! Süddeutsche Zeitung vom 24. 02. 2019. Im Internet unter: www.sueddeutsche.de/wirtschaft/plastikmuell-plastik-konsum-muell-verzicht-1.4341196-0*

## Textverständnis

3 P. 1. Prüfe, welche der folgenden Aussagen mit dem Sachtext übereinstimmen. Notiere entsprechend „trifft zu", „trifft nicht zu" oder „nicht genannt".

a) Nachhaltiges Handeln und Einkaufen ist derzeit vielen Menschen wichtig.

b) Die Menge an Verpackungsmüll hat sich in Deutschland in den letzten Jahren bereits verringert.

c) Da viele Materialien, die wir in den Gelben Sack werfen, bisher nicht recycelt werden konnten, wurden in letzter Zeit bessere Sortieranlagen entwickelt.

d) Politiker und verschiedene Verbände haben das Problem erkannt und versuchen, mittels Verboten die Plastikmüllmenge zu reduzieren.

e) Nur mit der Vermeidung von Müll kann man das Plastikproblem lösen.

f) Neuartige sogenannte Bio-Kunststoffe könnten in Zukunft herkömmliches Plastik ersetzen.

2 P. 2. Erkläre kurz, weshalb die Annahme vieler Menschen in Deutschland, der Müll in den Weltmeeren sei nicht von ihnen verursacht, falsch ist.

3. Der Text betont an verschiedenen Stellen, dass sich das Verhalten der Verbraucher*innen ändern muss, um die Plastikmüllmenge zu reduzieren. Nenne stichpunktartig drei Maßnahmen aus dem Text, die Beispiele für nachhaltiges Handeln darstellen. Gib die Zeilenangaben an. 1,5 P.

4. Erläutere in zwei bis drei Sätzen den Sinn dieser Aussage: „Jedes Mal, wenn [der Kunde] eine Kaufentscheidung tätigt, trifft er eine weitere Wahl: für das eigene, flüchtige Wohl und gegen das der Umwelt.“ (Z. 80–83) 2 P.

## Sprachgebrauch

1. Bestimme die Wortarten der unterstrichenen Wörter. Verwende jeweils den lateinischen Fachbegriff. 2 P.

   Jeder <u>Einzelne</u> muss spüren, <u>dass</u> <u>das</u> Konsumverhalten, <u>das</u> er gewohnt ist, mit einer intakten Umwelt nicht vereinbar ist.

2. Schreibe die unten stehenden Sätze mit allen fehlenden notwendigen Kommas auf. Begründe deine Einsetzung jeweils stichpunktartig mit der passenden Kommaregel. 4 P.

   a) Um die Menge an Plastikmüll nennenswert zu reduzieren wird ein Verbot von Strohhalmen aus Kunststoff nicht ausreichend sein.

   b) Klein geschnittenes Obst in Kunststoffverpackung einzelne Bananen oder Gurken in Plastikfolie doppelt verpackte Bonbons oder Salate in Einwegschüsseln lösen bei vielen Kunden mittlerweile mehr als nur ein Kopfschütteln aus.

   c) Ärmere Länder leiden unter dem Müll der westlichen Welt weil der Export von Plastikmüll bislang günstiger ist als die Entwicklung besserer Recycling-Anlagen.

   d) Jeder Einzelne kann mit seinen Kaufentscheidungen die auch die Umwelt berücksichtigen und nicht nur das eigene kurzfristige Wohl einen kleinen Teil zur Lösung des Müllproblems beitragen.

3. Bestimme jeweils die Zeitform. Verwende den lateinischen Fachbegriff. 1 P.

   a) Deutschland wird immer als Recycling-Vorreiter angesehen.

   b) Der Verzicht auf Produkte in Einwegverpackungen wird in Zukunft generell notwendig werden.

4. Formuliere den folgenden Satz ins Aktiv um. Behalte dabei die Zeitform bei. 1 P.

   Bisher ist zu sehr auf Kosten der Umwelt gelebt worden.

2 P. 5. Bilde aus den folgenden Wortbestandteilen Wörter, mit denen sich die unten stehenden Sätze sinnvoll ergänzen lassen. Schreibe die Wörter so auf, wie sie jeweils in die Lücken eingefügt werden müssten. Achte auf die richtige grammatikalische Form und korrekte Rechtschreibung.

| 1. Bestandteile | 2. Bestandteile |
|---|---|
| zustande | gehen |
| entlang | kommen |
| weiter | sein |
| da | laufen |

a) Die Deutschen sind Europameister im Wegwerfen und deshalb zu einem großen Teil mitverantwortlich am … der großen Menge an Verpackungsmüll auf der Welt.

b) Wenn die Entwicklung so …, wird es auf der Erde kaum mehr einen Flecken geben, an dem die Tier- und Pflanzenwelt nicht von Plastikmüll bedroht ist.

c) Schon jetzt haben wir, wenn wir an einem Strand …, unzählige Mikroplastikartikel unter den Füßen.

d) Ob es auf der Welt jemals wieder so aussehen wird, als wäre der Plastikmüll nie …, ist sehr fraglich.

2 P. 6. Formuliere den Satz so um, dass das Subjekt im Vorfeld steht, und bestimme anschließend das unterstrichene Satzglied.

„Selten war das Bewusstsein für nachhaltiges Handeln so groß wie zurzeit." (Z. 14/15)

3 P. 7. Erläutere die unterstrichenen sprachlichen Bilder aus dem Text in eigenen Worten.

a) „Schluss mit dem Konsum für die Tonne!" (Überschrift)

b) „Die Welt versinkt in Plastik." (Z. 1)

c) „Strohhalme aus Kunststoff sterben aus, Einweggeschirr auch und Plastiktüten sowieso." (Z. 4–6)

1,5 P. 8. Nenne für die unterstrichenen Begriffe jeweils ein Wort oder einen Ausdruck mit ähnlicher Bedeutung.

a) „Doch die Realität sieht anders aus." (Z. 23)

b) „Millionen Menschen hierzulande haben sich einen Konsum angewöhnt […]." (Z. 65–67)

c) „Jeder Einzelne muss spüren, dass das Konsumverhalten, das er gewohnt ist, mit einer intakten Umwelt nicht vereinbar ist." (Z. 95–98).

## Teil A2

25 P.

### Sarah Jäger: Nach vorn, nach Süden

1. Nenne drei Liebespaare unter den Personen des Romans, die im Verlauf der Handlung eine Rolle spielen. Gehe auch kurz darauf ein, wie es um die jeweilige Beziehung steht, also z. B. ob und wie lange sie jeweils besteht, warum sich die Partner gegebenenfalls getrennt haben, ob sie glücklich miteinander sind oder welche Probleme sie haben. 3 P.

2. Beschreibe, in welcher Lebenssituation sich Lena am Beginn des Romans befindet. 3 P.

3. Fasse Jos Familiensituation zusammen und beschreibe das Verhältnis zu seinen Eltern. 2 P.

4. „Vielleicht solltest du langsam mal kapieren, dass du gar nicht so kacke bist, wie du denkst.“ (S. 170) 2 P.

   Erkläre, was dieser Satz über die Beziehung zwischen Can und Lena aussagt.

5. „Du kannst nicht einfach über die Scherben steigen und so tun, als wär nichts.“ (S. 192) 2 P.

   Erkläre, was Can damit meint, wenn er dies zu Lena sagt.

6. „Ich setze mich zu Vika auf einen der Alustühle, irgendwann kommen die anderen durch den Regen gerannt [...] [und dann] erzähle [ich] auch dem Rest vom Hinterhof die Geschichte hinter dem X.“ (S. 191) 13 P.

   Nachdem Lena die „Geschichte hinter dem X“ gebeichtet hat und bevor Vika sich schlafen legt, verfasst Vika einen Eintrag für ihr Tagebuch. Darin versucht sie, ihre Gedanken zu Lenas Version der Geschichte zu ordnen, und überlegt, wie sie von nun an zu ihr steht. Sie geht auch darauf ein, wie es nun in Bezug auf die Suche nach Jo weitergehen könnte.

   Schreibe diesen Tagebucheintrag (mind. 250 Wörter).

## Friedrich Dürrenmatt: Die Physiker

2 P. 1. Warum sind nur die drei Physiker in der Villa untergebracht, alle anderen Patientinnen und Patienten aber im Neubau? Nenne zuerst den Grund, den Dr. Mathilde von Zahnd gegenüber dem Inspektor angibt, und erkläre anschließend, weshalb die Physiker in Wahrheit gesondert in der Villa untergebracht sind.

3 P. 2. Nach dem Mord an Schwester Irene fordert der Inspektor für die Patientinnen und Patienten der Anstalt erhöhte Sicherheitsmaßnahmen. Er denkt, dass diese den erneuten Mord hätten verhindern können. Fasse zusammen, welche Einwände Dr. Mathilde von Zahnd gegen solche Maßnahmen erhebt.

2 P. 3. Erläutere, weshalb Möbius seine Ex-Frau, seine Söhne und den Missionar beschimpft, als sie bei ihm zu Besuch sind und sich von ihm verabschieden wollen.

4 P. 4. Nimm Stellung zu der Frage, ob Möbius Schwester Monika wirklich liebt oder ob er ihr nur etwas vorspielt.

14 P. 5. „MÖBIUS Schiebt ab! Für immer! Nach dem Stillen Ozean!
JÖRG-LUKAS Adieu, Papi! Adieu!" (S. 42)

Nachdem Familie Rose wieder zu Hause angekommen ist, sprechen Lina und Oskar Rose über den Besuch bei Möbius, über sein Verhalten und Linas Sorgen um seine Zukunft.

Schreibe dieses Gespräch (mind. 250 Wörter).

## Teil B

50 P.

Bearbeite eine der drei folgenden Aufgaben.

### Aufgabe 1: Erörterung

Erörtere Möglichkeiten, wie du als Verbraucher*in zur Reduzierung von Plastikmüll beitragen kannst, und gehe auf Schwierigkeiten ein, die der Lösung des Problems im Wege stehen. Verwende die folgenden Materialien für deine Argumentation. Begründe deine Meinung.

Material 1

**Industrie wehrt sich gegen Plastikverbote: Wie sich die Plastikindustrie zurückmeldet**

*Von Arvid Kaiser*

Wer das Handwerk der Krisen-PR lernen will, findet derzeit kaum einen besseren Übungsfall als in der Plastikindustrie. In kurzer Zeit hat das Nischenthema Meeresmüll einen zentralen Platz in der Öffentlichkeit bekommen. Weit mehr als 100 Länder versuchen das Problem mit Verboten oder Steuern in den Griff zu bekommen. Die Branche ist in der Defensive. [...]

Stolz ist die Industrie auf die von mehreren Konzernen zu Jahresbeginn gebildete „Allianz gegen Plastikmüll in der Umwelt", die Milliarden in besseres Recycling investieren will. Was bleibt ihr auch anderes übrig? [...]

Die Plastiklobby bestreitet nicht, dass ihre Produkte in der Umwelt ernsten Schaden anrichten. Ihr wichtigstes Argument jedoch: Die Alternativen könnten alles noch schlimmer machen. Im texanischen Austin würden seit dem Verbot von Einweg-Plastiktüten 2013 die dickeren Mehrweg-Plastiktüten die Kanalisation verstopfen.

Als Supertrumpf verweist die APBA[1] auf eine Studie des britischen Umweltamts, derzufolge leichte Plastiktüten im Vergleich am wenigsten Klimaschaden anrichten. Papiertüten müsse man schon – unrealistischerweise – viermal verwenden, Baumwolltaschen sogar 173-mal, um den $CO_2$-Ausstoß auf das Niveau einer Einweg-Plastiktüte zu bringen.

Die Studie stammt aus dem Jahr 2011 und stützt ihre Annahmen auf Daten von 2006, ist aber wirkungsvoll: Die Zahlen kursieren auch schon an deutschen Supermarktkassen. Das Klima riskieren, um die Meere zu schützen? Das Ausspielen verschiedener Umweltziele gegeneinander dürfte zwar wie im Fall der Atomkraft nicht weit führen. Mit dem Säen von Zweifeln lässt sich aber zumindest Zeit gewinnen – vor allem, wenn sie begründet sind und dann auch noch von unverdächtiger Quelle kommen.

So kommentiert auch Plastics Europe[2] den Plastikatlas: Zurzeit werde „der Trugschluss genährt, dass Konsum automatisch nachhaltig wird, wenn man nur die Plastikverpackung weglässt". Oft sei aber das Gegenteil der Fall. [...]

Eine besondere Rolle spielt der Dax-Konzern Covestro, erst 2015 von Bayer abgespalten mit dem rasch wachsenden Verkauf von Plastik – pardon: „hochwertigen Polymer-Werkstoffen" – als Wachstumsstory. Das Leverkusener Unternehmen stellt zwar vor allem langlebige Produkte beispielsweise für Autos oder Gebäude her, hat also mit dem hauptsächlich kritisierten Einweg-Plastik wenig zu tun. Die Image-Probleme bekommt aber auch Covestro zu spüren.

Das „Handelsblatt" berichtet von einer Reise des Covestro-Chefs Markus Steilemann nach Indien – eines wichtigen Wachstumsmarkts, der aber noch restriktiver als die Europäer die Plastikflut eindämmen will. „Ich habe auf einer

2 Plastics Europe: Verband der Kunststofferzeuger

1 American Progressive Bag Alliance: Industrieverband; wehrt sich gegen Verbote von Einweg-Plastiktüten

Konferenz hier gesagt, dass Plastik das Material des 21. Jahrhunderts ist", sagte der Manager. „Die Menschen haben darauf so reagiert, als wäre ich auf dem falschen Planeten." Ein indischer Geschäftspartner habe gescherzt, Steilemanns „High-Tech"-Visitenkarte aus Plastik dürfe er wohl nicht annehmen.
„Die Welt hat kein Kunststoffproblem", verteidigte sich Steilemann jüngst im „Tagesspiegel"-Interview. „Sie hat ein Problem mit dem Abfallmanagement." Eine „wirklich effektive globale Zirkulärwirtschaft" müsse dringend angegangen werden. Covestro selbst gehe mit gutem Beispiel voran: indem man sogar das Klimagas $CO_2$ selbst als Grundstoff anstelle von Erdöl nutze und so aus der Atmosphäre ziehe. Matratzenschaum und Turnhallenböden auf $CO_2$-Basis sind schon im Handel, viele weitere Produkte sollen folgen. Nullenergiehäuser, Leichtbau von Fahr- und Flugzeugen – all das sei „kostengünstig ohne Kunststoffe nicht vorstellbar". Die Plastikindustrie will lieber Lösung als Problem sein.
Plastik ist leichter, flexibler, reiner, beständiger und vor allem günstiger als die gängigen Naturmaterialien – diese Vorteile werden reihenweise auch auf plastik-kritischen Websites aufgezählt. Die wohl wirksamste Gegenwehr zum Anti-Plastik-Kurs kommt ohnehin nicht von der Industrie selbst, sondern von Endkunden, die den Wandel ablehnen. In Australien kam es zu Tumulten, als eine Supermarktkette Einwegtüten aus dem Sortiment nahm. Und McDonald's erntete mit dem Wechsel zu Papierstrohhalmen in Großbritannien eine Petition mit hunderttausenden Stimmen. Daraufhin blieb die Burger-Kette doch lieber beim Plastik.

*Quelle: Arvid Kaiser: Wie sich die Plastikindustrie zurückmeldet. Manager Magazin vom 12. 06. 2019. Im Internet unter: www.manager-magazin.de/unternehmen/artikel/plastik-industrie-meldet-sich-zurueck-lobby-gegen-verbote-a-1272003.html*

Material 2

## Schaubild

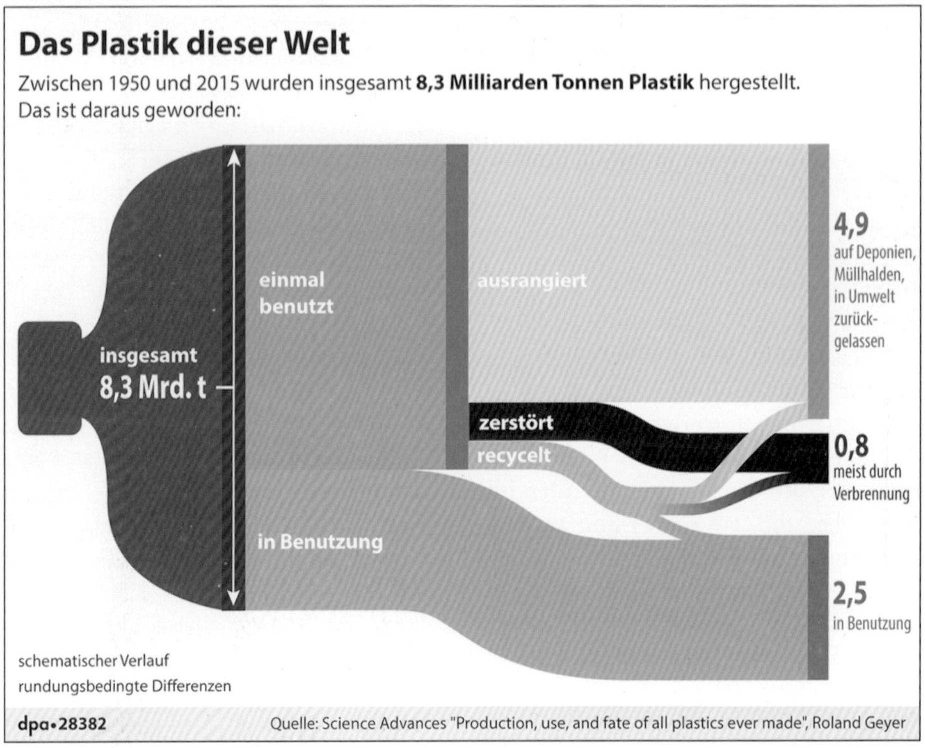


*Quelle: © picture-alliance/dpa-infografik*

## Aufgabe 2: Textbeschreibung Lyrik

Text

### Mascha Kaléko (1907–1975): Einmal sollte man

1 Einmal sollte man seine Siebensachen
Fortrollen aus diesen glatten Geleisen.
Man müßte sich aus dem Staube machen
Und früh am Morgen unbekannt verreisen.

Man sollte nicht mehr pünktlich wie bisher
Um acht Uhr zehn den Omnibus besteigen.
Man müßte sich zu Baum und Gräsern neigen,
Als ob das immer so gewesen wär –

Man sollte sich nie mehr mit Konferenzen,
Prozenten oder Aktenstaub befassen.
– Man müßte Konfession und Stand verlassen
Und eines schönen Tags das Leben schwänzen.

Es gibt beinahe überall Natur,
– Man darf sich nur nicht sehr um sie bemühen –
Und so viel Wiesen, die trotz Sonntagstour
Auch werktags unbekümmert weiterblühen.

... Man trabt so traurig mit in diesem Trott –
Die andern aber finden, daß man müßte ...
– Es ist fast, als stünd' man beim lieben Gott
Allein auf der schwarzen Liste.

Man zog einst ein Lebenslos „zweiter Wahl“.
Die Weckeruhr rasselt. Der Plan wird verschoben.
Behutsam verpackt man sein kleines Ideal.
– *Einmal* aber sollte man ... (Siehe oben!)

*Quelle: Mascha Kaléko: Einmal sollte man. In: Das lyrische Stenogrammheft. 1933.*

### Aufgabenstellung

Fertige zu diesem Gedicht eine Textbeschreibung an. Bearbeite im Hauptteil folgende Schwerpunkte:

- Aufbau und Form
- Sprachliche Mittel und deren Wirkung
- Die Perspektive, aus der das Gedicht geschrieben ist
- Bezug zur Überschrift

Bewertet werden in deinem Aufsatz neben Inhalt, Aufbau und Form der Textbeschreibung auch Sprache und Rechtschreibung.

## Aufgabe 3: Textbeschreibung Prosa

Text

### Botho Strauß (*1944): Rückkehr

Da gab es den Bäckermeister Alwin, der eines Morgens nicht mehr in seine Backstube kam, seine Frau Myriam verließ und nach Mexiko auswanderte. Dort kaufte er sich in eine Papierfabrik ein und wurde ein erfolgreicher Fabrikant. Schließlich gehörten ihm zwölf Papierfabriken in ganz Lateinamerika. Nach fünfundzwanzig Jahren kehrte er nach Hannover zurück. Dort lebte seine Frau immer noch in der kleinen Wohnung am Rande der Eilenriede. Sie war inzwischen fünfzig Jahre alt und litt eine bittere Armut. Als ihr Mann davon erfuhr, nahm er sich ein Herz und besuchte seine Frau in ihrer beider alten Bleibe. Die Frau saß bei einem Glas Pfirsichlikör an ihrem Tisch, an dem sie immer gesessen hatte, wenn die Küchenarbeit beendet war. Sie blickte auf, als ihr Mann plötzlich wieder neben ihr stand, und sah dann zurück auf die Tischplatte. Sie hörte, welch ein Angebot er ihr machte und welche Unterstützung er ihr versprach. Doch sie schüttelte den Kopf und bat ihn, sie wieder mit ihm allein zu lassen.

*Quelle: Botho Strauß: Rückkehr. In: Kürzestgeschichten. Reclam 2010, S. 117.*

### Aufgabenstellung

Fertige zu diesem Text eine Textbeschreibung an. Bearbeite im Hauptteil folgende Schwerpunkte:

- Charakterisierung der Hauptfiguren
- Die Erzählperspektive
- Den Satzbau
- Bezug zwischen Überschrift und Inhalt

Bewertet werden in deinem Aufsatz neben Inhalt, Aufbau und Form der Textbeschreibung auch Sprache und Rechtschreibung.

# Abschlussprüfung an Realschulen in Baden-Württemberg
# Deutsch 2022

## TEIL A1

25 P.

Text

### Christina Peters:
### Warum die „Jugend von heute“ immer die schlechteste ist

Jede ältere Generation denkt irgendwann, dass es mit der Menschheit nun endgültig bergab geht – und schuld daran ist „die Jugend“: faul, respektlos und noch viel mehr. Warum hört dieses Schlechtreden eigentlich nie auf?

Sie lieben den Luxus, ärgern die Lehrer und lümmeln herum – mehr als 400 Jahre vor Christus hatte der griechische Denker Sokrates angeblich viel an den jungen Leuten seiner Zeit auszusetzen. „Die Jüngeren stellen sich den Älteren gleich und treten gegen sie auf, in Wort und Tat“, moserte dann sein Schüler Platon. Und als Platons Zögling Aristoteles erwachsen war, sah es noch düsterer aus: Er verzweifle an der Zukunft der Zivilisation, wenn er die Jugend sehe, wird der entnervte Philosoph zitiert.

Kritik an der Jugend ist ein uraltes Phänomen. Seit Tausenden von Jahren bekritteln Erwachsene die junge Generation, fürchten den Verfall der Sitten und waren selbst natürlich viel anständiger als die jungen Leute.

Die Jugend sei heruntergekommen und das Ende der Welt nah, soll angeblich auf einer 4 000 Jahre alten Steintafel stehen – in Keilschrift, der ersten menschlichen Schrift überhaupt. Doch was steckt hinter dem Phänomen, dass die Jugend nur allzu gern kritisch beäugt wird?

Heute geht es oft um die sogenannten Millennials: Die 1980er- und 1990er- Jahrgänge seien faul, selbstmitleidig, besessen von Selfies und Superfoods – verhätschelte Narzissten, die glaubten, es gebe 165 Arten geschlechtlicher Identität, stänkert etwa ein britischer Journalist. Und die 29-jährige Autorin Jia Tolentino zählte in einem US-Magazin auf, welche Institutionen ihre Altersgenossen laut Medien schon ruiniert haben sollen: Hotels, Kaufhäuser, die Autoindustrie, die Ehe, das Eigenheim, Türklingeln, Weichspüler und Casinos. […]

„Vor dem Alten Griechenland war es das Alte Ägypten, davor das Alte Mesopotamien. Es gibt aus vielen antiken Kulturen Belege für diesen Stereotyp der respektlosen jungen Männer“, sagt der britische Althistoriker Matthew Shipton. Die antiken Weisheiten tauchen in Zitatenbänden, Pädagogik-Büchern und Internetforen auf. Einige der beliebtesten alten Zitate sind vermutlich falsch überliefert, Quellenangaben drehen sich oft im Kreis. Das heiße aber nicht, dass der Eindruck falsch sei, sagt Shipton.

Er hat den Zoff zwischen den Generationen im antiken Athen erforscht: „Man findet dort ziemlich viel von dieser Vorstellung, die wir heute auch noch kennen: Alles wird immer schlechter, man lebt in der schlimmsten aller Zeiten und Kinder respektieren ihre Eltern nicht mehr.“ Spätestens mit dieser Generation geht es bergab, denkt jede Generation – und das offensichtlich schon seit Menschengedenken.

David Finkelhor hat ein Wort dafür erfunden: Juvenoia. Darin stecken die Bestandteile juvenil und Paranoia – das steht für die Angst vor der Jugend und zugleich auch die Angst um die Jugend. „Es geht um die übertriebene Besorgnis vor dem Effekt, den soziale Veränderungen auf Kinder haben“, erklärt der Soziologe, der seit Jahrzehnten an der US-Universität New Hampshire über Jugendschutz forscht. „Wir ziehen gerne den Schluss, dass es schlecht um unsere Kinder steht. Und dass das wiederum unserer Gesellschaft schaden wird.“ […]

Im 20. Jahrhundert sei der Ton in sozialwissenschaftlichen Standardwerken ähnlich, meint Mey: „Es ist häufig ein extrem negativer, defizitärer Blick, immer schon gedacht von der Ziellinie einer etablierten, erwachsenen Person." Der junge Mensch wird als unfertiger Erwachsener gesehen – schlimmstenfalls gefährlich, nie ernstzunehmend.

Tatsächlich ist es heute so: Die klassische Generation als Altersgemeinschaft hat weitestgehend ausgedient. Jugendkulturen etwa ließen sich heute überhaupt nicht mehr als solche klassifizieren, berichtet Mey. Es gehe immer weniger um das biologische Alter. „Wir erleben, dass es ungeachtet, welche Jugendszene wir uns anschauen, dort sowohl die 20-Jährigen bis hin zu den 50-Jährigen gibt", sagt Mey. Juvenile Vergemeinschaftungen nennen das die Forscher.

Die althergebrachte Vorstellung von der Abfolge Kindheit, Jugend, Erwachsensein mit Beruf und Familie gelte so nicht mehr, sagt Mey. „Es gibt eine zunehmende Ambivalenz zwischen den Generationen."

Was Jugendkritiker der vergangenen Jahrtausende noch nicht hatten, waren Informationen wie sie beispielsweise vor drei Jahren die Vermächtnisstudie lieferte. Tausende Menschen in Deutschland, repräsentativ ausgewählt, erzählten Forschern ausführlich von ihren Lebenserfahrungen, den Einstellungen und den Werten, die sie an künftige Generationen weitergeben wollen.

Das „Ende der Welt", wie es die Keilschriften einst prophezeiten, werden die Jugendlichen nicht einläuten. Doch es wird eine schleichende Revolution bei Lebensstil, Partnerschaft und Technik geben, schreibt Studienleiterin Jutta Allmendinger vom Wissenschaftszentrum Berlin. „Die Vereinbarkeit von Beruf und anderen Lebensbereichen wird sich verbessern, die Institution der Ehe wird nur ein mögliches Lebensmodell sein, das Internet wird noch viel stärker als heute unser Leben bestimmen."

*Quelle: Christina Peters/dpa/cl: Warum die „Jugend von heute" immer die schlechteste ist, WELT vom 03. 07. 2018, www.welt.de/wissenschaft/article178647276/Soziologie-Warum-die-Jugend-von-heute-immer-die-schlechteste-ist.html*

**10 P.**

## Textverständnis

**3 P.**

1. Prüfen Sie, welche der folgenden Aussagen mit dem Sachtext übereinstimmen. Notieren Sie entsprechend: trifft zu/trifft nicht zu.

   a) Der griechische Denker Sokrates kritisierte bereits 400 Jahre vor Christus die Jugend seiner Zeit.

   b) Die 29-jährige Autorin Jia Tolentino beschrieb in einem US-Magazin 165 Arten geschlechtlicher Identität.

   c) Aus vielen antiken Kulturen sind Belege für das Vorurteil der respektlosen jungen Männer überliefert.

   d) Heute gibt es die traditionelle Abfolge von Kindheit, Jugend und Erwachsensein noch immer.

   e) Die Vermächtnisstudie lieferte Informationen von Menschen aus ganz Europa, die ausführlich über ihre Lebenserfahrungen und Einstellungen erzählten.

   f) Jutta Allmendinger vom Wissenschaftszentrum Berlin beschreibt eine schleichende Revolution bei Lebensstil, Partnerschaft und Technik.

2. Erklären Sie die folgenden Begriffe: 2 P.
   a) Millennials (Z. 18)
   b) Juvenoia (Z. 37)

3. Formulieren Sie, wie junge Menschen im 20. Jahrhundert häufig gesehen werden. 1 P.

4. Begründen Sie, warum Jugendkulturen sich heute nicht mehr als solche einteilen lassen. 2 P.

5. Beschreiben Sie, wie sich laut Jutta Allmendinger Lebensmodelle möglicherweise künftig entwickeln. 2 P.

## Sprachgebrauch 15 P.

6. Rechtschreibung 3 P.

   Schreiben Sie die korrekte Schreibweise des unterstrichenen Wortes auf und benennen Sie die angewandte Rechtschreibstrategie/Rechtschreibregel.
   a) Laut der älteren Generation kann man dem Verfall der Sitten bei Jugendlichen zusehen/zu sehen.
   b) Ständiges Herumnörgeln/herumnörgeln an der jungen Generation hat Tradition.
   c) Das „Ende der Welt“ werden die Jugendlichen nicht einläuten/einleuten.

7. Zeichensetzung 2 P.

   Übertragen Sie die folgenden Sätze und setzen Sie die fehlenden Kommata. Nennen Sie die Kommaregel, die Sie angewandt haben.
   a) Schon in der Antike gab es die Vorstellung dass alles immer schlechter wird.
   b) Sokrates hatte viel an den jungen Leuten seiner Zeit auszusetzen sein Schüler Platon teilte diese Kritik.

8. Tempus 2 P.

   Bestimmen Sie das Tempus. Verwenden Sie den lateinischen Fachbegriff.
   a) Kritik an der Jugend ist ein uraltes Phänomen.
   b) Er hat den Zoff zwischen den Generationen im antiken Athen erforscht.
   c) Tausende Menschen in Deutschland erzählten Forschern ausführlich von ihren Lebenserfahrungen.
   d) Die Vereinbarkeit von Beruf und anderen Lebensbereichen wird sich verbessern.

2 P. 9. Wortarten

Schreiben Sie mithilfe der Nummerierung „das“ und „dass“ jeweils korrekt auf den gesonderten Papierbogen. Bestimmen Sie die Wortart.

(1) die Jugend keinen guten Ruf genießt, (2) weiß man seit geraumer Zeit. (3) Alte Ägypten, (4) als Hochkultur bekannt ist, bediente diese Stereotype ebenso wie andere alte Kulturen.

1 P. 10. Aktiv/Passiv

Notieren Sie den folgenden Satz im Passiv.

Die Autorin Jia Tolentino zählt in einem US-Magazin ruinierte Institutionen auf.

1 P. 11. Indirekte Rede

Formulieren Sie den Satz in indirekter Rede. Verwenden Sie den Konjunktiv I.

Der britische Althistoriker Matthew Shipton sagt: „Es gibt aus vielen antiken Kulturen Belege für diesen Stereotyp der respektlosen jungen Männer.“

2 P. 12. Satzglieder

Bestimmen Sie die Satzglieder des folgenden Satzes.

David Finkelhor forscht seit Jahrzehnten an der US-Universität New Hampshire.

2 P. 13. Synonyme

Nennen Sie für den unterstrichenen Begriff ein Synonym.

a) „Es ist häufig ein extrem negativer, <u>defizitärer</u> Blick, immer schon gedacht von der Ziellinie einer etablierten, erwachsenen Person.“ (Z. 45/46)

b) „Seit Tausenden von Jahren <u>bekritteln</u> Erwachsene die junge Generation […].“ (Z. 11/12)

c) „Kritik an der Jugend ist ein uraltes <u>Phänomen</u>.“ (Z. 11)

d) „[D]ie <u>Institution</u> der Ehe wird nur ein mögliches Lebensmodell sein […].“ (Z. 67/68)

## TEIL A2 – LITERATUR 25 P.

### Gottfried Keller: Kleider machen Leute

14. Benennen Sie drei Charaktereigenschaften Strapinskis. Belegen Sie diese mit geeigneten Begebenheiten aus dem Buch. 3 P.

15. Nach der Ankunft im Gasthaus „Zur Waage" in Goldach wird Strapinski vom Wirt und der Köchin fürstlich bewirtet. Doch er ist besorgt und traut sich nicht, sein Messer zu benutzen. 2 P.

    Formulieren Sie zwei mögliche Gründe für die Sorgen des Schneiders.

16. Nach der ersten Übernachtung im Gasthaus wandert Strapinski durch Goldach und vor die Tore der Stadt. Hier überlegt er noch mal, seine Reise fortzusetzen und die Stadt unbemerkt zu verlassen. 3 P.

    Erläutern Sie drei Gedanken Strapinskis in eigenen Worten.

17. Während Nettchen nach der geplatzten Verlobungsfeier in der Kutsche sitzt, denkt sie über ihre Situation nach. 2 P.

    Legen Sie zwei Gedanken dar, die Nettchen hier durch den Kopf gehen könnten.

18. **Hinweis zur Aufgabe**
    Den Fachlehrkräften standen zwei produktive Schreibaufgaben zur Auswahl, von denen den Schülerinnen und Schülern jedoch nur eine zur Bearbeitung vorgelegt wurde.

    Tagebucheintrag 15 P.

    In einem klärenden Gespräch berichtet Wenzel Nettchen aus seinem Leben und erläutert, wie es zu der Verwechslung gekommen ist. Beide entschließen sich zusammenzubleiben. Danach kehrt Nettchen ins Gasthaus „Zum Regenbogen" in ihr Zimmer zurück. Hier schreibt sie einen Tagebucheintrag, in dem sie die erneute Verlobung mit Wenzel begründet sowie ihre Gedanken an dessen Vergangenheit thematisiert.

    Schreiben Sie diesen Tagebucheintrag. (mindestens 250 Wörter)

    **oder:**

    Innerer Monolog 15 P.

    Auf dem Verlobungsfest wird Strapinski als armer Schneider entlarvt. Weinend und mit auf den Boden gerichteten Augen verlässt er den Saal.

    Schreiben Sie einen inneren Monolog Wenzels. (mindestens 250 Wörter)

## Hanna Jansen: Herzsteine

2 P. 14. Benennen Sie die Gemeinsamkeiten, die Sam und Enna haben. (vier Aspekte)

3 P. 15. „Manchmal hat man's nicht gerade leicht mit einer Mutter, die so … anders ist. Oder? […]" (S. 48)

Erklären Sie, welche Gedanken Sam in diesem Moment durch den Kopf gehen könnten. (drei Aspekte)

3 P. 16. „‚Du musst ihm danken!', flüstert Mum. Sie hat Tränen in den Augen." (S. 172)

Nennen Sie drei Gründe, warum die Mutter in dieser Situation so gerührt ist.

2 P. 17. *„Du fehlst mir mehr, als ich dir sagen kann. Das kriegst du heute Schwarz auf Weiß von einem, der zwischen allen Stühlen hockt […]."* (S. 144)

Erklären Sie, warum Sam seine gesamte Lebenssituation so empfindet. (zwei Aspekte)

18.

**Hinweis zur Aufgabe**
Den Fachlehrkräften standen zwei produktive Schreibaufgaben zur Auswahl, von denen den Schülerinnen und Schülern jedoch nur eine zur Bearbeitung vorgelegt wurde.

15 P. Innerer Monolog

„In ein paar Minuten steigen wir in den Flieger und morgen Früh landen wir in Brüssel." (S. 190)

Während Sam im Flugzeug sitzt, denkt er über seine Reise nach Ruanda nach. Er überlegt, inwiefern seine Erkenntnisse und Erfahrungen sein Leben sowie die Beziehung zu seinen Eltern verändern könnten.

Schreiben Sie diesen inneren Monolog. (mindestens 250 Wörter)

**oder:**

15 P. Brief

„‚Ich weiß nicht, Sam, das geht mir alles viel zu schnell. Wir haben ja noch ein paar Monate, um die Sache zu entscheiden. Aber wenn du willst, ruf ich Peter bei Gelegenheit mal an und frag ihn, was er davon hält.'
‚Nein danke, Dad … ich glaube, das bespreche ich lieber selbst mit ihm.'" (S. 189)

Stellen Sie in einem Brief von Sam an Peter drei Gründe dar, warum Sam auf Sylt bleiben möchte. (mindestens 250 Wörter)

## TEIL B

50 P.

Bearbeiten Sie eine der drei folgenden Aufgaben.

### Aufgabe 1: Erörterung

Erörtern Sie, welche Argumente für und gegen eine Altersbeschränkung für Minderjährige bei Energy-Drinks sprechen (jeweils mindestens drei Argumente). Verwenden Sie die beiliegenden Materialien für Ihre Erörterung und ergänzen Sie eigene Argumente.
Formulieren Sie einen zusammenhängenden, gegliederten Text.
Achten Sie auf korrekte Sprache und Rechtschreibung. Beides wird bewertet.

### Schaubild

Material 1

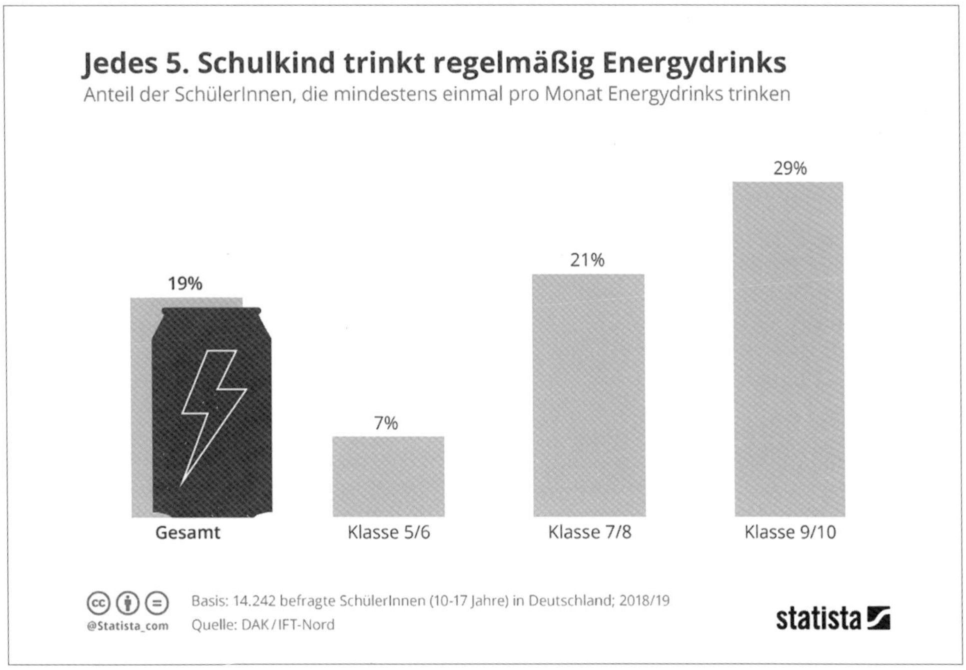


*Quelle: Frauke Suhr: Jedes fünfte Schulkind trinkt regelmäßig Energydrinks, Statista vom 05. 09. 2019, CC BY-ND 4.0, https://de.statista.com/infografik/19245/konsum-von-energydrinks-unter-schulkindern/*

Material 2

## Anna Van Dorn und Jens Eberl: Süßer Kick mit Nebenwirkungen

Energy-Drinks versprechen die Extra-Portion Leistungsfähigkeit. Vor allem junge Leute geben sich den süßen Kick – mit viel Koffein. Gesundheitliche Probleme können die Folge sein.

Felix arbeitet seit 2014 in der Pflege. Der Job in der Nähe von Heilbronn ist hart: viele Nachtschichten, viele Überstunden. Um den Stress zu bewältigen, trinkt Felix jeden Tag Energy-Drinks. Schon morgens fängt er damit an. „So wie andere Leute aufstehen und Kaffee trinken, ist mein erstes Getränk ein Red Bull", berichtet er. Die größte Menge, die er an einem Tag getrunken habe, seien sieben Dosen gewesen. Damit lag er deutlich über der empfohlenen Höchstmenge.

Für gesunde Erwachsene sei der Konsum von Koffein nur bis zu höchstens 400 mg pro Tag noch unbedenklich, ermittelte die Europäische Behörde für Lebensmittelsicherheit (ESFA) in einer Studie. In einer typischen 250-ml-Dose eines Energy-Drinks stecken aber bereits etwa 80 mg Koffein.

Als mögliche Risiken eines übermäßigen Koffeinkonsums listet der Verbraucherzentrale Bundesverband auf: „Nervosität, Schlaflosigkeit, Übelkeit, Kopfschmerzen, Schweißausbrüche, Bluthochdruck, Herzrasen, Wahrnehmungsstörungen, Herz-Rhythmusstörungen oder Kreislaufkollaps." Die Verbraucherzentrale fordert ein Verkaufsverbot an Minderjährige und deutlichere Kennzeichnungspflichten der Inhaltsstoffe.

Felix kennt die Risiken und hat sie auch schon gespürt. Wenn er im Bett liege, merke er dann, dass er nicht einschlafen könne. Und er spüre sein Herz: „Wie es schlägt, in der Brust, am Hals. Und man wird so ein bisschen hibbelig, nervös, man bekommt so ein bisschen Schweißausbrüche." [...]

Ob man bei Energy-Drinks von Suchtmitteln sprechen kann, ist umstritten. Aber definitiv enthalten sie Inhaltsstoffe, die süchtig machen können: Koffein, Zucker, Taurin. [...]

Felix hat sich einen Termin bei dem Kardiologen Tobias Neumann in Stuttgart geben lassen, um mögliche Folgen seines hohen Energy-Drink-Konsums untersuchen zu lassen. Der Arzt beobachtet beim ersten EKG Auffälligkeiten. „Der Puls ist ein bisschen beschleunigt. Der ist bei 95 gewesen. Es ist mehr als ein entspannter Puls, den man so in den sechziger Bereichen ansiedeln würde." Außerdem gebe es beim Herz-Rhythmus „Stolperer", die man genauer beobachten müsse.

Der Kardiologe steht Energy-Drinks kritisch gegenüber. „Da muss man sich schon Sorgen machen oder fragen: Ist das für einen so jungen Organismus gut – diese Substanzen, deren Wechselwirkungen nicht erforscht sind." Der Arzt ist für Altersbeschränkungen – ähnlich wie beim Verkauf von Alkohol und Produkten mit Nikotin. „Ab einer bestimmten Konzentration Koffein ist es ein Erwachsenen-Getränk", sagt er.

Besonders kritisch werde es, wenn man die Energy-Drinks mit Alkohol mische. „Das Koffein ‚maskiert' die Wirkung des Alkohols. In Studien wurde beobachtet, dass das Gefühl der Trunkenheit deutlich verringert ist, Müdigkeit und Erschöpfung werden nicht richtig wahrgenommen. Dies führt zu einer höheren Risikobereitschaft. So verursachten Studenten in den USA, die Energy-Drinks gemischt mit Alkohol getrunken hatten, doppelt so häufig Autounfälle", schreibt die Bundesverbraucherzentrale. [...]

Sollte er (Felix) die nächsten 20 Jahre so weitermachen, dann werde er bestimmt nicht als gesunder Patient in die Praxis zurückkehren. Felix verspricht dem Arzt, sich Gedanken darüber zu machen – mit klarem Kopf, ohne Energy-Drink.

*Quelle: Jens Eberl & Anna Van Dorn: Energy-Drinks: Süßer Kick mit Nebenwirkungen, www.tagesschau.de/wirtschaft/verbraucher/energy-drinks-risiken-gesundheit-aufputschmittel-101.html*

## Aufgabe 2: Textbeschreibung Lyrik

Text

### Bertolt Brecht (1898–1956): Fahrend in einem bequemen Wagen (1937)

Auf einer regnerischen Landstraße
Sahen wir einen zerlumpten Menschen bei Nachtanbruch
Der uns winkte, ihn mitzunehmen, sich tief verbeugend.
Wir hatten ein Dach und wir hatten Platz und wir fuhren vorüber
Und wir hörten mich sagen, mit einer grämlichen[1] Stimme: nein
Wir können niemand mitnehmen.
Wir waren schon weit voraus, einen Tagesmarsch vielleicht
Als ich plötzlich erschrak über diese meine Stimme
Dies mein Verhalten und diese
Ganze Welt.

*Quelle: Bertolt Brecht: Fahrend in einem bequemen Wagen. In: Die Gedichte. Suhrkamp 2000, S. 871.*

1 mürrisch, missmutig

### Aufgabenstellung

Untersuchen Sie dieses Gedicht und beachten Sie in Ihrer Textbeschreibung folgende Punkte:

- Ort, Zeit und Atmosphäre
- Verhalten und Motiv des lyrischen Ichs
- die Gegenüberstellung von Arm und Reich anhand sprachlicher Mittel

Formulieren Sie einen zusammenhängenden, gegliederten Text.
Achten Sie auf korrekte Sprache und Rechtschreibung. Beides wird bewertet.

## Aufgabe 3: Textbeschreibung Prosa

Text

### Stefanie Dominguez (*1996): Partnerarbeit

Tessa Fuchs war die einzige, die nicht mit ihrem Banknachbarn redete – es gab keinen. Und sie war die einzige, die nicht über den Witz von Simon Bösenecker lachte, weil der Witz wieder einmal auf ihre Kosten ging.

„Hey, Tessa! Woher hast du denn die Jacke? Aus der Kleidersammlung?"

Das hatte er sie schon einmal gefragt, damals in der fünften Klasse, aber die anderen lachten trotzdem. Wahrscheinlich hatten sie vergessen, dass der Spruch nur eine Wiederholung war. Tessa hatte es nicht vergessen, auch das Lachen nicht. Sie lachten immer. Sie zuckte zusammen, als sich der Stuhl neben ihr bewegte und beobachtete aus den Augenwinkeln, wie sich jemand darauf niederließ.

Ein Räuspern, das nach dem verstummten Gelächter so furchtbar laut klang. „Maik ist krank, deshalb dachte ich, wir könnten ja heute nebeneinander sitzen?"

Es kam als Frage heraus. Immer stellten sie ihr Fragen.

Tessa schielte zu der Person neben ihr herüber. Die moosgrünen Augen konnten nur Ben Wolf gehören, dem netten, unscheinbaren Jungen aus ihrer Straße. Nicht dass er zu ihr nett war, aber zu den anderen war er es. Zu ihr war niemand nett, die meisten ignorierten sie und das war gut so. Besser als die Witze von Simon und seinen Freunden, aber auch darüber konnte sie mittlerweile hinwegsehen. Sie hätte nicht gedacht, dass Ben auch einer von denen war.

„Lass mich in Ruhe", sagte Tessa und wandte sich wieder ihrem Religionsbuch zu.

„Aber in dem Buch steht, dass wir die Aufgabe mit unserem Partner lösen sollen. Meiner ist krank, du hast keinen, also ..."

„Es ist mir egal, was in dem Buch steht. Du schaffst diese dämliche Aufgabe auch alleine." Ben schüttelte den Kopf, sodass ihm eine kommaförmige Strähne ins Gesicht fiel. „Ich möchte aber neben dir sitzen."

Tessa war versucht, zu schnauben, aber dann hätte man sie nur wieder als Schwein bezeichnet. Und es dauerte doch immer so lange, bis Simon aufhörte, Nachrichten auf ihrem Tisch zu hinterlassen, wenn er eine neue Beleidigung gefunden hatte.

„Tessa", flüsterte Ben und sie erschrak darüber, wie nah er ihr plötzlich war. „Es tut mir leid, wenn ich früher über dich gelacht habe. Lass es mich wiedergutmachen."

Entschlossen rückte sie ein Stück von ihm weg und konzentrierte sich darauf, ihm nicht in die Augen zu blicken. „Ich will kein Mitleid. Und es stört mich nicht, wenn du lachst. Alle lachen."

„So war das doch gar nicht gemeint." Bens Stimme wurde lauter, viel zu laut. Die anderen sahen bereits zu ihnen herüber und Tessa versuchte, weiterhin auf ihr Buch zu starren. „Geh weg. Bitte. Sonst fangen sie wieder an." Ben berührte sie leicht am Arm, aber sie entzog sich seinem Griff. Trotzdem blieb er sitzen und redete weiter, als hätte sie nichts gesagt. „Zeig her, was steht denn da? Hm, okay ... Wir müssen also fünf verschiedene Phasen der Freundschaft festlegen. Die erste ist bestimmt ..."

„Das findest du lustig, was?", fuhr sie ihn an. Ihre Unbeherrschtheit würde ihr zwar wieder einige Lacher einbringen, aber sie konnte sich einfach nicht zurückhalten. „Das findest du lustig, oder? Ausgerechnet mit mir über Freundschaft zu reden, wo ich ja so viele Freunde habe!" Tessa stellte sich vor, wie sie ihm das letzte Wort vor die Füße spuckte. Das half, wenn auch nur ein bisschen. Ben hob die Hände und machte große Augen. „Nein, das ... Ich wollte doch nur ... Ich dachte, wir machen das zusammen, als Fuchs und Wolf sozusagen."

Der Witz war so erbärmlich, dass Tessa kichern musste. Es war ein leises Kichern, so als wüsste sie nicht, wie Lachen überhaupt funktionierte.

Sie dachte daran, wie die Augen der anderen immer aussahen, wenn sie lachten. Wie die Kieselsteine, die ihr Bruder manchmal sammelte. So blitzend. Ihre Augen sahen bestimmt nicht so aus. Höchstens wie Kieselsteine, die ins Wasser fielen, weil niemand sie mit nach Hause nehmen wollte, nicht einmal ihr Bruder.
„Siehst du, so schlimm bin ich gar nicht", meinte Ben und schob das Buch in die Mitte. Es lag jetzt genau zwischen ihnen. Tessa öffnete den Mund, aber Simon kam ihr zuvor. „Fuchs und Wolf? Benny, flirtest du gerade etwa mit unserer Klassenschönheit?"
Die anderen brachen in Gelächter aus. Es schmerzte in ihren Ohren. Bens Miene war vollkommen ausdruckslos. Er lachte nicht, er zog bloß eine Augenbraue hoch und wandte sich an Simon. „Ja, tue ich, was dagegen?"

*Quelle: Stefanie Dominguez: Partnerarbeit. In: P.A.U.L.D. Oberstufe, S. 52 © Bildungshaus Schulbuchverlage Westermann Schroedel Diesterweg Schöningh Winklers GmbH; Schöningh Verlag, Paderborn 2013.*

## Aufgabenstellung

Untersuchen Sie diesen Prosatext und beachten Sie in Ihrer Textbeschreibung folgende Punkte:

- Verhalten und Motive der handelnden Figuren
- den Konfliktverlauf
- sprachliche Mittel und deren Wirkung anhand von Textbeispielen

Formulieren Sie einen zusammenhängenden, gegliederten Text.
Achten Sie auf korrekte Sprache und Rechtschreibung. Beides wird bewertet.

## Abschlussprüfung an Realschulen in Baden-Württemberg
## Deutsch 2023

Um dir die Prüfung 2023 schnellstmöglich zur Verfügung stellen zu können, bringen wir sie in digitaler Form heraus.

Sobald die **Original-Prüfungsaufgaben 2023** zur Veröffentlichung freigegeben sind, können sie als PDF auf der Online-Plattform *MyStark* heruntergeladen werden (Zugangscode vgl. Umschlaginnenseite).

**Aktuelle Prüfung**

**www.stark-verlag.de/mystark**